2013年度教育部新世纪优秀人才支持计划成果

项目编号：NCET-13-0623

JIZHONG LIANPIAN TEKUN DIQU
CHANYE FUPIN WENTI YANJIU

集中连片特困地区
产业扶贫问题研究

刘璐琳◎著

人民出版社

目　录

理论篇

实践篇

政策篇

理论篇

第一章 导 言

贫困问题由来已久，也是世界难题。世界银行在《1990 年世界发展报告》中对贫困的界定是："缺少达到最低生活水准的能力。"中国官方的农村贫困线由国家统计局制定，以满足基本能力需求为目标，这一贫困线标准只有按购买力平均计算的 1 美元/天标准的 2/3，属于极端贫困标准。按照这个标准，中国的农村贫困人口从 1978 年的 2.5 亿人下降到 2007 年的 1478 万人，总共减少了 2.35 亿人，贫困发生率从 1978 年的 30.7% 下降到 2007 年的 1.6%。[①] 2008 年以来，中国数次提高贫困线标准，使得更多的人纳入享受帮助的范围之内。2010 年 7 月 5 日，胡锦涛同志在西部大开发工作会议上明确提出，要大力扶持贫困地区特别是民族地区、贫困地方加快发展，全力实施集中连片特殊困难地区开发攻坚工程，加快脱贫致富步伐，基本消除绝对贫困现象。2015 年 10 月，党的十八届五中全会提出了全面建成小康社会的目标要求，并指出，在提高发展平衡性、包容性、可持续性的基础上，到 2020 年农业现代化取得明显进展，人民生活水平和质量普遍提高，我国现行标准下农村贫困人口实现脱贫，贫困县全部摘帽，解决区域性整体贫困。

回顾中国政府反贫困的历史脉络可以发现，改革开放以后，中国的反贫困主要经历了如下五个阶段：①1978 年安徽小岗村的以家庭为基础的统分结合的双层次的联产承包责任制的实施，这种制度性变革极大地释放了

[①] 汪三贵：《在发展中战胜贫困——对中国 30 年大规模减贫经验的总结与评价》，《管理世界》2008 年第 11 期。

农村的劳动活力，促进了经济增长，这种制度性变革所带来的活力一直维持到1986年。②1986—1993年，政府设立专门的扶贫机构，划分重点扶持贫困县，通过区域瞄准来确定扶贫对象，确立开放式扶贫。其中，国家级重点扶持贫困县为331个，按照1985年农民人均纯收入计算，农区县低于200元，牧区县低于200元，革命老区县低于300元，即列入国家扶持范围。③1994—2000年实施《国家八七扶贫攻坚计划（1994—2000年）》时期，加大贫困地区的基础设施投入成为发展的主要方向，提出用7年时间解决8000万人口的基本温饱问题。按照1992年农民人均纯收入超过700元的县一律退出、低于400元的县全部纳入的方法，即"四进七出"的政策，在全国确定了592个国家级贫困县。④2001—2010年实施《中国农村扶贫开发纲要（2001—2010年）》时期。扶贫工作的重点发生转移，逐步转向村级，"整村推进"、农业产业化开发、"输血式扶贫"等概念逐渐被接受；扶贫重点向西部倾斜，贫困县改称国家重点扶持贫困县，全国共有592个重点县成为扶贫开发的重点区域。按照1274元的农村贫困标准，2010年扶贫重点县的农村贫困人口1693万人，占全国农村贫困人口2688万人的63%。贫困发生率8.3%，是全国平均水平的3倍。以绝对贫困标准测量，农村绝对贫困人口规模从2000年的3209万人下降到2008年的1004万人，绝对贫困发生率从2000年的3.5%下降到2008年的1%。⑤2011年，中央实施《中国农村扶贫开发纲要（2011—2020年）》规定，"原定重点县扶持政策不变。各省（区、市）要指定方法，采取措施，根据实际情况进行调整，实现重点县逐步减少"。2011年，提出大力发展集中连片特困地区，共确定14个集中连片特困地区，分别是六盘山区、秦巴山区、武陵山片区、乌蒙山区、滇西边境山区、大兴安岭南麓山区、燕山一太行山区、吕梁山区大别山区、罗霄山区、南疆三地州、四省藏区与西藏地区。调整后，全国重点县总数仍为592个，14个连片特困地区的重点县数量，由调整前的431个增至440个。

第一节 新时期扶贫攻坚是2020年全面 建成小康社会的必然要求

习近平总书记2012年12月在广东考察工作时指出，没有农村的全面小康和欠发达地区的全面小康，就没有全国的全面小康。2012年12月在河北省阜平县考察扶贫开发工作时又再次强调，全面建成小康社会，最艰巨最繁重的任务在农村，特别是在贫困地区。党的十八届五中全会提出2020年全面建成小康社会的目标要求，这无疑为我国未来经济、社会、政治、生态、文明五位一体的建设指出了明确的方向。新时期的扶贫攻坚具有重要的历史意义。

邓小平同志曾经提出我国"三步走"的战略部署，第一步是解决温饱问题，第二步是进入小康社会，第三步是人民生活水平达到中等发达国家水平。根据邓小平理论，小康社会的基本特征是：第一，人民的基本生活有保障，吃穿不愁；第二，住房问题解决，人均生活面积达到20平方米；第三，就业问题解决了，城镇基本没有待业劳动者；第四，人不再外流了，农村人向往城市，总往大城市跑的情况已经改变；第五，中小学教育普及了，教育、文化、体育和其他公共福利事业有能力自己安排理论；第六，人的精神面貌改变了，犯罪行为大大减少。在邓小平同志设计的小康社会的基础上，国务院扶贫办提出了"两不愁、三保障"的概念，即到2020年，稳定实现扶贫对象不愁吃、不愁穿，保障其义务教育、基本医疗和住房。按照现在2300元的扶贫标准，如何在2020年实现剩余7000多万人口的脱贫，可以说时间紧、任务重，是摆在我们面前的一个非常现实而又严峻的问题，不让一个贫困人口尤其是极度贫困人口掉队，意义重大，直接关系到我国2020年全面建成小康社会宏伟目标的实现。按照平均比例进行分析，每年应该脱贫2000万人左右。如果不能借助于大数据，对具体贫困人口进行精准定位、瞄准，对贫困人口的具体类型进行分析，就很难做到有的放矢，实现脱贫。

第二节　新时期扶贫攻坚是实现全国各民族共同
团结奋斗、共同繁荣发展的迫切需要

2014 年 3 月，习近平总书记在参加全国政协十二届二次会议少数民族界委员联组讨论时曾经语重心长地指出，小康不小康，关键看老乡。看老乡，千万别忽视了分布在农村牧区、边疆广大地区的少数民族群众。中国共产党一再强调，增强民族团结的核心问题，就是要积极创造条件，千方百计加快少数民族和民族地区经济社会发展，促进各民族共同繁荣发展。56 个民族，56 朵花。我国作为多民族共存的国家，民族特色鲜明，民族团结与繁荣发展意义重大。比如，集中连片特困地区的概念，也是随着特困民族地区的概念而后提出来的。1999 年国家实施西部大开发战略，少数民族和民族地区的扶贫开发受到越来越多的重视。在对民族地区的贫困问题深入探讨的过程中，特困少数民族、特困少数民族地区等概念相继被提出。根据 2004 年国家民委初步调研确定，特困民族地区约有 20 个民族、390 万人口，分布在 77 个自治县。这些地区的突出特点是：少数民族比例高，贫困人口集中连片，生存条件极其恶劣，社会发育程度较低，脱贫成果很难巩固（国家民委，2005）。相关研究亦表明，2006 年全国农村的贫困发生率只有 6%，而民族自治区和民族八省区的贫困发生率分别为16.9% 和 18%，远远高于全国的平均水平。2009 年，全国的贫困发生率只有 3.8%，而民族自治区和民族八省区分别达到 12% 和 16.4%。2010 年，全国农村贫困人口总数为 2688 万人，而其中民族自治地区的农村贫困人口占到了 55.1%，比 2009 年的 54.3% 上升了 0.8 个百分点，其贫困发生率也远远高于全国的贫困发生率（全国贫困发生率为 2.8%，民族地区贫困发生率 12.2%，比全国高 9.4 个百分点）。研究数据进一步表明，2010 年贫困人口继续向民族自治地方集中。虽然从时间纵向上比较，已经改善了很多，但是横向上，还是要比全国其他地区的贫困程度严重。以民族走廊武陵山片区为例，2009 年，武陵山区人均生产总值为 10147 元，相当于全国平均水平的 39.67%；农村居民人均纯收入为 2908 元，相当于全国平均水平的 56.4%，年人均纯收入在 1196 元以下的贫困人口 575 万人，贫困发生率大约为 22.67%。2010 年，武陵山区农民人均纯收入 3499 元，仅相当于当年全国平均水平的 59.1%。2010 年，湖南省武陵山区生产总值仅为全省的 13%，人均生产总值仅相当于全省的 53%，地方财政收入仅占全省的 9.7%，城镇居民人均可支配收入仅相当于全国、全省的 63.97% 和 73.8%，农民人均纯收入仅相当于全国、全省的 61.28% 和 64.5%。2010 年，武陵山区所涉及的湖北 10 县市（除红庙开发区）生产总值 435.7 亿元，仅占全国的 0.1%，占全省的 2.76%；截至 2014 年，14 大片区贫困发生率为 17.1%。

可以说，各民族都有其自己的文化、历史、产业特色，我国本来就人口众多、国情复杂，各民族肝胆相照、荣辱与共、感情深厚、民族团结、繁荣发展是我国经济社会长治久安的重要保障。从这样的角度进行分析，多民族的团结、共同进步意义重大。

本书将以产业扶贫为主线，借鉴世界反贫困的理论与实践，以武陵山片区为重点展开实地调研，以金融扶贫、教育扶贫、旅游扶贫、电商扶贫为重要支撑，以经济社会协同创新为路径，以城市扶贫作为比较，并在此基础上提出相应的政策建议，以为我国全面建成小康社会尽绵薄之力。

第二章　文献综述

第一节　扶贫理论

一、贫困内涵概述

贫困是一种综合的、复杂的社会经济现象，是世界发展进程中面临的重大挑战。根据联合国对贫困的定义（UN，1998），贫困是对人的选择和机会的否定，是对人格的侵害。贫困意味着缺乏有效地参与社会的基本能力、没有足够的食物和衣物维持温饱、无法享受基本的教育和医疗服务、没有权利、被排斥在群体生活之外。按照世界银行2000年发布的《世界发展报告》对贫困的定义（World Bank，2000），贫困是指福利的被剥夺状态，不仅指物质的匮乏，而且还包括低水平的教育和健康。除此之外，贫困还包括风险和面临风险时的脆弱性，以及不能表达自身的需求和缺乏参与机会。

贫困一般分为广义贫困与狭义贫困。所谓广义贫困，学者们的认识各有千秋，比如，奥本海默（1993）认为，贫困是指物质上、社会上的和情感上的匮乏，它意味着食物、保暖和衣着方面的开支要少于社会平均水平。1998年，诺贝尔经济学奖得主阿马蒂亚·森（1999）认为，所谓贫困，是指对人类基本能力和权利的剥夺，而不仅仅是收入低下。广义上的贫困更多地追求公平、平等，是人类社会发展的更高阶段。当前，世界范围还有较多的群体生存不能得到保证，狭义的贫困定义在当期有更大的现实意义。狭义上的贫困主要基于经济收入的视角，美国学者雷诺兹认为，所谓贫困，是指有较多家庭没有足够的收入维持基本的生活水平。

随着学术界对贫困问题关注的不断深入，绝对贫困与相对贫困的概念陆续提出。绝对贫困是指一种生活条件，它受到文盲、营养不良、疾病、婴儿死亡率和预期寿命的严重限制，而使受害者出生时带来的基因的潜力不能得到发挥。实际上这是一种处于生存边缘的生活（罗伯特·麦克纳马拉，1975）。相对贫困是指与社会平均水平相比其收入水平少到一定程度时维持的那种社会生活状况，各个社会阶层之间和各阶层内部的收入差异。在对贫困定义的研究发展过程中，如何对贫困群体进行准确瞄准，使真正贫困者得到帮助是最主要的目的。世界银行的发展目标是建立一个没有贫困的世界，其对贫困的定义相比较而言是比较权威的，其对贫困的认识也是在不断发展完善的。目前，世界银行有两套贫困标准：一是传统的收入贫困标准；二是广义的贫困标准。按照传统的收入贫困标准，世界银行以人均消费支出一天 1 美元作为低贫困标准，一天 2 美元作为高贫困线。2011 年，我国划定的贫困线为农民人均纯收入 2300 元，按照这个标准，截至 2014 年年底，我国还有 7017 多万人的贫困群体。这些群体多分布在少数民族地区、各省交界地区、高山深处、边境线附近、革命老区等环境恶劣地区（上述地区有的存在重合），尤其是近年来有逐渐向西部地区聚集的特点。

二、贫困成因分析

导致贫困的因素较多，既有外部因素，也有内部的原因。在分析贫困发生的原因基础上，可以探讨如何扶贫，如何防止贫困发生和再发生，如何使贫困人群获得足够的资源、人力资本和社会资本，如何使贫困人群获得自我发展的动机和能力。总的来说，造成贫困的原因主要有以下几个方面：

（一）低水平发展陷阱

经济发展水平低下，生产的财富不足以养活所有的人口，必然产生贫困。如我国改革开放前，由于生产力低下，人口多，经济增长缓慢，贫困发生率非常高，处于"整体贫困"（蔡昉，2003）。长期的快速经济增长是战胜贫困最根本和最重要的力量来源（Chambers，Ying and Hong，2008）。

然而，经济不断增长并不意味着贫困会逐渐减少和消失。每一次重大的社会转型，都会使部分人受到重大打击，产生新的贫困人群。比如中国自20世纪90年代中期开始的国企改革，导致大批职工下岗、失业，且部分国有企业被市场经济所淘汰，部分人员成为贫困袭击的新对象（杨宜勇，2003）。另外，产业结构的调整，也使得行业收入分配差距加大，大量人员失业，陷入贫困（华迎放，2004）。经济全球化和城市化也导致贫困的传递和扩大（林毅夫，2003）。

（二）资源匮乏与环境恶劣

贫困与生态环境紧密相连，具有多种直接或者间接的联系（Duraiappah & Roy，2007）。生态环境与自然资源是人类赖以生存的重要条件，然而，各种因素导致的环境恶化与资源匮乏使得人类面临着巨大的生存压力。人类不得不对各种资源实施掠夺式的开发和使用，生态平衡被破坏到达一定程度又反过来束缚人类的生产与生活行为，以至于恶性循环，导致一系列不良后果。贫困的牺牲品是环境恶化，同时环境恶化也是导致贫困的原因（Yusuf，2004；Zaman et al.，2011）。生态环境资源的不良利用对农业生产生活有很强的制约性，进而与贫困产生不良循环关系。贫困和环境恶化间的联系在本质上具有多方面的特征（包括人口统计、文化和制度等因素），这导致了双向甚至多向的因果关系。关于特困地区贫困的类型与致贫因素，环境恶劣是重要的原因，比如，许飞琼（2013）认为，灾害问题是制约西部民族地区发展，并导致其难以摆脱贫困落后面貌的重要原因，而现行减灾模式亦不利于西部民族地区的灾害治理。因此，亟须高度重视西部民族地区的防灾减灾工作，树立发展与减灾同步、减灾与脱贫相结合的新理念，在兼顾西部民族地区特殊性的前提下，通过科学规划国土资源开发布局、推进针对灾害问题的综合治理等措施，切实减轻灾害因素对西部民族地区发展的负面影响，最终促使西部民族地区走上健康、持续的发展之路。① 而民族地区贫困的类型具有一定的特殊性，朱金鹤、崔登

---

① 许飞琼：《西部民族地区的灾害问题与综合治理》，《民族研究》2013年第2期。

峰（2011）将新疆国家级贫困县的贫困类型及原因分为六类，即生态贫困、地域贫困、民族贫困、文化教育贫困、市场竞争引致性贫困和制度性贫困。

（三）制度性障碍

在中国经济高速发展、社会快速转型的时期，各种制度政策的出台，也带来了"中国式"贫困人口的增加。城乡二元结构带来的农村城市收入不均等，不少农民外出务工，留下大量的留守儿童与老人。而受户籍制度的限制，外来务工人员无法享受城市当地居民的公共服务。而计划生育政策所引发的人口结构老龄化问题，也是引发贫困的重要因素之一。财政分权作为与公共支出减贫紧密相关的制度之一，对于减贫、降低收入不均等水平的效果是显著的（UNESC，2005；Sepulveda & Martinez – Vazquez，2011）。尽管分权导致的中央政府再分配能力弱化在主张分权的文献中也被提及，但是其负面影响多少被淡化了。事实上，富裕地区在与中央政府的讨价还价中更有力量，而中央政府的税收来源主要来自富裕地区。因此，分权可能有利于富裕地区的贫困人群，但是可能会通过减少中央政府再分配能力，从而降低了贫困地区可获得的财政资源，而贫困地区恰恰是贫困人口最集中的地区。此外，仅仅就财政分权本身而言，并不必然导致政府对贫困人群的需求和偏好更敏感、更透明和更负责。地方政府的行为很大程度上取决于其自身的政策偏好和基本的政治架构，以及在该政治架构下形成的激励机制，一个以增加地区生产总值和财政收入为目标的政府，完全有可能忽视本地区弱势群体。

（四）个体能力缺失

20世纪70年代，由于发展经济学家的思想贡献，特别是西奥多·W.舒尔茨（Thodore W. Schults）提出的人力资本论——贫穷国家之所以落后，其根本原因不在于物质资本的短缺，而在于人力资本的匮乏和对人力资本投资的过分轻视，还有各国在实践中所得出的经验，减贫的政策逐渐转向基础教育与医疗保障上。正是因为基础教育和医疗保障的缺失，贫困人群往往得不到公平的教育和健康，其人力资本低下，这是造成能力贫困的最主要的原因。当然，人力资本缺失的部分原因是制度性原因，部分是经济发展水平低造成的。

（五）社会资本与文化贫困

社会资本是指社会组织的特征，例如网络、规范和信任，它们有助于人们为了共同的利益进行协调与合作（Putnam，1993）。较小的网络规模、较高的亲缘比例、空间临近以及交往频度高构成了贫困家庭社会关系网络的显著特点。社会资本的缺失群体，往往难以有更好获得收入的渠道，容易受到社会排斥（Amartya Sen，1999）。社会网络和公共信任能显著地减少贫困，而且在社区层面的作用尤其明显。社会网络可以直接或间接地降低贫困脆弱性（徐伟、万广华，2011）。因此，若缺乏社会资本，人们的抗风险冲击的能力低，容易产生贫困。同时，缺乏社会资本也表现为政治权利和社会权利地无法实现，从而造成发展机会少，贫困易发。中国西部一些贫困人口还缺乏就业机会、迁移与流动机会，一些贫困妇女还受到各种歧视。贫困文化是导致贫困长期存在的主要原因。贫困文化使穷人陷入"自我设限"的藩篱，扼杀了他们行动的欲望和潜能。另外，消极的人生观和生活态度本身就是一种"心理贫困"，对人的自身发展和社会进步都是极大的阻力。在多维贫困的定义下，必须给予心理贫困足够的重视，才能从根本上减少贫困，防止贫困再发生。

根据对贫困的原因分析，当前我国扶贫的首要任务是千方百计解决温饱问题，长远之策是建立、健全并完善扶贫体制，侧重能力扶贫，根本途径在于走农业产业化、农村城镇化之路。"十三五"时期，应加大投入力度，把集中连片特困地区作为主战场，把稳定解决扶贫对象温饱、尽快实现脱贫致富作为首要任务，坚持政府主导，坚持统筹发展，更加注重转变经济发展方式，更加注重增强扶贫对象自我发展能力，更加注重基本公共服务均等化，更加注重解决制约发展的突出问题，努力推动贫困地区经济社会更好更快发展。

三、扶贫理论概述

国外学术界关于扶贫理论主要体现在反贫困的论述，认为反贫困具有以下内涵：即减少贫困强调反贫困是一个过程；减轻贫困突出缓和贫困的手段和方式；扶持贫困的关键在于政策实践，落实政府和民间的反贫困计划和项目；消灭贫困是反贫困的最终目的。这里包含了从制度和规范化的角度保障贫困人口的生活，从体制和政策的角度减少差距，推进社会公平，从提高贫困人口自身的生存与发展能力来看，需要维护其基本权利，使贫困人口更好融入主流社会，体现反贫困的人文关怀精神。

反贫困总是和经济增长、社会全方面的发展密切相关，学者们从不同的角度对其进行解释，比如经济学理论、人口理论、社会人类学理论、政治学理论等等。其中，经济学理论是反贫困理论的主要奠基石。比如，马尔萨斯的贫困理论、马克思的贫困理论、纳克斯的"贫困恶性循环"理论、纳尔逊的"低水平均衡陷阱"理论、莱宾斯坦的"临界最小努力"理论、缪尔达尔的"循环积累因果关系"理论、阿玛蒂亚·森的权利贫困理论等等。

在反贫困的途径选择问题上，西方学术界的视角很不统一，归纳起来主要有三种模式：资源配送模式、惩罚"机能障碍"模式和介入"机遇机构"模式。目前，关于如何解决贫困问题，得到学者和政府一致认同的是，应该大力发展相关产业，改变以输血式救助为造血式救助，授人以鱼不如授人以渔，使受困群体具备内生的发展能力是关键。目前，也有不少学者认为应该大力提升贫困群体的人力资本，尤其是儿童的受教育问题，阻断贫困的代际传播，使贫困家庭得到较大程度的改变。

纵观反贫困理论的发展，尤其是随着《中国农村扶贫开发纲要》（2011—2020 年）颁布实施，我国反贫困已经进入扶贫攻坚的最后阶段。按照 2011 年我国贫困线的标准，截至 2014 年年底，我国还有 7017 万人处于贫困线以下，这 7000 多万人是否能够改变贫困面貌，决定着我国 2020 年能否实现全面建成小康社会的目标。而随着反贫困实践成果的不断取得，我国反贫困的理论必须要有更加宽泛的转变，比如，更多地追求平等、公平机会的获取等，这也符合马斯洛需求理论中人们在满足基本的生活保障后，会进一步追求更多的精神、安全以及自我价值实现的规律。反贫困研究终将成为跨学科的集大成者，大扶贫的框架构建有助于我国扶贫攻坚的推进，理论和实践将交互发展，相互推进。研究的视角也将更加丰富，进一步与国际接轨。产业扶贫作为反贫困的重要组成部分，将得到新的发展与丰富。

第二节　产业经济理论

一、产业结构转型升级

经济发展方式转变的重要内容是产业结构调整。毫无疑问，全球竞争格局深远变化的背景下如何优化产业结构、实现产业优化升级成为国内各界人士研究和讨论的焦点之一，该问题的研究既具有理论意义，亦富有实践价值。面对国际竞争，如何实现产业结构转型升级也是我国当前极度关心的热点问题，党的十八大报告提出，"要推进经济结构战略性调整。这是加快转变经济发展方式的主攻方向。必须以改善需求结构、优化产业结构、促进区域协调发展、推进城镇化为重点，着力解决制约经济持续健康发展的重大结构性问题。"

产业结构转型升级是指随着需求结构与要素结构的变化，整个经济活动从低技术水平、低附加值状态向高技术水平、高附加值状态的全面提升，包括市场结构、产业结构、地区结构和产业链上的功能结构以及发展方式的转换，这是顺应经济规律、符合生产力发展的内在要求。目前，学术界认为要实现产业结构转型升级面临着几个问题：一是什么是产业结构升级，什么是低端产业，产业结构升级一定是从低级向高级的转变吗？如何界定？二是产业结构如何调整？比如，江静、巫强（2012）就工业化进程中的中国产业组织结构优化调整路径进行研究，提出除了产业组织的市场结构优化外，还应包括所有制结构优化及空间结构优化，其主要途径就是中国企业通过技术能力的学习和提高，在国内市场上形成以自身为主的区域价值链体系，然后融入全球市场，这也被认为是工业化道路下最成功的产业组织优化模式。① 从各个国家产业结构对比看，发展中国家和发达国家不同的分工水平是制约全球背景下产业结构优化的首要原因。因此，刘明宇、芮明杰（2012）根据案例研究得出，发展中国家要突破结构优化，需要通过产业链、供应链和价值链重组建立自发型的价值网络，进一步实现深化分工，才可能掌握产业结构优化的主导权。②

二、发展战略性新兴产业与淘汰落后产能

战略性新兴产业发展是当前世界和中国经济社会发展的热点和难点问题。贺俊、吕铁（2012）的研究表明，目前国内有关战略性新兴产业问题的讨论仍然停留在政策解读和实践操作的层面。如何把培育发展战略性新兴产业这样一个重大的政策问题纳入到既有的经济学理论语言体系，从而将一个现实困惑转化为可以进行理论提炼和实证分析的学术问题，是进一步推进我国战略性新兴产业问题研究的起点。③ 林学军认为，战略性新兴产业是处于产业初期，对本国、本地区有重大、长远影响，能够带动本国、本地区经济发展的新兴产业，它具有指向性、外部性、创新性、风险性、地域性的特点。因此，要注重其特性，加强政策的引导与扶持，努力形成具有本国、本地区特色的战略性新兴产业。④ 江海潮认为，战略性新兴产业识别是系统性的产业认知过程，是区域战略性新兴产业科学选择的前提和基础，是区域战略新兴产业发展竞争追随的内在联系机制。⑤

史丹认为，新能源产业是我国战略性新兴产业，但刚刚起步就出现产能"过剩"的问题，其原因既有国际市场萎缩也有产业发展与市场培育不协调，生产力发展与制度建设不协调等。消除产能"过剩"需要有新思

---

① 江静、巫强：《工业化进程中的中国产业组织结构优化调整路径研究》，《南京社会学报》2012 年第 8 期。

② 刘明宇、芮明杰：《价值网络重构、分工演进与产业结构优化》，《中国工业经济》2012 年第 5 期。

③ 贺俊、吕铁：《战略性新兴产业：从政策概念到理论问题》，《财贸经济》2012 年第 5 期。

④ 林学军：《战略性新兴产业的发展与形成模式研究》，《中国软科学》2012 年第 2 期。

⑤ 江海潮：《中国区域战略性新兴产业识别、发展、竞争追随与经济增长均衡》，《产业经济评论》2012 年第 2 期。

路，要把政策重点由过去的扶持产业转到培育与扩大国内新能源市场方面，促进新能源产业从生产到消费的均衡发展。以消费者为补贴对象，培育国内专业市场；创新产业发展模式，开辟新的出口市场；拓展新能源应用领域，促进新能源产业与传统产业的融合发展。要创造有利于新能源产业发展的外部环境，加快电力体制改革，形成政策合力，优化市场环境。①

三、产业创新与产业竞争力

创新是产业集群持续发展的动力和源泉。熊彼特认为，"创新"是指"新的生产函数的建立"，也就是"企业家对生产要素的新的组合"。少数人在经济停滞阶段获得了成功，许多困难就会消失，其他人可以追随这些先驱者，通过逐渐克服障碍，直到最后创新成为人们普遍熟悉且自由选择的事情。随着创新活动的减弱、对投资需求的降低和企业家数量的减少，经济又会过渡到萧条。缺乏创新是萧条的主要原因，在周期的波谷，当利用殆尽的技术所带来的利润低得令人不堪忍受时，资本才能克服对承担风险的厌恶，并依赖于资本创新。熊彼特关于创新与技术进步在经济发展中的核心作用的观点具有深刻的意义，并在康德拉季耶夫周期、朱格拉周期与基钦周期等理论的基础上形成了熊彼特周期模型。该模型认为，经济中同时存在着40—60年的长周期，9—10的中周期，2—4年的短周期。②

李钢、刘吉超（2012）利用最新的统计数据对中国加入WTO10年以来产业国际竞争力的现状及变化趋势进行了实证研究，得出如下结论：加入WTO10年以来，中国产业国际竞争力有较大程度提升，但中国目前最具有比较优势的产业仍是劳动密集型产业；研究判断中国产业国际竞争力处于第二次快速提升的前夜，从中短期来看，2016年"市场经济地位"的自然获得，将会进一步释放中国产业国际竞争力的既有优势；而从中长期来看，随着人口素质的不断提升，中国将迎来质量型人口红利所带来的新

---

① 史丹：《我国新能源产能"过剩"的原因与解决途径》，《中国能源》2012年第9期。
② 周游、翟建辉：《长波理论、创新与中国经济周期分析》，《经济理论与经济管理》2012年第5期。

的 20 年战略机遇期，这将是中国产业国际竞争力持续提升的重要源泉。①产业转型不仅为行业带来了新的突破口，还为改善原困境作出贡献，张卿川在其论文《四川承接电子产业转移的重金属总量控制指标探讨》中，分析了典型电子行业产生污染特征及污染治理措施，探讨了通过行业转移实现环境治理具体途径。

四、大数据时代与电商扶贫

大数据时代已经成为当前发展的时代背景。在我国，电子商务的发展如火如荼，在一定程度上促进了电商扶贫的深入发展。

刘霞的《网络、组织间学习与产业集群成长：基于浙江的实证研究》主要从组织间学习的视角研究网络关系对产业集群成长的影响和作用机制。该书整合了企业网络、组织间学习与产业集群理论，揭示网络关系与产业集群成长的内部作用机制，完善和补充了集群理论。同时，为解决集群网络关系"锁定"，突破集群成长限制提供理论依据。②

在技术经济范式提出来之后，1988 年弗里曼（Freeman）和佩雷斯（Perez）指出，技术经济范式具有在整个经济中的渗透效应，即它不仅导致产品、服务、系统和产业依据自己的权利产生新的范围，因此它也直接或间接地影响经济的几乎每个其他领域。战略产业或主导产业的选择，必须考虑该产业的技术经济范式，以一个或几个主导技术群构成不同产业的技术基础；这些主导技术群决定一定时期内特定产业增长的模式和水平。并且，随着科学技术的发展，主导技术群也会发生变化，战略产业或主导产业的技术基础也会随之改变，进而改变经济发展的模式，从而导致主导产业的更迭。也就是说，技术经济范式演变的过程就是打破常规和建立新范式的过程，也是主导产业或战略产业选择或演变的过程。

从反贫困的视角进行分析，农业向工业、服务业转型是必然的发展趋

---

① 李钢、刘吉超：《入世十年中国产业国际竞争力的实证分析》，《财贸经济》2012 年第 8 期。

② 刘霞：《网络、组织间学习与产业集群成长：基于浙江的实证研究》，经济科学出版社2012 年版。

势。伴随工业化的进程，农业在三产中的比重将不断降低，直至 10% 左右；贫困地区在发展当地优势产业推进扶贫攻坚的同时，必然与产业结构升级、淘汰落后产能、提高产业竞争力、电子商务等新的发展趋势紧密结合，适应形势发展的需要、适应消费市场的需要，才能尽早攻克堡垒，取得扶贫攻坚的最后胜利。

第三节　产业扶贫理论

产业扶贫是以市场为导向，以经济效益为中心，以产业集聚为依托，以资源开发为基础，对贫困地区的经济实行区域化布局、工业化生产、一体化经营、专门化服务，形成一种利益共同体的经营机制，把贫困地区产业的产前、产中、产后各个环节统一为产业链体系，通过产业链建设来推动区域扶贫的方式。

一、产业扶贫利益联结机制

在产业扶贫的发展过程中，越来越多的学者关注到多方主体利益联结机制是否完善直接关系到产业扶贫模式的长远发展，尤其重要的是要建立一种相对紧密的利益联结集中。比如，朱满德、江东坡、邹文涛（2013）认为，建立和完善龙头企业与农户利益联结机制是推进农业产业化的核心。运用访谈调查法和案例分析法，他们对贵州省 3 州（市）典型特色产业的利益联结机制进行考察。研究结果表明，受农业产业化发展水平、龙头企业及农户对风险的认知、农户经营规模和组织能力、市场竞争结构、政府支持政策等因素影响，贵州省龙头企业与农户利益的联接仍以松散型的市场联结为主，龙头企业与农户利益缺乏有效保障。为进一步发挥龙头企业的辐射带动效应，推动农业产业化经营，促进现代农业产业扶贫，贵州必须加快探索以合作联结、股权联结等为代表的紧密型利益联结机制。[①]

---

① 朱满德、江东坡、邹文涛：《贵州省龙头企业与农户利益联结机制探究》，《江苏农业科学》2013 年第 9 期。

二、精准扶贫与扶贫方式创新

2013 年，习近平总书记在湖南湘西考察时，提出精准扶贫的理念。习近平总书记要求："各级领导干部一定要多到农村去，多到贫困地区去，带着深厚感情做好扶贫开发工作，把扶贫开发的工作抓紧、抓紧再抓紧，做实、做实再做实"，"要看真贫、扶真贫、真扶贫，用科学态度抓扶贫，做到宜农则农、宜林则林、宜牧则牧、宜开发生态旅游则开发生态旅游"。所谓精准扶贫，即扶贫资金使用要因地制宜，根据本地本产业的特色开展，改变原来撒胡椒面的做法，使宝贵的扶贫财政资金能够用在关键地区。《关于创新机制扎实推进农村扶贫开发工作的意见》（中办发 2013 ［25］号）明确提出要建立精准扶贫工作机制，由国家制定统一的扶贫对象识别办法。

邓维杰（2014）认为，目前精准扶贫的实际执行效果并不令人满意，主要原因在于精准扶贫中出现了突出的对贫困户的排斥现象，包括在精准识别环节对贫困人口规模的人为限定形成的规模排斥、集中连片扶贫开发对片区外贫困群体的区域排斥，以及自上而下的贫困村和贫困户识别过程中对贫困群体的恶意排斥和过失排斥等。要真正实现精准扶贫，应该尽早开展国家级和省级的贫困普查，对贫困村实施分类管理，采取自上而下和自下而上融合的贫困户识别和帮扶机制。同时，购买独立第三方社会服务机构来协助和监督整个过程。当然，减贫投入必须足够，不能期待依靠地方配套来实现精准扶贫目标。①

三、产业扶贫与民族传统文化传承

在产业扶贫发展过程中，民族文化的传承亦是重要的环节。杨成、孙秋（2014）对贵州麻山苗族传统养蜂的本土生态知识进行了长期的深入调查和访谈后，发现贵州麻山地区的苗族乡民不但保留着一整套饲养中蜂的

---

① 邓维杰：《精准扶贫的难点、对策与路径选择》，《农村经济》2014 年第 6 期。

知识、技术和技能，而且还有维护这一传统的制度保障，而这一切都得益于麻山苗族文化生态共同体的延续和运行，从而使得麻山地区成为我国中蜂饲养最多的地区之一。在中蜂生存区不断缩减的当前，如能把产业扶贫与之相结合，则既可起到保护中蜂的作用，又可达到脱贫致富之功效。①民族传统文化凝聚着深厚的民族感情，通过发展当地的优势产业，兼具民族传统文化的传承，意义重大。

四、扶贫绩效与产业扶贫可持续指标体系构建

扶贫是否取得真实效果是各方面人士关注和关心的重点和难点问题，围绕该问题的展开，如何构建可量化的可持续发展指标体系非常重要。以产业扶贫可持续发展指标体系为例，舒银燕（2014）认为，石漠化连片特困地区是我国新时期扶贫攻坚战中减贫任务最为艰巨的地区，农业产业扶贫在扶贫实践中发挥着重要的作用。在梳理阿玛蒂亚·森的发展观、可持续发展理论和参与式发展理论的基础上，舒银燕界定产业扶贫模式可持续性的内涵，强调扶贫覆盖面、减贫效果、配套政策和贫困人口的发展能力等因素的影响，确定适用性、效果、政策、载体等4个评价准则及10个关键性问题，并据此提出10个一级指标和23个二级指标。主张采用主、客观赋权法相结合的方法对农业产业扶贫模式可持续性评价指标赋予权重。②

五、扶贫体制机制与政策

体制机制是否健全是扶贫的根本问题。黄承伟、覃志敏（2013）对重庆市统筹城乡综合配套改革下的涪陵区园区产业扶贫案例研究表明，新阶段的城乡统筹发展系列制度安排，促进了生产诸要素资源向农村和农业的回流与聚集，是我国产业扶贫走出困境、实现组织形式创新的重要契机。

---

① 杨成、孙秋：《苗族传统生态知识保护与产业扶贫——以宗地乡中蜂传统饲养的田野调查为依据》，《广西民族研究》2014 年第 3 期。

② 舒银燕：《石漠化连片特困地区农业产业扶贫模式可持续性评价指标体系的构建研究》，《广东农业科学》2014 年第 16 期。

而涪陵区园区农业产业扶贫机制既形成了城乡农业产业化发展诸要素资源的优化整合，又实现了扶贫对象自我发展能力提高与农业现代化的有机结合，具有较大的创新性和启示意义。①

关于扶贫政策，魏淑艳、田华文（2014）认为，当前，我国扶贫政策仍以开发式扶贫为主，但表现出一些新的政策取向。扶贫效果总体显著但不均衡，区域差距明显，究其原因与扶贫政策本身的功利性、扶贫政策缺乏针对性以及执行不力等因素有关。解决这些问题需要从调整扶贫模式、扶贫瞄准机制及改善政府扶贫工作方式等多个方面入手，并充分调动社会力量和市场力量参与扶贫。②

也有越来越多的学者认识到人力资本对减贫的重要作用，比如，朱玲、张林秀均提出要关注农村教育问题，大力提升人力资本的质量，从而达到减贫目标的实现。张艳红、李晓燕（2010）认为，除了自然灾害、宗教等客观原因外，人力资本越来越成为影响西藏农村地区扶贫开发成效的关键要素。经过五十多年的发展，西藏农村人力资本水平明显提高，但无论从身体素质、科技文化素质，还是综合素质来看，都还与全国农村地区的平均水平存在较大差距。当前西藏农村人力资本开发的重点在于：进一步解放思想，提高西藏农村贫困人口参与生产的主动性和积极性，同时加强农村医疗卫生队伍的建设，最后还要对中等专业学校进行系统改革。③

六、产业扶贫的瓶颈与完善路径

胡振光（2014）认为，作为参与式治理的重要探索，当前产业扶贫在践行参与式理念的过程中，出现了目标偏离和实践变形。多元主体的互动参与异化为政府主导下的被动参与，包括龙头企业、农村经济合作组织和

---

① 黄承伟、覃志敏：《统筹城乡发展：农业产业扶贫机制创新的契机——基于重庆市涪陵区产业扶贫实践分析》《农村经济》2013 年第 2 期。

② 魏淑艳、田华文：《我国农村贫困形势与扶贫政策未来取向分析》，《社会科学战线》2014年第 3 期。

③ 张艳红、李晓燕：《基于人力资本视角的农村反贫困问题研究——以西藏自治区为例》，《社会科学家》2010 年第 3 期。

贫困农户在内的多元主体难以与地方政府进行平等对话和协商，主体间地位不平等及互动不足是当前遇到的主要瓶颈。产业扶贫需要提高主体参与能力、激发主体参与动力、突破主体参与障碍，构建多元主体间的良性互动关系。[①]

周伟、黄祥芳（2013）认为，经济贫困是一个广为关注的社会问题。通过对典型连片特困区——武陵山片区经济贫困的基本调查，探寻该连片特困区经济贫困与增长乏力的原因，针对政府的扶贫效果对扶贫政策进行了反思，根据武陵山片区特点深入思考了该区反贫困的思路，认为武陵山片区"亲贫式"增长的产业选择关键在于有效利用片区内与特色农业、旅游产业相关的优势资源，并促进第一产业中特色农业与第三产业中旅游产业的有机结合，从而有利于该区域走上低碳生态、全民共同脱贫致富的自生发展道路。[②]

[①]　胡振光：《参与式治理视角下产业扶贫的发展瓶颈及完善路径》，《学习与实践》2014 年第 4 期。

[②]　周伟、黄祥芳：《武陵山片区经济贫困调查与扶贫研究》，《贵州社会科学》2013 年第 3 期。

第三章　国内外扶贫现状

第一节　国内外贫困现状概述

一、全球贫富差距加剧

进入 21 世纪以来，贫困已经成为全球所面临的最严重挑战之一。关于贫困的定义，学者们从收入、能力、制度、机会等不同的角度做了解释，而限于资料的可获得性，本书所研究的贫困主要是指收入贫困。所谓收入贫困，是指收入水平低于贫困线，难以满足最低的生活标准。

近些年来，全球的贫困人口数量在增加。世界银行在 2000 年 12 月发表的报告中指出，虽然全球化背景下各国的经济条件都有不同程度的改善，但是在 20 世纪 90 年代，发展中国家平均实际人均收入的增长幅度还不到 1%，仍然有 28 亿人口每天的生活费不足 2 美元，其中有 12 亿人口几乎入不敷出。[①] 与此同时，发达国家与发展中国家的贫富差距也在不断拉大。

如表 3.1 所示，进入 2000 年以后，全球的生产总值超过了 30 万亿美元，但是发达国家却占据了其中的大多数，将近 80%，而其人口数只有世界总人口的 15% 不到，极端的财富分配不均。发达国家的人均收入是 3.5万美元，是发展中国家的 175 倍，贫富差距显而易见。

---

① 资料来源：世界银行：《2000/2001 世界发展报告》，中国财政经济出版社 2001 年版。

表3.1　发达国家与发展中国家对比

	发达国家	发展中国家
人口占比（%）	14.9	40.6
生产总值占比（%）	79.5	3.44
人均生产总值（美元）	35000	200
出口市场份额（%）	82	≤1
外国直接投资（%）	68	≤1
电话总数（%）	74	≤1

资料来源：世界银行：《2000/2001世界发展报告》，中国财政经济出版社2001年版。

二、中国贫困现状

中国是世界上最大的发展中国家，人口占世界总人口的22%左右。与其他国家一样，贫困问题同样是中国绕不开的一道坎。20世纪80年代初，中国是世界上贫困人口最多的国家。按照世界的贫困标准（一天1美元）以及购买力平价估计，中国的贫困人口总数达到了6.34亿人，占总人口的2/3，中国的贫困人口总数占世界贫困人口总数的43%。[1] 改革开放三十多年来，中国贫困人口数量大幅减少，从1978—2009年，中国农村贫困人口减少两亿多人，是最早实现联合国千年发展目标中贫困人口减半的发展中国家，这是一个了不起的成就，为世界减贫事业作出了重大贡献。但也必须清醒地看到，我国贫困人口规模大，扶贫标准低，相对贫困现象凸显，返贫问题严重，尤其是连片特困地区扶贫任务十分艰巨，中国的扶贫之路还任重道远。

（一）贫困指标

改革开放三十余年来，中国的贫困人口大幅度减少，为世界反贫困工作作出了突出的贡献。2011年8月，中国社会科学院公布了2011年城市

---

[1] Shaohua Chen and Martin Ravallion,"The Developing World is Poorer than We Thought, but no less Successful in the Fight against Poverty".

蓝皮书，指出到 2009 年年底，城市合理的贫困线在人均年收入 7500 至 8500 元之间，全国贫困人口数约为 5000 万人，其中东部地区城镇贫困人口大约 756 万人，中部 1657 万人，西部 1717 万人，东北地区 845 万人。2014 年研究数据表明，中国现有 8000 多万贫困人口，湖南、河南、广西、四川、贵州、云南这 6 个省份的贫困人口都在 500 万人以上，截至 2012 年年底，592 个扶贫开发工作重点县农民人均纯收入不足全国平均水平的 60%，农民医疗支出仅为全国农村平均水平的 60%，劳动力、文盲、半文盲的比例比全国要高 3.6 个百分点。

（二）主要影响因素

1. 贫困线标准低

目前国内贫困线制定的标准太低依然是有争议的问题。20 世纪初，中国农村的贫困面广而国家扶贫资源有限，因而确定低贫困线作为农村贫困标准，但这个标准似乎并未随着国内生产总值增长而跟着动。1985 年，中国确定人均年纯收入 200 元作为贫困线，此后根据物价指数逐年微调。贫困线之下还设置了收入更低的绝对贫困线。2007 年标准调整为 1067 元。2008 年，中国绝对贫困线标准为人均纯收入 785 元以下，低收入贫困线标准为人均纯收入 786—1067 元。2009 年提高到 1196 元，仅相当于世界银行所制定标准的 40%。

根据国际惯例，很多国家都是根据本国自己的标准来制定贫困线。所谓贫困发生率是指贫困人口占全部总人口的比率，它反映地区贫困的广度，贫困线的高低直接决定贫困发生率。国际上制定贫困的标准分为两级：①极度贫困（赤贫）人口，按照购买力平价每人每天消费 1 美元；②贫困人口，按照购买力平价每人每天消费 2 美元。中国贫困线过低早已是"不争的事实"，由表 2.2 可知，中国的贫困发生率为 2.8%，但是欧美、日本等发达国家的贫困发生率均在 9% 以上，韩国为 14%，印度、巴西、越南等国的贫困发生率均远高于中国。上述数据表明，无论是与发达国家，还是与其他发展中国家相比，我国所估计的贫困率都偏低。世界银行估计我国的贫困发生率为 15.9%，而我国自己估计的结果仅为 2.8%，足足相差了 13 个百分点，见图 3.1。按照国际标准进行估计，2007 年，我国每天平均消费不足按购买力平价 1 美元的赤贫人口达 1.35 亿人，占总人口的 10%；而每天消费不足按购买力平价 2 美元的贫困人口达 4.3 亿人，占总人口的 32%。国家统计局公布的贫困监测数据也表明，2000—2010 年，西部地区的贫困人口比例不减反增，贫困人口逐渐向西部少数民族地区聚集，全国农村贫困人口的 2/3 集中在西部地区，尤其是在云贵、甘肃地区比例相对较高。2010 年，西部地区全国农村贫困人口达到 1751 万人，占全国贫困人口的比例为 65.1%。

2011 年，我国将贫困线标准调整为农户人均纯收入 2300 元/年，大大提高了覆盖范围，使更多的贫困人群成为帮扶的对象。减贫的主战场也转向集中连片特困地区，这些地区也是新时期减贫的难点、重点。按照 2300 元的最新标准，截至 2014 年年底，我国还有贫困人口 7017 多万人。截至 2013 年年底，我国贫困发生率超过 20% 的有西藏、甘肃、新疆、云南和青海 5 个少数民族比例较高的省（自治区）。[①]

表 3.2　各国贫困发生率对比

国家	贫困发生率（%）
中国	2.8
美国	12
欧盟	9—18
日本	15
韩国	14
俄罗斯	13.4
印度	20
巴西	16
越南	15

资料来源：李君如主编：《中国人权事业发展报告 No.1（2011）》，社会科学文献出版社 2011 年版。

---

① 国务院扶贫办主任刘永富：《解读"继续向贫困宣战"》，人民网 2014 年 3 月 24 日。

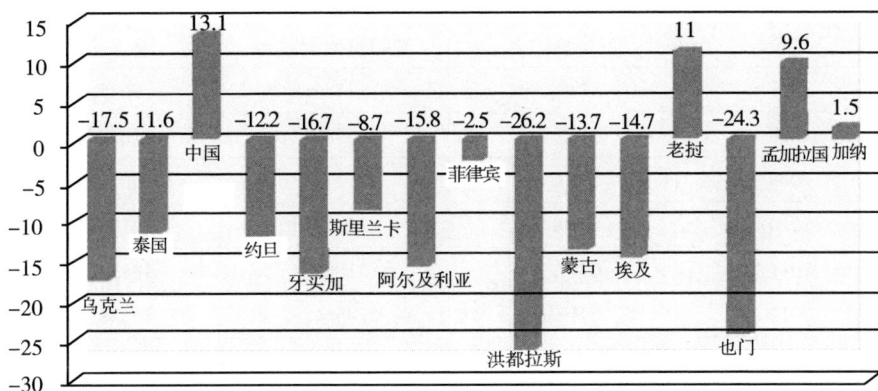

图 3.1　世界银行公布的贫困发生率与各国估计的贫困发生率之差

资料来源：中国国际扶贫中心课题组：《世界各国贫困标准研究》2010 年第 1 期。

2. 城乡差距加大

除了贫困线标准低外，城乡差距加大也是非常严峻的问题。从图 3.2 及表 3.3 数据可以看出，随着时间的推移，城乡收入差距越来越大，两极格局越来越严重，2000 年，农民纯收入与城镇居民可支配收入差距为 4026.58 元，到 2013 年，两者差距为 18059.2 万元，增长了 3.48 倍。未来几年，如何调整收入差距，促进共同富裕，既是我国现阶段扶贫攻坚的重点，也直接关系 2020 年全面小康社会的建成。

表 3.3　2000—2014 年城乡居民收入差距

单位：元/人

年份	农民纯收入	城镇可支配收入	收入差距
2000	2253.42	6280	4026.58
2001	2366.4	6859.6	4493.2
2002	2475.6	7702.8	5227.2
2003	2622.2	8472.2	5850
2004	2936.4	9421.6	6485.2
2005	3254.93	10493	7238.07
2006	3587.04	11759.5	8172.46

年份	农民纯收入	城镇可支配收入	收入差距
2007	4140.36	13785.8	9645.44
2008	4760.6	15780.8	11020.2
2009	5153.2	17174.7	12021.5
2010	5919.0	19109.4	13190.4
2011	6977.3	21809.8	14832.5
2012	7916.6	24564.7	16648.1
2013	8895.9	26955.1	18059.2
2014	9892	28844	18952

注：数据都属于人均数据，收入差距＝城镇人均可支配收入－纯收入。

资料来源：2000—2014 年《中国统计年鉴》。

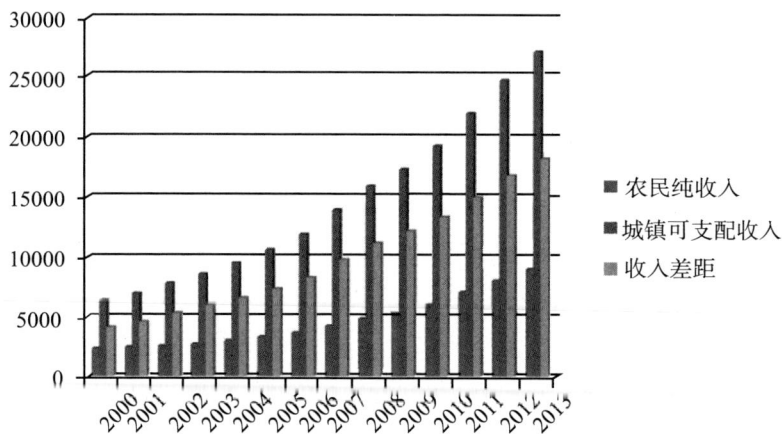

图3.2　2000—2013 年农民收入、城镇收入、差距收入

第二节　中国扶贫开发的历程及现状

我国始终将减少贫困作为国家发展的重要目标和任务，努力使经济社会发展成果惠及全体人民。20 世纪 80 年代中期以来，通过有组织、有计划、大规模地开展扶贫开发，先后制定并实施了《国家八七扶贫攻坚计划

（1994—2000 年)》《中国农村扶贫开发纲要 （2001—2010 年)》《中国农村扶贫开发纲要 （2011—2020 年)》等减贫规划。扶贫减贫已经成为全社会的共识和行动，扶贫开发从政府政策行为，逐步迈上了制度轨道，成为全社会促进和谐稳定和公平正义的重要内容。我国的扶贫开发总体上经历了以下五个阶段：

一、第一阶段（1978—1985 年)

主要特征是改革开放促进全国农村生产力的解放，通过推行联产承包责任制为中心的体制改革，大幅度提高农产品收购价格，改善产品交易条件，大幅增加了农民收入。随着改革开放进程的加快，农产品收购价格的提高，1978 年到 1984 年我国农业出现了持续的高增长率，农民人均纯收入的年均增长率也高达 16.5%，农村贫困人口迅速从 1978 年的 2.5 亿人减少到 1985 年的 1.25 亿人，贫困发生率也从改革开放初期的 33.1% 下降到 1985 年的 14.8%。

二、第二阶段（1986—1993 年)

随着经济体制改革的深入，20 世纪 80 年代中期，工农、城乡和区域间差距不断拉大。贫困人口的减速开始呈下降趋势，甚至某些年份反而有所增加，显示出通过全面的改革和普遍增长并不能解决贫困问题。我国在"七五"期间开始实施"重点扶贫""点面结合"政策，在贫困人口集中地重点区域内划出 331 个国家重点扶持贫困县，由国家投入资金，实施"开发式扶贫"。到"八五"期间，国家级贫困县又增加了 236 个，使得国家实施重点扶贫的贫困县达到 567 个。开发式扶贫政策逐步扭转了贫困人口减速放缓的局面，到 1993 年我国贫困人口进一步减少到 7500 万人，贫困发生率下降到 1993 年的 8.2%。

三、第三阶段（1994—2000 年)

1994 年，国家公布了《八七扶贫攻坚计划》，明确提出要集中人力、物力、财力，动员全社会力量，争取用七年时间基本上解决中国剩余 8000 万人口的贫困问题。采取了集中攻坚、瞄准县村的工作方针。随着收入水平的变化，国家重新调整了贫困县的标准，将在 1992 年农村人均收入低于 400 元的县全部纳入贫困县，凡同年农村人均收入高于 700 元的县全部退出贫困县，调整后的国家级贫困县增加到 592 个。1996 年之后，我国的扶贫对象进一步从贫困县调整至贫困村和贫困户，并大幅增加了扶贫资金。1994 年到 2000 年间的七年中，我国政府投入的资金比 1986—1993 年的阶段总额增长了 2.8 倍。同时，国际组织合作扶贫项目增多，在"九五"计划期间启动的"西南世界银行贷款项目"和"秦巴山区扶贫世界银行贷款项目"，利用世界银行贷款的总规模达到 4.46 亿美元。"八七"扶贫计划取得了显著的成效，这一阶段成为改革开放以来我国贫困人口减少速度最快的时期。全国 592 个国家重点扶持的贫困县的农民人均纯收入由 1995 年的 824 元提高到 1999 年的 1347 元。贫困地区的劳动力素质和受教育水平明显提高，精神面貌发生了很大的变化。特别是一些集中连片的重点贫困地区从整体上解决了温饱问题。沂蒙山区的贫困发生率下降到 2.7%，农民人均纯收入达到 2035 元，实现了村村通车、户户通电。全国年平均减少贫困人口 800 万人，农村贫困人口发生率整体降低了 4 个百分点，而同一时期的世界贫困人口却逐年增加 1000 万人。

四、第四阶段（2001—2010 年）

我国贫困人口的生产生活条件明显改善，农村居民的生存条件和温饱问题基本得到解决，社会发展水平进一步提升，生态恶化趋势得到初步遏制。根据经济社会发展水平提高的要求和顺应物价指数变化的趋势，我国农村扶贫标准从 2000 年的 865 元提高到 2010 年的 1274 元。对应的农村贫困人口也从 2000 年年底的 9422 万人减少到 2010 年年底的 2688 万人，贫困发生率从 2000 年的 10.2% 下降到 2010 年的 2.8%。贫困地区经济得到全面发展，从 2001 年到 2010 年，全国 592 个国家扶贫开发工作重点县人均地区生产总值从 2658 元增加到 11170 元，年均增长 17%。农村人均纯收入从 2001 年的 1276 元上升到 2010 年的 3273 元，年均增长 11%，高于全国平均水平。农村义务教育得到增强，新型农村合作医疗实现全覆盖，贫困地区人口和计划生育工作、公共文化服务体系建设继续得到增强。贫困地区生态环境恶化趋势得到有效遏制。从 2002 年开始，国家扶贫开发工作重点县实施退耕还林还草 14923.5 亩，水源受污染的农户比例从 2002 年的 15.5% 下降到 2010 年的 5.1%。为了促进贫困地区经济社会全面发展，国家在全国确定了 14.8 万个贫困村，逐村制定包括基本农田、人畜饮水、道路、贫困农户收入、社会事业等内容的扶贫规划，通过整合各类支农惠农资金和扶贫转向资金，力争实现贫困群众增收、基础设施提升、社会公益事业发展、群众生产生活条件改善的目标。截至 2010 年年底，12.6 万个贫困村实施了整村推进。十多年来，贫困地区重点培育了马铃薯、经济林果、草地畜牧业和棉花等主导产业，通过产业扶贫有效地带动贫困农户实现脱贫致富。对少数民族、妇女、残疾人的扶贫开发，也是第四个阶段的重点工作之一。2000 年到 2010 年，国家共投入兴边富民资金 22.1 亿元，对全国人口在 10 万人以下的 22 个人口较少民族实行专项扶持。组织实施《中国妇女发展纲要（2001—2010 年）》，把缓解妇女的贫困问题、减少贫困妇女数量放在优先位置。2009 年以来，还组织实施了小额担保贴息贷款项目，截至 2011 年 7 月，累计发放贷款 409.93 亿元。组织实施了《农村残疾人扶贫开发计划（2001—2010 年）》，着力解决贫困残疾人温饱问题，缩小残疾人生活水平与社会平均水平额差距。

五、第五阶段（2011 年至今）

2011 年，我国公布了《中国农村扶贫开发纲要（2011—2020 年）》（以下简称《纲要》），扶贫开发工作进入了一个新时期。《纲要》对扶贫开发形势作出一个重大判断，认为到 2010 年，农村居民生存和温饱问题已经基本解决，扶贫开发从以解决温饱为主要任务的阶段转入巩固温饱成果，加快脱贫致富，改善生态环境，提高发展能力，缩小发展差距的新阶段。《纲要》提出了更加综合更加明确的工作目标，要求到 2020 年，稳定实现扶贫对象不愁吃、不愁穿，保障其义务教育、基本医疗和住房。贫困地区农民人均纯收入增长幅度高于全国平均水平，基本公共服务主要领域指标接近全国平均水平，扭转发展差距扩大趋势。这个"两不愁、三保障"的目标既包括了生存的需要，又包括了部分发展的需要。

第三节　国际扶贫开发经验借鉴

扶贫开发、减少贫困是包括发达国家在内的很多国家面临的长期性挑战，是全世界社会经济发展所面临的重大难题，是全人类的共同责任。落后地区实际是一国经济发展中出现的区域发展不平衡的反映，在很多国家都不同程度地存在，各国政府大都致力于贫困问题的缓解。由于历史、地理、政治等因素的不同，各国政府推进经济不发达地区发展的政策与措施都不尽相同。很多发达国家的政府从增加教育、医疗卫生、基础设施等方面的投入以及金融财政政策的倾斜扶持着手在扶贫开发方面作出了很多探索和努力，学习借鉴这些国家的开发经验，对于我们加快推进贫困地区开发、促进区域协调发展具有重要的意义。

一、巴西扶贫的实践、经验及启示

（一）中巴致贫因素对比

1. 自然因素

巴西与中国都拥有广袤的土地。巴西是南美洲面积第一大的国家，面积仅次于俄罗斯、加拿大、中国和美国，是世界第五大国。中国的国土面积居世界第三，同时也是世界上最大的发展中国家。两国的地势条件都非常复杂。

中国以山地为主，山地面积占到全部国土面积的2/3，地形崎岖，环境恶劣，自然灾害频发，包括山洪、泥石流、山体滑坡等。同时，中国属于季风性气候，不稳定的气流运动，经常造成洪涝或者干旱，严重影响了农业生产的正常进行，造成巨大的人员与财产损失，是致贫的一个重要因素。巴西境内主要以巴西高原、亚马逊平原和沿海平原为主。亚马逊平原生态环境十分恶劣，所居住的人口比较少；沿海平原的人口聚集度最高，集中了将近60%的全国人口。但是在沿海地区，经常发生山体滑坡、洪涝灾害等。恶劣的生态环境，严重影响了人们的正常生活，也阻碍了经济的发展，引起贫困。

2. 社会经济因素

（1）城镇化畸形发展

所谓城镇化，一般是指农业人口转化为非农业人口的过程，是经济发展过程中出现的必然趋势。但是，在发展中国家，由于农村潜在剩余劳动力过剩，劳动力大量流转到城市，导致城市人口过度膨胀，城市化畸形发展。这种情况在巴西和中国都很典型。

第二次世界大战以后巴西经历了与中国相似的快速城镇化，成为发展中国家中城镇化最快且水平最高的国家之一，城镇化率从1960年的56%提高到2010年的81.2%，2014年为85%。巴西有两个特大城市，第一大城市圣保罗人口从1950年的250万人增加到1980年的1350万人，2008年贫困发生率为24.1%；第二大城市里约热内卢人口从290万人增加到了1070万人。人口在城市的过度集聚带来被世人广为关注的"贫民窟"问题。2000年时，巴西的贫民窟达到3905个，其中圣保罗市共有2018个，贫民窟人口总数约达到116万人。贫民窟的居住、出行、医疗、卫生、教育条件非常差，这里的居民基本都生活在贫困线以下。

中国的城镇化水平虽然没有巴西高，但是根据社科院《2012年社会蓝皮书》显示，2011年中国城镇人口占总人口的比重首次超过农业人口，已达到50%以上，这标志着我国开始进入以城市社会为主的新成长阶段。但是，中国的城镇化是畸形发展的。中国已经出现了多个"超级特大城市"，人口超过了1000万人。由图2.4可知，北京、上海、重庆人口均已经超过2000万人，分别为2114.8万人、2425.68万人、2991.4万人，尤其是随着京津冀协同发展战略的提出，北京周边城市人口在近年来发展迅猛，保定、天津常住人口分别为1022.9万人和1472万人。快速流动的人口与规模严重超过了城市的承载量，给这些超大型城市的发展带来一系列社会与管理问题。农民进入城市后，被赋予了一个新的称号——"农民工"。农民工在城市中的生活，无论是居住条件、工作条件以及子女入学等问题上都非常差。农民工问题是中国扶贫工作的一个重要方面。

单位：万人

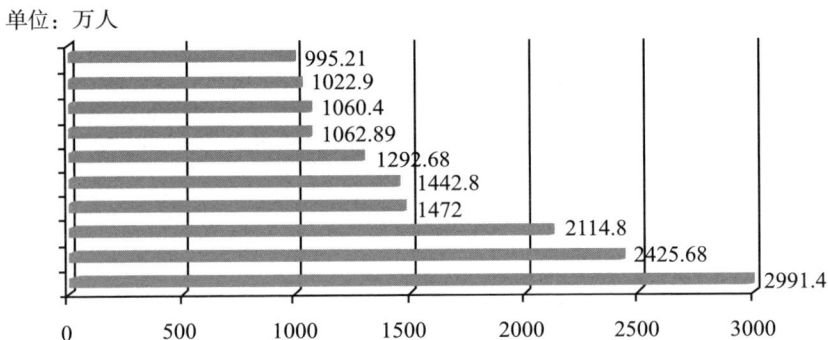

图 3.3　2013—2014 年城市常住人口数排名前十

注：所有数据统计口径均为行政区域内常住人口。

资料来源：各城市/省的统计局统计公报。

（2）教育滞后于经济发展

教育是经济发展的一个重要因素。现在，各国都意识到了人才的重要性，而获得人才的关键就是要发展教育。但是，巴西与中国的教育问题，尤其是农村的教育问题堪忧。

世界银行《危机状况下的巴西青少年》的调查报告曾指出，巴西青少年的就学时间平均为 8.5 年，其大学的升学率在南美国家中排名是最靠后的。5000 万 15 岁到 29 岁的年轻人中，有 950 万人没有上学也还未就业，其中还有 450 万人连初等教育都没有学完。报告更指出，巴西的教育现状直接影响了国民经济的发展，巴西青少年辍学和学历低下导致巴西的国内生产总值每年减少 0.5 个百分点。

相关研究表明，相比中国与巴西高等院校的入学率（入学率是指学生入学占总人口数的百分比），中巴中学的入学率还比较高，而且从 1999 年开始，巴西的中学入学率一直保持着较高水平。相比之下，中国的教育水平则维持在较低水平。同时，中巴的高等院校入学率都比较低，最高也只能到30%左右。初中之后，辍学率就在不断增加，教育的质量也得不到保证。两个图表告诉我们，相比较而言，人才的断层会限制经济的健康发展。同时，中国的教育问题比巴西更加严重，必须要更加重视，并大力解决。相比较发展中国家，发达国家更加重视教育的投入。比如，德国有8800万人口，却拥有公立学校300多所，德国人也不用为了读大学而参加高考，宽松的环境在德国培养出许多世界级的大师。

（3）基础设施建设滞后

基础设施是发展经济的必要条件，良好的基础设施能推动经济的发展。"要致富，先修路"也是众所周知的事情。但是，中巴农村的基础设施建设还有待完善。根据第二次全国农业普查数据，中国仅有9.6%的乡镇地域内有火车站，有二级以上公路的乡镇仅占46.1%，有公园的乡镇占11.7%。通电与通信的设施建设还比较可观，但是西部仍然有大部分地区不能通邮通电。24.5%的村饮用水经过净化处理，33.5%的村有沼气池，见表3.4。

表3.4　农村基础设施状况

单位:%

	全国	东部地区	中部地区	西部地区	东北地区
有火车站的乡镇	9.6	8.1	10.2	8.2	21.1
有码头的乡镇	8.9	13.8	9.4	6.8	3
有二级以上公路通过的乡镇	46.1	65.9	52	29.9	53.6
距一级公路或者高速公路出入口在50千米之内的乡镇	61.3	82	69.1	44.4	63.2
能在一小时内到达县政府的乡镇	78.1	91.7	85.1	64.5	87.1
已完成农村电网改造的乡镇	81.9	96.8	87.7	67.2	97.6
有邮电所的乡镇	81.9	86.2	89.2	71.6	90.7
饮用困难	10.3	2.8	9.6	22.2	1.3
用燃气	11.9	27.2	3.8	3.2	4

资料来源：国家统计局：《第二次全国农业普查数据》，2008年2月25日，国家统计局网站。

巴西的基础设施建设已经成为制约其经济发展的重要因素。其基础设施建设薄弱的问题主要表现如下：

①基础设施建设投入不足。世行做过相关的研究调查，指明巴西要想实现4%的增长目标，每年对基础设施的投入要保证占到国内生产总值的5%—9%。但是，巴西2007年的基础设施投资仅占GDP的4.87%。2015年6月9日，巴西政府公布了第二阶段改善交通基础设施投资计划，即在改变其落后的瓶颈问题。

②基础设施脆弱。"刮风减半，下雨全完"是巴西基础设施脆弱的真实写照。碰到刮风，巴西的网络就会受到很大影响，甚至中断，电话也打不通；下雨时，整个城市的交通都会瘫痪。

③监管法规不稳定。巴西的行政主管部门没有完全的自主权，导致其基础设施的相关法规经常变化，存在很大的投资风险。

④中巴农村中存在饮水困难的人口以及互联网的推广率。研究表明，虽然饮水困难问题在不断得到解决，但是直到现在，两国都仍然有将近20%的农村人口尚未解决饮水问题。而互联网虽然也得到了大力的普及，但比率仍然比较低，近年来有不断上升的趋势。根据第36次《中国互联网发展状况统计报告》报告，截至2015年6月，我国网民规模达6.68亿人，互联网普及率（互联网普及率指每一百人中的互联网用户）为48.8%。但是农村互联网普及率只有27.5%，农村网民占比为28.6%，规模达1.77亿人。基础设施发展的滞后，对中巴，尤其是对中国造成了重要的影响，阻碍了经济的快速发展。

（4）资源分配失衡

资源对于一个地区的发展具有不可替代的作用。但是，在现实生活中，资源分配往往是不均衡的，导致区域间的经济发展失衡。

中国西部也有广阔的资源，但这些资源主要是偏向于自然资源，包括能源、金属等矿产，还有广阔的土地。相较东部的发展，西部远远落后。东部由于其特殊的地理优势，以及历史发展的积淀，拥有了绝大多数的资源，而且是先进的资源。包括资本、技术、人才等，这些都大大地促进了东部的发展。而西部，缺少对这些资源的吸引力，经济发展远远落后，陷入了贫困陷阱。

美国著名经济学家纳克斯曾提出"贫困恶性循环理论"，认为资本匮乏是阻碍发展中国家发展的关键性因素。理论从供给与需求的两个角度进行了阐释。从供给来看，发展中国家经济发展水平低，人均收入少，人们的收入主要用于满足基本消费，储蓄率偏低；而低储蓄不能促使资本进入实业，导致企业生产规模受限并引发较低的生产率和产能，如此，周而复始，形成恶性循环；从需求角度的分析同理可得，具体如图3.4所示。

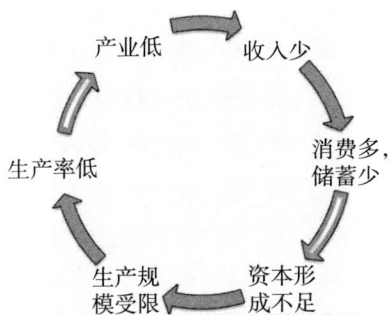

图3.4　贫困恶性循环理论

在巴西，这种资源的不合理分配同样存在。南部与东南部集中了巴西最多的城市和最多的人口，这里也是巴西经济发展的重要区域。而北部的广大区域，由于相关资源的匮乏，只能处于被闲置的状态，其实是一种资源的极大浪费。

3. 历史因素与外部环境

巴西与中国的发展历史都是充满坎坷的。

1500年，当时的"巴西"被葡萄牙探险家发现，成为葡萄牙的属地。因当地盛产"巴西木"而被命名为"巴西"。葡萄牙人在这块土地上进行了几个世纪的殖民统治，直到1825年巴西才获得独立。独立后，巴西长期受奴隶制与大庄园经济体制的统治，又经历长时间的封建专制统治，到20世纪中叶巴西才建立了联邦制共和国。

而中国从 1840 年的鸦片战争开始，就战火不断，资本主义国家不断践踏我国主权，"人为刀俎，我为鱼肉"。之后，又经历了国民大革命、土地革命、抗日战争、解放战争，直到 1949 年才真正成立中华人民共和国。

由于历史的原因，中巴经济起步晚，基础薄弱，与发达国家的差距非常大。随着全球化的不断推进，世界各国不断被纳入全球分工体系。但巴西与中国在国际分工中，都处于不利的地位，主要是以发展制造业为主，利润的大部分都进入了发达国家的腰包。

（二）巴西的扶贫开发实践及其经验

第二次世界大战后巴西经济发展水平较低，区域性差异明显，贫困问题相当严重，其贫困问题主要表现在贫困面广，贫困程度深，贫困区域分布极不平衡。根据巴西中央政府有关的资料显示，1969 年巴西收入低于 50 美元的极端贫困人口为 1270 万人，占总人口的 14%，收入低于 75 美元的贫困人口为 1820 万人，占总人口的 20%。20 世纪 70 年代，巴西经济快速增长，出现了"拉美奇迹"，但是"经济发展与贫困齐飞"的困局匪夷所思。20 世纪末，巴西政府进一步加大了反贫困的力度，但是贫困数量与贫困发生率仍然居高不下。2003 年，巴西贫困人口总数达 6180 万人，其中 2600 万人处于绝对贫困。根据联合国拉丁美洲经济委员会的统计数据，1990 年巴西贫困人口接近总人口的 1/2，其中农村贫困人口占 73%。截至 2013 年，巴西贫困人口为 2870 万人。从区域分布上，巴西东北部相对贫困，是整个南美最大的贫困地区，中西部是稀疏草原地区，亦属落后地区。

1. 实施"零饥饿"计划

"零饥饿"计划的目标是反饥饿、反贫困，主要是为了增强贫困人口自我发展的能力。政策主要内容如下：

一是有条件的现金资助计划。

这项计划的核心内容是"以金钱换行动"。享受这项计划的家庭必须持身份和收入证明在当地政府登记，而且每两年重新登记一次。在这项计划中，政府每月可以直接给贫困者发放现金，但是有前提条件，即必须送子女入学或者定期到诊所体检或者改善孩子的饮食。以往的扶贫政策都以政府单方面的责任为主，但这项计划却是改变减贫工作中政府单一责任和受惠家庭的共同责任，将减贫同培养减贫能力紧密地结合在一起，潜在地培养了社会资本与人力资本。

这项计划还有一个特别的创新之处，即津贴的发放机制。津贴发放很容易产生贪污腐败的问题，为了防止这种情况的发生，巴西建立了一套非常透明的津贴发放机制，就是"公民卡"。"公民卡"实质就是一张银行储蓄卡，由巴西最大的国有储蓄银行联邦储蓄银行负责发放，联邦储蓄银行每月定期将现金打入"公民卡"中，贫困家庭可以从遍布全国的14万个储蓄网点提取现金。此外，受资助的贫困家庭名单以及相应的资助金额还可以从巴西官方的"透明门户"网站进行查询，充分发挥公众的民主监督权，有效地避免贪污腐败问题，使得扶贫政策能真正瞄准最贫困人口。

2006年，这项计划占到巴西政府总支出的2.5%，覆盖将近112万个家庭，直接受益人达到4400万人。2009年，受益人口增加到将近5000万人。贫困人口以及贫困发生率大幅降低，贫富差距也不断缩小。据相关部门数据显示，实行该项计划后，巴西的基尼系数由2001年的0.59下降到2006年的0.56。这项计划得到了世界银行乃至其他国家的认可，它是具有长远意义的。不仅解决了贫困家庭的基本需求，也可以促进孩子的健康和发展。最终的受益者将是整个社会。

二是全民免费医疗制度。

巴西有公立医院，也有私立医院。在基础设施、医疗条件、医疗水平等方面，公立医院都比不上私立医院。但是私立医院的费用非常高昂，大大超出了贫困人口的支付能力，很多人因为高昂的医疗费用而选择放弃治疗，导致病情恶化。为了让穷人也能看得起病，巴西推出了全民免费医疗制度。这项制度直接受益群体就是贫困人口。当然，这项政策是需要强有力的财政基础作为后盾的。而且，在政策实施之初，由于很多人长期拖病，终于有机会治疗了，所以导致排队等待的时间非常长；而且，医院的基本条件也比较差，但是，它能在一定程度上提供给穷人基本的医疗保障，不至于因高昂的医疗费用而陷入困境。

2. 反贫困战略模型——发展极战略

法国经济学家弗朗索瓦·佩鲁（1955 年）提出的"发展极战略"现在是区域经济学的热点问题。该理论认为，不同部门、不同行业、不同地区的增长是非均衡的，一些主导性部门、行业形成"发展极"之后，对相关行业与部门能够形成较好的带动作用。因此，理论上鼓励部分地区优先发展，以先发带动后发，最后实现整体发展。巴西在 20 世纪 60 年代提出通过"发展极"理论推动整个区域的发展和脱贫致富。1967 年，巴西首先选择了亚马逊首府——马斯作为"发展极"，对其重点投资，尤其是在贸易政策与财政政策方面实施大量优惠性政策来推动其发展。比如在财政政策方面，规定自由贸易区投资企业均能得到"亚马逊开发私人投资基金"赞助，对于国内企业实行免缴利润税、工业产品税等等。1974 年后，巴西政府又在亚马逊地区相继建立 17 个规模不等的"发展极"，初步形成带动整个区域经济开发的"发展极"网络，并取得明显成效，有力推动了亚马逊地区的经济发展。

3. 高度重视教育的发展

教育是提高国民素质的根本。为了改变贫困群体的生活状况，增强其自我造血能力，巴西政府累计投资了 7 亿美元成立专门的东北部教育基金，加强对贫困地区教育投入的力度，改善师资力量。1996 年，巴西启动了"远距离教学计划"，充分利用信息网络的发展，向贫困地区传送知识，加大文化宣传的力度。另外，从 2005 年开始，巴西政府开始试行公立大学招生时为公立中学毕业的贫困学生留出一定名额的制度。

（三）巴西扶贫开发对中国的启示

巴西与中国无论在自然因素方面，还是在社会经济因素方面都具有很高的相似度，两者的拟合程度很高。那么，巴西针对其致贫因素所采取的针对性扶贫措施，对我国也会有很高的借鉴价值。

1. 扶贫瞄准

针对扶贫，我国也出台了很多的相关措施，但是很多政策的扶贫瞄准效率是欠缺的。很多的政策都是直接瞄准贫困县或者贫困村，也有专门针对贫困户的津贴补助，但是这些津贴以前有一部分很难顺利到达贫困户手中。有的在县一级被扣押，有的被村干部贪污，等等。

巴西的"公民卡"是一个非常有创意也非常值得我们借鉴的措施。它能够提高扶贫瞄准的效率，保证津贴能够真正到达农户手中。当然，这项措施需要有配套的管理机构和监督措施。首先，对于扶助对象的筛选要公平、公开、公正，而且还要有动态监测。设定一个标准，标准之内的贫困户有被扶助的资格。此外，一定的时间范围后，要重新筛选贫困户，一方面是保证所有的贫困户都能享受到这种福利待遇；同时，对于那些已经成功脱贫的，要从资格内清除，防止"养懒汉"，控制成本。再者，由谁来直接发放津贴，可以专门设立一个机构来负责给贫困户打卡。对这个机构要进行严格的监督。建立门户网站，各个贫困户以及对他们的津贴补助都要有相关记载，方便民主监督。

2. 培养人力资本，防止贫困代际传递

扶贫工作中很容易出现"养懒汉"的问题，要真正实现扶贫，能力的培养非常重要。我国长期实行的参与式扶贫其实就是注重能力培养的一种扶贫方式，这项政策对群众具有强烈的激励作用。而巴西的能力培养中，有一个突出的特点，就是重视人力资本的培养。

贫困很容易出现代际传递的问题。贫困代际传递，指贫困以及导致贫困的相关条件和因素，在家庭内部由父母传递给子女，使子女在成年后重复父母的境遇——继承父母的贫困和不利因素并将贫困和不利因素传递给后代这样一种恶性遗传链。也指在一定的社区或阶层范围内贫困以及导致贫困的相关条件和因素在代际延续，使后代重复前代的贫困境遇。

所以，必须从娃娃抓起，避免贫困的代际传染。巴西在进行现金补贴时，要求贫困户保证孩子的营养、医疗、教育问题，避免贫困出现代际传递。这对于我们是一个很大的启示。我国现在很多的贫困地区，学生的辍学率非常高，很多孩子还没上完初中就直接进入社会打工，青少年犯罪问题也越来越突出。给贫困户补贴，让他们在孩子的教育、健康等方面给予更多的关注，防止贫困代际传递。

3. 解决温饱问题

中国现在还有多少人没有解决温饱问题？究竟有多少，谁都不能说出一个确切的数据，因为大家都有不同的标准。但是有一个很肯定的答案，就是我国的温饱问题还没有彻底解决。

"零饥饿"计划直接将反饥饿提到日程上，针对的就是巴西尚未解决温饱问题的贫困户，直接给他们发放基本食品。我国也还有很多人没有解决温饱问题，还在生存线上挣扎。我们需要定位到这些绝对贫困的农户，保证他们正常的生活需求，这是出于人文关怀，也是出于人道主义的需求。

4. 免费医疗制度

"神木模式"一度炒得非常热火。神木是重要的煤炭大省，依靠煤炭销售，拥有雄厚的财政基础。所谓"神木模式"，是指在陕西省神木县推出的《神木县全民免费医疗实施办法（试行）》概称。自推行以来，让陕西神木全体人民体会到了"看得起病"的前所未有的实惠。

这与巴西的公立医院免费医疗制度如出一辙。这项制度究竟有没有推广价值，学术界还没有定论。笔者认为，免费医疗制度确实是能够让穷人受益的制度，他们可以不用在拖病而延误诊治。但是，这项制度必须要有雄厚的财政基础作为后盾，否则压力会很大，后劲儿不足。在一些有雄厚实力的地区，可以为民做点儿事，开展免费医疗，政府可以适当地给予当地补贴。

5. "发展极"模式

巴西的"发展极"模式实质就是一种不均衡增长模式。我国当前的扶贫措施有点"一把抓"的势头，中央统一发布扶贫政令，各地实行类似的扶贫措施，缺乏重点，所以政府一直花大气力扶贫，但成效却不明显。

巴西的"发展极"模式给了我们启示，我们需要寻找"发展极"，这个"发展极"包括两个含义：即在不同区域之间，要寻找有发展前景，并且又带动作用的区域作为"发展极"；而每个区域内部，要寻找有发展潜力的行业，带动区域内部的发展。

对于这些发展极，首先要有针对性地给予优惠措施，从财政、贸易、政策、机构设置等方面全方位着手，来促进发展极的发展；同时，待"发展极"发展起来以后，一定发挥重要的领导带头作用，带动辐射区的经济产业发展。

6. 重视教育

教育是经济发展的基石，尤其对于贫困地区，更要重视教育的发展。我们重视教育，需要给贫困地区提供良好的教育资源和师资力量，还要给予他们平等的教育机会。对于偏远山区，我们更要格外重视。由于地理位置的限制，他们无法享受到基本的教育条件，更多地依靠热心人士来支撑当地的教育发展。我们一直在重视技术的发展和传播，对于这些地区，也可以引入先进的传播技术，利用远程教育来发展当地的教育事业。

除了要重视农村的义务教育之外，我们要更加重视高等教育的发展，人才的断层会造成资源的更大浪费。我国当前的基础义务教育已经取得了一定的成果，但是高等教育改革现在是我国教育改革的重点和难点，这要求我们更加重视高等教育的投入和发展，使教育与社会经济发展接轨。

二、美国扶贫的实践、经验及启示

发展扶贫开发领域的国际交流与合作，既是过去扶贫开发的重要组成部分，也是未来扶贫开发的重要手段和内容。发达国家的政府依靠其雄厚的财力、物力在扶贫开发中通过增加要素投入、通过增加投资，以投资拉动贫困落后地区经济发展和产业结构升级，在经济发展的基础上不断提高社会发展水平，提高贫困人口的生活质量。在发达国家中，美国的扶贫开发实践较为典型，有助于"中国特色"扶贫攻坚事业的借鉴与发展。

（一）美国的扶贫开发实践及其经验

美国通过对落后地区的长期扶贫开发，解决了先进地区与落后地区的区域经济发展不平衡问题，协调了落后地区的资源开发、经济发展与环境保护的矛盾。

1. 加大教育、科技投入，为产业发展输送高素质劳动力

美国政府通过加大教育投入、发展教育事业、培养高素质劳动者以及欠发达地区良性循环能力和自我发展能力作为扶贫的首要工作，提高人力资本素质，引导人力资本流向，为落后地区经济开发提供大量人才，实现了落后地区的经济增长和跨越式发展，甚至推动落后地区发展成为美国经济新的增长极。美国政府对原本落后的犹他州成功实施扶贫开发的最重要原因就是其对教育、科技的投资，对教育的投入带来的是公民综合素质的提高，从而为产业结构的升级和发展新兴产业提供了大量的高素质劳动者。

2. 加强法制建设，为扶贫开发保驾护航

美国政府通过把扶贫开发与区域资源环境综合开发治理相结合，根据地区实际，因地制宜地制定了符合落后地区实际的扶贫政策，并注意成立特定区域的综合开发协调机构，对落后地区进行建立在地区资源禀赋之上的综合规划和系统开发，取得了良好效果。田纳西河流域是美国开发较早的地区之一，由于缺少有效的管理，到20世纪初，该地区已成为全美最贫困的地区之一。从20世纪30年代开始，政府开始对田纳西河流域进行综合治理、开发，并专门成立了美国第一个"地理导向"、地区性综合治理和全面发展规划政府机构——田纳西河流域管理局，作为美国联邦政府直属机构，整体规划协调整个田纳西河流域（该流域包括田纳西、弗吉尼亚、北卡罗来纳、佐治亚、亚拉巴马、肯塔基和宾夕法尼亚7个州中的4万平方英里土地）内的水土保持、粮食生产、水利、发电、交通等方面的开发。该局的任务是多种多样的，包括兴建水坝以减少洪水的威胁、发展航运以改善交通、开发水力发电、大面积植树造林以保护生态环境等，但该局的主要任务是改变田纳西河流域的贫穷落后面貌，在保护环境的前提下发展区域经济、改造落后地区、改善人民生活。为完成区域内的扶贫开发任务，田纳西河流域管理局十分重视对农民综合素质的培育，通过举办示范农场、试验站、流动图书馆以及各种教育活动以帮助农民改良土壤、试用新肥料、改进耕作方法、学会科学种田，提高农民的农业生产技能水平。从 1929—1989 年，美国其他地区农场收入增加了 170%，田纳西河流域农民收入增加了 200%。[①] 该局还进行了制定文化规划的尝试，改变了该地区的风俗习惯，提高了文化水平。在发展第三产业方面，该局利用它的大量湖泊和水坝组成的巨大水系，使得钓鱼、野营直到划船等无所不包的旅游业兴旺起来。田纳西河流域管理局在开发水力发电、控制洪水、发展航运等的过程中，非常注意因地制宜地平衡发展农、林、牧业，并把林业和水土保持摆在改善流域环境的重要位置。通过调整农、林、牧业结构，实行退耕还林还牧，逐渐提高了植被覆盖率，有效地控制了水土流失、防止土壤侵蚀，实现扶贫开发与生态环境保护的平衡，实现了整个流域内经济可持续发展的良性循环。经过数十年的开发，该地区成为沃土千里的地区，通过廉价、便捷的电力和航运吸引了来自区域外大量投资，使地区经济结构发生重大改变，人均收入大幅增长。田纳西河流域管理局对该区域开发所取得的成就显著、影响深远，对其他国家改造落后地区具有重要的借鉴作用。

3. 成立专业机构，加强扶贫开发的综合宏观调控职能

美国还成立了专门的区域扶贫开发管理机构，负责相关政策的制定和实施，充分发挥政府对扶贫开发的综合宏观调控功能。美国政府除了在 20 世纪 30 年代成立田纳西河流域管理局作为直属联邦政府的、拥有对田纳西河流域经济活动全权管理权力的政府特设机构进行流域综合治理外，还陆续成立了地区开发署、经济开发署、阿巴拉契亚区域委员会及其他各州的开发委员会等机构加强对落后地区的管理。这些机构中，特别值得突出强调的是阿巴拉契亚委员会，该委员会是按照 1965 年颁布《阿巴拉契亚区域开发法》法案组成的美国历史上第一个由联邦政府和州政府合作管理的机构，20 世纪 60 年代初期阿巴拉契亚区域持续的洪水导致该地区贫困持续加剧，1963 年美国国会成立总统阿巴拉契亚区域委员会，并于 1965 年批

---

① 刘绪贻：《田纳西河流域管理局的性质、成就及其意义》，《美国研究》1991 年第 4 期。

准《阿巴拉契亚区域开发法》以推进该地区的经济社会发展。根据该法案，阿巴拉契亚区域委员会成立。该委员会的宗旨是作为阿巴拉契亚区域计划的焦点和协调机构、为区域内问题的解决和相关咨询机构资源的利用提供一个平台。《阿巴拉契亚区域开发法》的主要目标是帮助阿巴拉契亚地区尽快摆脱经济落后的局面，该法案提出联邦和州政府应合作推进该地区经济增长和区域基础设施建设。该法案强调了公共基础设施的重要性，认为要形成多样化的产业结构和区域经济发展只有在提供必要的基础设施的前提下才能顺利实现。因此，把援助计划的重点放在公共设施尤其是交通基础设施的建设以及人力资源开发上面，首先要建设阿巴拉契亚地区的高速公路系统，其次还应该进行土地保护和侵蚀控制、木材开发、矿区恢复、水资源调查和污水处理工程等项目建设，以确保区域经济的可持续发展。此外，还要支持该地区的健康医疗和职业教育设施，加大教育投入，培养区域经济发展所需要的人才以实现区域的自我良性发展机制等等。经过近三十年的努力和综合开发，阿巴拉契亚区域开发计划已取得了较大的成就，特别是阿巴拉契亚区域内便捷的公路网络系统的形成从根本上改变了地区交通落后的状况，改善了区域的投资环境并吸引了一大批工商业企业沿路建厂。同时，在联邦和州政府的有力支持下，阿巴拉契亚地区经济也获得了较快的发展，产业结构得到了优化升级，阿巴拉契亚区域内的人口有了较大的净增长，人均收入也大幅增长。

美国联邦政府还高度重视落后地区的基础设施和公共设施建设，形成良好的区域发展环境和投资环境，具体包括以下三个方面：一是各级政府出资大力兴办水利事业，为落后地区的农业发展、免除水患灾害奠定基础；二是建设全国公路网，特别随着高速公路的不断延伸，覆盖全国大部分落后地区的高速公路网的形成，极大地便利了对落后地区的开发；三是建设全国信息网络，20世纪80年代以来美国政府特别重视信息高速公路的发展，基础设施发展有力推动了当地高科技产业的发展。这些政策的实施取得了积极效果，加速了落后地区的经济结构调整升级和经济社会发展，推动了美国南北和东西差距的不断缩小。对落后地区的开发，使美国最终实现了全国范围内的工业化、现代化，实现了区域经济协调平衡健康发展格局。

（二）美国扶贫开发对中国的启示

美国是目前世界第一大经济体，一部美国发展的历史启示包括以下几个方面：

1. 完善的区域开发法规体系

这是对落后地区进行扶贫开发的最重要的机制保障，对特定地区的扶贫开发进行立法，有利于从机制上保证政府长期性的投入和最终开发效果。法治是发达国家的重要特征，法律也是发达国家调控、干预、管理经济的重要手段之一。发达国家通过完善的区域开发法规体系有效地促进了落后地区的开发与持续发展，在开发落后地区的过程中取得了积极效果。与发达国家相比，面对全面小康社会建成的宏伟目标和"十三五"时期扶贫攻坚的需要，目前，我国各级政府都建立了领导负责制和对口帮扶制度，这项制度的建设无疑极大地推动了当前我国的扶贫工作的顺利开展。从更长远的角度进行分析，借鉴美欧等发达国家对落后地区扶贫开发的经验，制度的保障无疑是长效机制建立的重要保障。新时期的反贫困工作在不同地区存在各自的特色和难点，将扶贫攻坚工作上升到法制的高度是当前扶贫攻坚工作的重点。

2. 健全的组织保障

保证开发落后地区的区域政策能有效地执行还需要健全的组织去贯彻落实。美国对田纳西河扶贫开发的经验显示，健全的组织结构是各项工作得以贯彻落实的重要保证，尤其是系统规划的制定实施需要缜密的布局和不懈的努力。扶贫开发是一项综合性的工作，既需要被帮助者经济环境的改善，也需要其自身脱贫的强烈愿望与能力素质的提高；既是政治任务，也是经济任务，需要管理机构有强有力的组织和对资源调动的能力，才能够将各项计划规划得以贯彻落实，比如资金的调拨、人力资本的提升、产业结构的转型升级、管理监督等。目前，我国的扶贫攻坚工作主要是由各级扶贫办来完成，扶贫工作的深入开展与创新缺项目、缺资金、缺人手的问题在较多地区存在，组织结构的优化对于这些欠发达地区、环境恶劣地区的产业结构调整、贫困群体综合素质的提升、经济社会的改善都能够起到较好的积极推进作用。而美国对落后西部地区的开发也是在组织健全的基础上分阶段、按步骤实施，并促使这些地区最终成为经济发展的增长极。

3. 基础设施优先建设与投入

19 世纪开始，美国就采取多种措施鼓励私人资本的投入，经过近半个世纪的开发，建立起四通八达的交通网络，使落后的西部地区与东部地区形成有效的链接。这对我国现阶段的扶贫攻坚工作具有较好的启示作用：一是加大中央财政对基础设施的投入力度；二是完善补贴制度，鼓励民间资本加入基础设施投资，形成多元化的资金投入体系；三是适度发展"以工代赈"项目，弥补贫困地区资金不足的现状。美国开发田纳西河流域即是以基础设施建设为抓手，积极实施以工代赈项目，从建设水电基础设施开始，既为当地贫困群体提供了就业的机会，又促进了当地项目的实施，改善了落后地区的环境，值得我们学习。

4. 对落后地区的扶贫开发应与环境保护相结合

美国政府在对国土进行综合开发治理以及对特定落后地区进行开发的过程当中，充分认识到保护环境的重要性，把保护自然资源及治理环境问题等纳入开发计划很重要的部分，为本国国民创造了良好的居住环境，实现了人口、资源与环境的可持续发展。

站在"十三五"规划的新的历史起点上，我国的扶贫开发事业应该在充分借鉴其他国家扶贫的经验教训的基础上，对落后地区因地制宜地创新扶贫开发方式，通过完善政策机制、把扶贫开发与贫困地区基础设施建设、资源开发、产业结构优化升级、环境治理、维护生态平衡等有机结合起来，积极完善扶贫开发的"中国模式"，不断开创扶贫开发工作的新局面。

第四章　集中连片特困地区致贫因素与扶贫现状

第一节　集中连片特困地区概述

集中连片特困地区（连片特困地区）的概念是随着特困民族地区的概念提出而形成的。1999 年，国家实施西部大开发战略，少数民族和民族地区的扶贫开发受到越来越多的重视。在对民族地区的贫困问题深入探讨的过程中，特困少数民族、特困少数民族地区等概念相继被提出。比如，云南省把怒族、独龙族、景颇族等称为特困少数民族。但考虑到政策实施都是按行政区划进行的，特困少数民族地区的概念在政府操作层面没有得到更多的认可。2004 年 4 月，温家宝同志指出，要把特困少数民族地区作为扶贫重点，在政策和资金上加大支持力度。由此，特困民族地区的概念逐渐获得社会各方面的认可。温家宝同志还先后就云南哀牢山苦聪人、南疆发展问题等，批示有关部门作为工作重点专门进行研究。2005 年 5 月，《中共中央、国务院关于进一步加强民族工作、加快少数民族和民族地区经济社会发展的决定》明确要求："优先把特困民族地区贫困村纳入国家整村推进的扶贫开发规划。"目前，对于特困民族地区的范围和界定并不十分明确，但集中连片特困民族地区的范围基本确定，主要包括南疆三地州、四省藏区、六盘山区、秦巴山区、武陵山区、乌蒙山区、滇黔桂石漠化区、滇西边境及哀牢山区、大兴安岭南麓地区、燕山—太行山区、吕梁山区、大别山区、罗霄山区等地。

从反贫困发展的历程来看，自 20 世纪 80 年代中期开展大规模扶贫开发以来，我国先后实施了《国家八七扶贫攻坚计划》和《中国农村扶贫开发纲要》，并取得了显著的成效。随着我国扶贫攻坚和区域协调发展战略的深入推进，以武陵山区为代表的连片特困民族地区逐渐成为当前扶贫攻坚的重点和热点，得到全社会的高度关注。2010 年 7 月，国务院扶贫办主任范小建表示，集中连片特困民族地区矛盾重重，成为我国新时期扶贫工作亟待解决的问题。2010 年 7 月，西部大开发工作会议明确指出，全力实施集中连片特殊困难地区开发攻坚工程，加快脱贫致富，基本消除绝对贫困现象。《中国扶贫开发纲要（2011—2020 年）》和 2011 年中央扶贫开发工作会议明确提出，要把武陵山区、六盘山区等 11 个连片特困地区和已经明确实施特殊政策的南疆三地州、西藏、四省藏区作为扶贫攻坚的主战场。这 11 个地区，主要分布在西北干旱半干旱地区、西南石山石漠化地区、高原高寒地区、草原荒漠地区。自 2011 年起，国家启动集中连片特困地区综合治理试点，着力解决制约发展的瓶颈问题。2011 年 11 月，《武陵山片区区域发展与扶贫攻坚规划（2011—2020 年）》（以下简称《规划》）出台；2012 年 5 月，秦巴山片区区域发展与扶贫攻坚发展规划启动实施；2012 年 6 月，滇桂黔石漠化片区区域发展与扶贫攻坚规划启动实施；2012 年 8 月，《六盘山片区区域发展与扶贫攻坚发展规划（2011—2020 年）》正式启动；等等。由此可见，从历史发展趋势来看，包括特困民族地区在内的 14 大集中连片特困地区的扶贫开发已经进入一个全新的阶段。

综合分析，连片特困地区的贫困呈现出以下几个突出特点：

一、贫困程度深，经济发展水平极为低下

随着国家经济的发展，贫困地区的经济亦得到了较快的发展和提高。截至 2014 年年末，14 大连片地区贫困人口 3518 万人，较上年同期下降 623 万人，下降幅度为 15%，贫困发生率为 17.1%，较上年同期下降 2.9%[①]，2010 年，14 大片区总人口 24397.4 万人，占全国人口的 18.2%；其中连

———————

① 笔者根据国家统计局相关资料计算得出。

片特困地区农村人口 20142.2 万人，占全国农村人口的 29.9%；连片地区拥有少数民族人口 5878.5 万人，占全国少数民族人口的 24.1%。[①]

2001—2010 年，592 个国家扶贫开发重点县人均地区生产总值从 2658 元增加到 11170 元，年均增长 17%；人均地方财政一般预算收入从 123 元增加到 559 元，年均增长 18.3%。农民人均纯收入从 2001 年的 1276 元增加到 2010 年的 3273 元，年均增长 11%（未扣除物价因素）。上述数据的增幅，均高于全国平均水平。[②]

但是研究数据亦表明，2006 年，全国农村的贫困发生率只有 6%，而民族自治区和民族八省区的贫困发生率分别为 16.9% 和 18%，远远高于全国的平均水平。到 2009 年，全国的贫困发生率只有 3.8%，而民族自治区和民族八省区分别达到 12% 和 16.4%。2010 年，全国农村贫困人口总数为 2688 万人，而其中民族自治地区的农村贫困人口占到了 55.1%，比 2009 年的 54.3% 上升了 0.8 个百分点，其贫困发生率也远远高于全国的贫困发生率（全国贫困发生率为 2.8%，民族地区贫困发生率 12.2%，比全国高 9.4 个百分点）。研究数据进一步表明，2010 年，贫困人口继续向民族自治地方集中。虽然从时间纵向上比较，已经改善了很多，但是横向上，还是要比全国其他地区的贫困程度严重。以武陵山片区为例，2009 年，武陵山区人均生产总值为 10147 元，相当于全国平均水平的 39.67%；农村居民人均纯收入为 2908 元，相当于全国平均水平的 56.4%，年人均纯收入在 1196 元以下的贫困人口 575 万人，贫困发生率大约为 22.67%。2010 年，武陵山区农民人均纯收入 3499 元，仅相当于当年全国平均水平的 59.1%。2010 年，湖南省武陵山区生产总值仅为全省的 13%，人均生产总值仅相当于全省的 53%，地方财政收入仅占全省的 9.7%，城镇居民人均可支配收入仅相当于全国、全省的 63.97% 和 73.8%，农民人均纯收入仅相当于全国、全省的 61.28% 和 64.5%。2010 年，武陵山区所涉及的

---

① 国家统计局住户调查办公室：《中国农村贫困监测报告》，中国统计出版社 2012 年版。
② 华中师范大学中国国际扶贫中心：《中国反贫困发展报告（2012）》，华中科技大学出版社 2013 年版，第 4 页。

湖北 10 县市（除红庙开发区）生产总值 435.7 亿元，仅占全国的 0.1%，占全省的 2.76%；截至 2014 年，14 大片区贫困发生率为 17.1%。①

二、生存条件极其恶劣，属于典型的"原生态贫困"

连片特困地区主要为"老、少、边、穷、山"地区（即革命老区、少数民族地区、边远地区、国家级贫困县、山区），贫困人口大多集中在深山区、高寒区、地方病高发区，生存条件恶劣，自然灾害频发，基础设施落后，交通困难，信息闭塞，属于典型的"原生态贫困"。2009 年《中国农村贫困监测报告》对民族扶贫县的 2318 个村进行了调查，结果显示，山区占 72.1%，丘陵（半山区）占 14.6%，平原占 13.3%。少数民族聚居村占 74.4%，陆地边境县的村占 13.9%。上述数据分析表明，少数民族贫困区主要集中分布在山地丘陵地区，而且少数民族聚居村和陆地边境线的村贫困问题比较普遍。调研中，有的家庭由于贫困出现了"自然移民"的现象，即全家搬迁到其他城市居住，与村里基本失去联系。

三、社会发育程度较低，脱贫成果很难巩固

对于以武陵山区为代表的连片特困地区而言，社会事业的发展滞后，主要体现在三个方面：一是教育事业基础较差。由于历史、地理的原因，这些地区办学条件差，学生上学远、上学难，师资力量薄弱，教育水平低。笔者的调研也显示，从贫困人口的比例上看，没有受过教育的人在贫困人口中所占比重最大，占到了 28.57%，受教育程度为小学的次之，占了 23.08%，再然后是初中，占到了 12.5%。二是医疗卫生条件改善缓慢，卫生资源总量不足，结构不全。武陵山区不少地区千人执业医师、千人执业护士、千人病床、千人业务用房明显低于全国平均水平。部分人员因为贫困不能参加农村合作医疗，一旦遇到家里有重病病人就又可能因病返

① 国家统计局住户调查办公室：《中国农村贫困监测报告》，中国统计出版社 2012 年版。

贫，形成恶性循环。三是农村低保和养老保险有待进一步完善。目前，湖南省在省内贫困地区推行实施"两项制度"，即最低生活保障制度与扶贫开发政策有效衔接，但调研显示，样本农户对于农村低保的了解程度较低。对于养老保险，不少农户是因为家里有 60 岁以上的老人能够享受政策才参与，否则基本不参加。相关研究表明，在贫困人口当中，属于当年的返贫人口占 2/3。

四、"富饶的贫困"问题突出，当地居民幸福认同感与生活满意度一般

"富饶的贫困"主要是指山区居民一方面拥有丰富的自然资源，另一方面自身又比较贫困的现象。武陵山区拥有丰富的自然资源、矿产资源和旅游资源。相关统计表明，武陵山片区已探明储量的金属和非金属矿产共有四十多种，黄金、汞、重晶石、锰、大理石、铝土、硅石等矿产资源丰富，其中，湘西、恩施和黔江的锰矿等资源优势明显，为资源型加工业发展提供了坚实的资源保障；在旅游资源开发方面，湘西州有属南长城系列的黄丝桥古城墙和城楼，有国家级历史文化名城凤凰。另外，还有黔江小南海地震遗址、湘西永顺猛洞河、怀化沅陵无缘洞、利川腾龙洞、巴东格子河石林、酉阳赵世炎故居等红色旅游资源等等。又比如，六盘山区集革命老区、西夏文化、黄河文化于一体，是古丝绸之路东段北道的必经之地，拥有丰富的地理历史资源、生物资源、拥有国家珍稀动物三十多种，也是历代兵家必争之地。但是，这些地区的当地农户还是依靠传统的农业生产方式，参与当地资源开发利用的程度很低，收入很少，生活满意度低，幸福感不强。笔者 2011 年在湖北武陵山片区调研时，让农户对其家庭生活水平在村里所处位置进行感知，研究显示，只有 0.64% 的被调查者认为自家的生活水平在本村属于上等水平，10.26% 的人认为是中等偏上，43.59% 的人认为处于中等水平，25.64% 的人认为处于中等偏下水平，19.87% 的人认为自己的生活水平为下等。

第二节　新时期集中连片特困地区主要致贫因素

习近平总书记在党的十八届二中全会第二次全体会议上指出，这些地方长期贫困是多方面原因造成的，像甘肃临夏、定西等地古来就有"瘠苦甲于天下"之称，要改变其面貌也非一日之功，需要付出长期努力。进入21世纪，我国城镇化加速发展，包括少数民族人口在内的大量劳动力涌入城市，在为城市发展带来丰富劳动力资源的同时也对流出地农业和农村的发展产生了一定的影响和冲击。结合新时期的特点，通过调研和综合规范性分析，笔者将以武陵山片区为代表的集中连片地区的主要致贫因素归纳为以下几方面：

一、地理因素制约明显，交通和信息闭塞

受到自然地理和历史文化因素的影响，武陵山区贫困人口大多集中在深山区、高寒区、地方病高发区，生存条件恶劣，土地贫瘠，自然灾害频发，有的地方可以说是"一方水土养不活一方人"，不少村子基础设施非常落后，不通电、不通路，远离主要经济中心，很难受到经济中心的辐射带动，群众的生产生活很困难，部分地方陡坡种植还比较普遍。比如，贵州喀斯特地貌发育典型，自古素有"地无三尺平"之称，崎岖破碎的地表起伏极大地增加了贵州省境内的生产、生活等成本。自然灾害导致当地居民脱贫后返贫的比例较高，成为武陵山区最主要、最直接的贫困原因。此外，这些地区每年都要遭遇暴风雨、冰雹、山洪等自然灾害的袭击，因灾致贫、因灾返贫率较高，并且形成"大灾大返贫、小灾小返贫"的长期规律。

"公路通，百业兴。"国务院扶贫办在阿坝州的调研数据亦表明劳动力增加1人，减贫率提高1.6%；受教育增加1年，减贫率提高0.5%；而拥有一辆农用车，减贫率将提高10.1%。由此可见，交通运输改善对于特困地区扶贫效率的提高具有举足轻重的作用。交通运输是否通畅不仅带来的

是先进的技术、充裕的物质，更重要的是带来了先进的理念和思想观念的更新。反之，交通不通畅势必造成农户的信息封闭和思想观念落后。目前，由于受到地形地貌等多种因素的制约，交通运输瓶颈问题在武陵山区依然比较突出，尤其是大交通不通畅、小交通覆盖面不广的现象比较普遍。铁路、公路密度较小，不少地区区域内有的重要交通枢纽未能通路，对外快速通道网络尚未全面形成，农村公路网络化程度和通畅率较低。比如，张家界市的桑植县是湖南目前为止唯一的无国道、无铁路、无高速"三无"县。桑植县是革命老区，国家扶贫开发工作重点联系县，是贺龙元帅的故乡，总人口46万人，以土家族、白族为主的少数民族占总人口的92.6%。同时，桑植县也是全国500个资源富县之一，被誉为"亚热带动植物园基因库"，水能源与矿产资源都非常丰富，周边交通均已纳入湖南省"十二五"规划。交通运输发展便利后，为周边居民带来大量的人流、物流和信息流，促进当地社会、经济得到长足发展。伴随农村"村村通"工程的实施，截至2014年，14大片区主干道路面经过硬化处理的自然村比率为62.8%，通客运班车的自然村比重为42%。目前，公路交通便利后，最主要的问题是生产的"产业路"的修建相对比较迫切，尤其是不少地区在政府的推动下，都在大力发展特色产业、优势产业，缺少道路的支撑，生产出来的农产品不能够及时运输出去，生产所需要的原料不能够运进来，形成产业发展的瓶颈，必然不利于农村产业的发展。

二、有的地方地处省际交接地带和中西部地区结合区，多年政策较难惠及

贫困问题具有综合性，既表现在贫困人口生产生活困难，也表现在区域经济社会发展滞后。武陵山区主要是湘鄂渝黔四省交界处，在2011年规划出台以前其周边已形成武汉城市圈"两型"社会综合配套改革试验区、贵阳市国家级循环经济试验区、长株潭城市群"两型"社会综合配套改革试验区和成渝城乡协调发展综合配套改革试验区四大国家级经济板块。然而，武陵山区处于四大实验区包围之中，既无政策扶持，也享受不到周边

各区的辐射，成为区域协调发展中"被人遗忘的角落"。笔者在 2011—2012 年调研时不少农户表示，他们与周边大城市之间尽管存在着一定的交往，但交往不多，且主要停留在部分农产品的相互贸易上。近年来在国家重视下，尽管武陵山区通过整村推进连片开发试点、科技扶贫综合试点等项目扶持，部分解决了经济社会发展中的困难和问题。然而，从区域经济协调发展的视角进行分析，武陵山区辖内各省市都有自己的政策和发展规划，社会经济发展的侧重点有所不同，这势必在一定程度上造成经济发展的不协调和资源的浪费。就扶贫工作而言，以往的扶贫工作主要是以市、县为单位，各单位有自己的扶贫项目，这在一定程度上也会带来项目的重复建设和扶贫资金的低效运转，增加扶贫成本。

三、经济结构单一，自我发展能力差

受周边环境和气候的影响，连片特困地区普遍存在济结构相对单一，农业所占比重较大，"靠天吃饭"的现象明显，这在一定程度上增加了农户的风险和经济的脆弱性。笔者调研去的几个市县普遍存在"靠天吃饭"的问题，2011 年天不下雨，稻谷的种植收获就非常单薄，很多家庭表示没有余粮向外销售，而且存在缺口需要外购；怀化市麻阳县冰糖橙是当地的主要产业，农户种植者较多，由于当地田少，陡坡能够利用的土地都被农民充分利用起来。但是由于结构单一，又不能形成产业集聚的效益，产业结构趋同，重复建设，往往导致产能过剩，资源浪费，行业恶性竞争，农业增长农民不能增收。种植地远离公路的农户更存在销售困难的问题。而且，武陵山区贫困人口比重高，文化素质低，农户自我发展能力较差，迫切需要当地政府、龙头企业或者种养殖大户的带动。经过近几年的发展，不少地区在政府的帮扶下有较为显著的提高和改善。

四、人口受教育程度低，"贫困文化"根深蒂固

国际研究普遍表明，教育普及与贫困之间呈正相关关系，教育程度越普及，贫困人口越少。这种现象的原因主要在于受教育程度较高的人掌握

的知识更多，他们的思维也就更开阔，故而除了当前村里现有的如种植稻谷、玉米等以谋生之外，他们更容易想到要开辟新的路径，如种植更有经济价值的作物，开辟养殖业等来改善生活，而且他们还更容易掌握某项技能以为自己的发展打好基础。笔者调研的数据显示，样本农户文化程度上，主要以文盲、小学为主（小学以下占20.51%，小学程度占33.33%），初中程度占25.64%，中专占1.92%，高中占14.74%，大专以上占3.21%。连片特困民族地区社会事业发展的滞后在一定程度上又导致其经济与信息的双重封锁，进一步加剧了贫困现象的产生。这正如美国学者阿瑟·刘易斯提出的"贫困文化"所指出，社会上一些人之所以处于贫困原因在于这部分人已经习惯了贫困的生活方式，心甘情愿地生活在自己的贫困圈。连片特困民族地区相当多的居民思想自我封闭，"贫困文化"根深蒂固，人们习惯了世代贫困的生活方式，缺少主动脱贫的内在动力和活力。

第三节　集中连片特困地区扶贫现状

一、整体贫困有所改善，农户收入有所提高

2011年，《中国农村扶贫开发纲要（2011—2020年）》颁布实施，指出贫困地区特别是集中连片特殊困难地区（简称"连片特困地区"）发展相对滞后，扶贫开发任务依然十分艰巨。这14大片区分别是六盘山区、秦巴山区、武陵山区、乌蒙山区、滇桂黔石漠化区、滇西边境山区、大兴安岭南麓山区、燕山—太行山区、吕梁山区、大别山区、罗霄山区等区域的连片特困地区和已明确实施特殊政策的西藏、四省藏区、新疆南疆三地州。如表4.1所示，14大连片特困地区的贫困基本现状如下：

由表4.1可以看出，这14个特困连片地区具有如下的特点：一是大部分都是多省（区）交界的地区，跨省（区），成为各省政策的盲点；二是大部分为民族地区或者革命老区，包括西藏、四省藏区和新疆南疆三地州在内，民族县有366个，少数民族比较集中，比如，六盘山区主要以伊斯兰教为主，乌蒙山区主要以彝族、苗族为主，滇桂黔石漠化区主要以瑶

族、壮族为主，而滇西边际山区和大兴安岭地区南麓山区主要以人口较少民族为主；三是生存环境恶劣，多为自然灾害多发地区，比如六盘山区水土流失严重，武陵山片区地貌呈岩溶发育状态，乌蒙山区土地贫瘠、地方病高发，燕山—太行山区社会经济发展十分落后，罗霄山区洪涝灾害和水土流失严重等等。

表 4.1　14 大集中连片特困地区基本情况

地区	县	面积（万平方千米）	2010 年总人口（万人）	地区生产总值（亿元）	2006 年贫困新发生率（%）
六盘山区	61	15	2125.4	1769	67.5
秦巴山区	75	22	3556	3682	52.7
武陵山区	64	—	3418.9	3088.1	49.1
乌蒙山区	38	—	2287	1651.1	72.5
滇桂黔石漠化区	80	—	2935.2	2386.5	65.5
滇西边境山区	56	—	1521	1392.7	63
大兴安岭南麓山区	19	11	706.7	815.6	52.1
燕山—太行山区	33	9.3	1097.5	1308.7	49.1
吕梁山区	20	3.6	402.8	397.2	62.6
大别山区	36	6.7	3657.3	3297.4	54.1
罗霄山区	23	5.2	1105.4	1108.8	34
西藏	74	120.2	290	441.4	61.5
四省藏区	77	88.7	525	942	64.8
新疆南疆三地州	24	44.1	635.8	498.3	82.9

资料来源：笔者根据《中国农村 2011 年贫困监测报告》相关资料整理。

截至 2014 年，14 大片区共有贫困人口 3518 万人，按人口数量进行降序排序依次为：滇黔桂石漠化区 488 万人；武陵山区 475 万人；秦巴山区 444 万人；乌蒙山区 442 万人；大别山区 392 万人；六盘山区 349 万人；其他地区贫困人口 928 万人。具体见图 4.1。

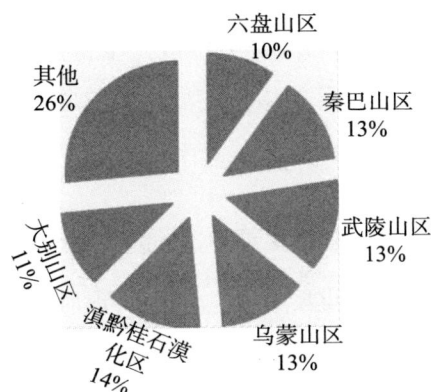

图4.1　2014年连片特困地区贫困人口图

资料来源：笔者根据国家统计局相关资料计算得出。

　　从农村居民收入增长情况进行分析，截至2014年，全部片区农村居民人均可支配收入为6724元，人均纯收入为6302元，较上年同期增长12.9%，与全国平均水平28844元进行比较还存在一定的差距。人均纯收入按照降序进行排列，分别为：乌蒙山区，16.7%；四省藏区，15.4%；大别山区，14.4%；六盘山区，13.9%；秦巴山区，13.4%；罗霄山区，13.2%。具体见图4.2。

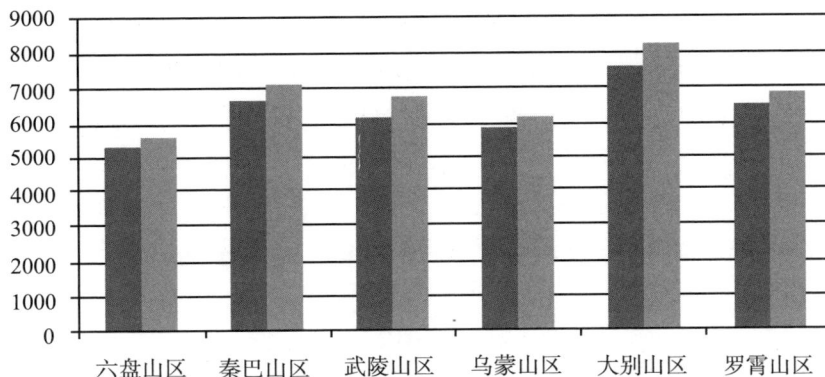

图4.2　主要片区人均纯收入与人均可支配收入图

资料来源：笔者根据国家统计局相关资料计算得出。

与之相对应，随着特困地区农户收入的提高，人均消费支出亦发生显著变化。尽管食品消费在其总消费中所占比重依然较高，但是交通通信、文教娱乐、医疗保健都有显著的增长，显示农户收入增长以及对未来有更多的信心，导致其消费行为的变化。

二、片区基础设施显著改善，交通扶贫成效良好

交通运输是扶贫开发的重要领域，也是实现脱贫的基础性和先导性条件。道路通畅不仅能够为贫困地区带来信息流、物流、人流，同时有助于改善贫困地区人民的思想由保守向开放的转变。相关研究表明，中国改革开放三十多年为世界反贫困取得的显著成效，在很大程度上得益于交通基础设施的改善和经济水平的提高。习近平总书记曾经指出："交通基础设施建设具有很强的先导作用，特别是在一些贫困地区，改一条溜索、修一段公路就能给群众打开一扇脱贫致富的大门。"李克强总理也强调，我国人均公共设施存量远低于发达国家水平。截至 2014 年，14 大片区通电的自然村比重达到 99.5%，通电话的自然村比重达到 95.1%，主干道路面经过硬化处理的自然村比重达到 62.8%。截至 2014 年，西部地区建制村通硬化路率达到 72.3%，比 2011 年提高了 21.1 个百分点，其中部分地区农村公路在 2014 年年底就基本完成了"十二五"规划目标。"十二五"时期，交通基础设施的改善不仅提高了收入，改变了农村产业结构，促进农业现代化发展，而且改变了农村落后的面貌，加快了新农村建设，推动了我国城镇化的快速发展和城乡一体化，推进了社会发展与文明进步。交通基础设施的改善，同时也助推了农村地区、贫困地区基本公共服务实施的逐步完善。

三、扶贫形势依然严峻，开发工作艰巨而繁重

我国的扶贫工作取得了一定的成效，但是形势依然紧迫而严峻。2015年 6 月，习近平总书记在部分省区市扶贫攻坚与"十三五"时期经济社会发展座谈会上的讲话中提到了一些数字，足以说明当前攻坚阶段的任务繁重而艰巨。习近平总书记指出，目前，全国有 14 个集中连片特殊困难地

区、592 个国家扶贫开发工作重点县、128000 个贫困村、29485000 个贫困户、7017 万贫困人口。贫困人口超过 500 万人的有贵州、云南、河南、广西、湖南、四川六个省区，贫困发生率超过 50% 的有西藏、甘肃、新疆、贵州、云南五个省区。这些数字，哪一个都是沉甸甸的，凸显了扶贫脱贫形势的严峻性。

总结起来，这些地区主要以老、少、边、穷为主要特征，即革命老区、少数民族地区、边境地区、山区、国家级贫困县为主。与其他地区相比，四省藏区、西藏和新疆南疆三地州已经形成较为成熟的扶持政策，武陵山片区的扶贫工作在地方政协的呼吁下，连续 10 年坚持召开会议，相比较而言比较成熟，其他地区的扶贫攻坚工作都处于发展阶段。

第四节　集中连片特困地区典型案例——武陵山片区

武陵山片区横跨湖南、湖北、贵州、重庆 4 省市的 11 个地（市、州），71 个县（区、市），集革命老区、民族地区、贫困地区于一体，是跨省交界面积大、少数民族聚集多、贫困人口分布广的国家级连片特困地区。改革开放以来，4 省市州县相关部门为实现武陵山区域"又好又快"发展做了大量有益的协作探索工作，但由于受到行政区划、思想观念、体制等客观因素的限制，区域内的协作多还流于形式，合作的内容和效果受到局限，实质性的合作不多，直接制约了武陵山片区区域的健康协调发展。而充分利用好国家政策和资源禀赋做好武陵山片区区域发展，必须有赖于省市政府的通力协作，尤其是要做好发展的顶层设计和整体布局，解决好观念创新、组织机构、地方立法、协作目标、市场一体化、协作机制、协作路径等具体问题，为发展扫清法规、体制、市场、空间安排等方面的障碍。因此，加强武陵山片区区域协作研究，对重塑新的社会、经济和城市空间结构，促进武陵山片区区域发展，推动经济社会全面协调可持续发展，保障国家生态安全，促进民族团结，确保全面实现小康社会，具有重大的理论意义和现实意义。

一、武陵山片区概况

武陵山片区地处中国的腹地，素有中国"绿心"之称，武陵山片区是以武陵山脉为中心的湘鄂渝黔边境邻近地区，包括湖南、湖北、贵州、重庆四省市11个地（市、州）的71个县（市、区），土地总面积约为17.18万平方千米，总人口约3645万人，有土家族、苗族、侗族等30多个少数民族，少数民族人口占武陵地区总人口的48.9%，是我国内陆跨省交界地区面积最大、人口最多的少数民族聚居区，属于典型的老、少、边、穷地区，辖内有42个国家级扶贫开发工作的重点县。

片区气候温暖湿润，植物多样性丰富，属于典型的亚热带季风气候区，生物生产力高，是世界自然基金会确定的全球200个最具国际意义的生态区之一，也是我国35个生物多样性保护的关键性区域之一，拥有国家级自然保护区17个，素有"华中动植物基因库"的美誉。

武陵山片区水能资源蕴藏量大，土地资源与矿产资源丰富。境内有乌江、清江、沅水等主要河流，境内有不少暗河，水资源较为丰富。以境内的怀化市为例，怀化市山地面积2921万亩，森林覆盖率达68.8%，在地理上处于长江、洞庭湖水系一级干流—沅水的中上游，是沅水的重要水源涵养区和集水区，属于全国十大小水电基地之一的主体地带。全市水资源达到640.1亿立方米，水能理论蕴藏量499万千瓦，全市可开发量450万千瓦。从矿产资源的角度来看，品种多样，锰、锑、汞、铝等矿产储量都位居全国前列。

中国有句古语，靠山吃山，靠水吃水。这些丰富的资源为武陵山片区内的县域经济结构调整、产业升级、产业扶贫等都打下了扎实的基础。

根据表4.2、表4.3，做了图4.3、图4.4，从图4.3可以看出，武陵山片区的这几个城市，财政总收入相当。怀化的工业增加值明显高于其湘西州、张家界、恩施州以及铜仁市，这四个城市的工业增加值相当。社会的消费品总额按怀化市、湘西州、张家界、铜仁市、恩施州依次递减。相差最大的是地区生产总值和全社会固定资产投资，怀化市和铜仁市都突破500亿元，恩施州居末位，这两项指标均为最高城市的1/10多一点。

表 4.2　2013 年武陵山片区各市州经济指标对比

	地区生产总值（亿元）	财政总收入（亿元）	工业增加值（亿元）	全社会固定资产投资（亿元）	社会消费品零售总额（亿元）	城镇人均可支配收入（元）	农民人均纯收入（元）	三次产业结构
怀化市	1110.55	110.47	436.16	801.40	360.31	17632	5849	13.7:44.1:42.2
湘西州	418.9	50.2	125.4	271.5	180.4	16466	5260	14.9:36.7:48.4
张家界	365.65	36.3	74.5	210.84	124	16579.59	5668.95	9.4:23.4:67.2
恩施州	141.50	20.93	91.76	112.03	67.53	18667	5329	17.3:40.2:42.5
铜仁市	535.22	77.41	112.18	1002.10	118.82	18366	5397	25.4:29.0:45.6

资料来源：综合各地 2013 年《统计公报》。

表 4.3　2013 年武陵山片区各市州人均指标对比

单位：元

	人均生产总值（元）	人均财政收入（元）	人均工业增加值（元）	人均固定资产投资（元）	人均社会消费品零售总额（元）
怀化市	23137	2289.53	9039.59	16609.33	7467.56
湘西州	16111.54	1930.77	4823	10442	6938
张家界	24259	2408	4942.69	13988.16	8226.77
恩施州	18525	2740	12013	14666.8	8840.9
铜仁市	17243	2493.89	3614	32284	3827.98

资料来源：综合各地 2013 年《统计公报》。

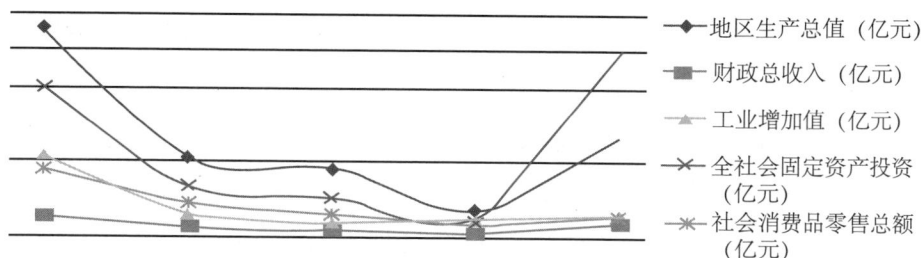

图 4.3　2013 年武陵山片区各市州经济指标对比

由图4.4可以看出，这五个城市的城镇人均可支配收入和农民人均纯收入以及人均财政收入相差不大，这说明，虽然各个城市的发展程度不一，GDP相差较大，但是具体到人民个体，各个市的情况大体一样。

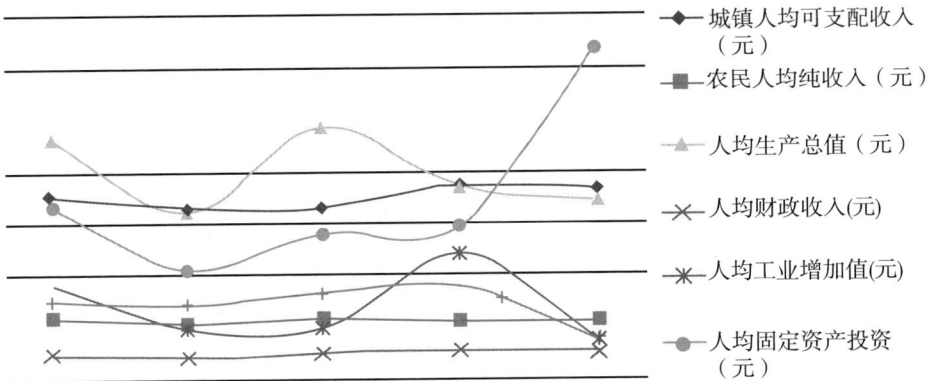

图4.4　2013年武陵山片区各市州人均指标对比

表4.4　2013年武陵山片区四省生产总值排名

全国排名	地区	生产总值（亿元人民币）
9	湖北	22250
10	湖南	22154
23	重庆	11459
26	贵州	6802

由表4.4可以看出，在武陵山片区的四省中，湖北与湖南的经济发展较好，在全国的排名靠前，重庆一般，在全国排在第23位，贵州排在第26位，而且与重庆相比有很大的差距。现在，我们将毗邻的贵州与湖南做一个简单的比较。

贵州省简称"黔"或"贵"，位于云贵高原的东部，是西南地区三省之一。贵州省东毗湖南省、南邻广西自治区、西连云南省、北接四川省和重庆市，是一个"三不沿"的内陆省份（即不沿海、不沿江、不沿边）。全省东西长约595千米，南北相距约509千米，总面积为176167平方千

米，占全国国土面积的 1.8%，常住人口约 3798 万人，户籍人口 4090.78
万人，其中少数民族占总人口的 38% 左右。贵州是全国重要的资源输出省
份之一，长期为祖国的经济建设提供重要的矿产资源、生态资源与能源。
贵州全省有药用植物资源 3900 余种，占全国中草药品种的 80%，是全国
四大中药材产区之一。

　　铜仁市地处贵州省东北部，行政区域总面积 18003 平方千米，境内河
流以梵净山至佛顶山山脉为分水岭，分属两大水系，东以锦江流域为主的
沅水水系，西为乌江水系。由于河流比降大，水流速度快，常有暴涨暴落
现象，容易对水利灌溉和水运事业造成灾害。2011 年 10 月 22 日，国务院
下发国函［2011］131 号文件，批复同意撤销铜仁地区，设立地级铜仁市。
现辖区内共有 8 县 2 区，民族自治县 4 个，7 个国家扶贫开发工作重点县，
总人口 427.2 万人，其中，农户户籍人口 378 万人，有少数民族 32 个，少
数民族人口占总人口的 70.45%。铜仁市是贵州省乃至武陵山片区欠开发、
欠发达程度最深和最边缘的地区，是国家和贵州省长期实施扶贫开发战略
的重点区域之一。《武陵山片区区域发展与扶贫攻坚规划（2011—2020）》
对铜仁市的界定是：连接贵州、云南通道上的节点城市，建成商贸、旅游
的核心城市和山水园林城市，重点发展现代制造业、现代物流业、特色食
品加工业、旅游服务业等相关产业，到 2020 年城区人口规模达到 50 万人。

　　此外，研究数据显示，2012 年，铜仁市外贸出口强劲增长。全年直接
进出口总额 842.26 万美元，同比增长 140%，其中出口 649.94 万美元，进
口 192.32 万美元；间接进出口总额 30663.67 万美元，同比增长 45.8%。
农村经济在上年受灾的基础上恢复性增长。全年实现农、林、牧、渔业总
产值 200.46 亿元，同比增长 9.0%。农业产值 110.20 亿元，增长 10.3%；
林业产值 5.05 亿元，增长 9.4%；牧业产值 74.53 亿元，增长 6.9%；渔
业产值 4.77 亿元，增长 9.2%。[①]

　　与此同时，2013 年，铜仁市地方财政收入占整个贵州省生产总值的比

---

① 铜仁地区统计局：《铜仁统计年鉴（2012）》，九州出版社 2013 年版。

重仅为8%，是贵州省9个市中比重最低的，具体如表4.5所示。由此可见，铜仁市在经济建设中，仍是任重而道远。

表4.5 地方财政收入占生产总值比重

	地方财政收入（亿元）	生产总值（亿元）	财政收入占生产总值的比重（%）
贵州省	1014.1	6852.2	14.8
贵阳市	241.2	1710.3	14.1
遵义市	113	1361.9	8.3
六盘水市	103.5	753.65	13.73
安顺市	37.5	367.62	10.2
毕节市	110.4	884.96	12.5
铜仁市	36.57	457.91	8
黔东南州	70.1	495.75	14.1
黔西南州	64.4	477.43	13.5
黔南州	57.9	550.34	10.5

资料来源：贵州省统计局、国家统计局贵州调查总队：《贵州统计年鉴2013》，中国统计出版社2014年版。

为了促进贵州省的快速发展，2012年1月，国务院下发了《国务院关于促进贵州省经济社会又好又快发展的若干意见》，该文件的出台在一定程度上促进了贵州省经济的发展。

湖南省亦属于内陆省，水系发达，素有"三湘四水"之称，"四水"即境内有湘江、资江、沅江和澧水，水系发达，为农业生产打下扎实的基础。截至2013年年末，湖南省常住人口6690.6万人，其中城镇人口3208.8万人，乡村人口3481.8万人。辖区内有13个地级市、1个自治州（合计14个地级行政区划单位），35个市辖区、16个县级市、64个县、7个自治县（合计122个县级行政区划单位）、344个街道、1138个镇、828个乡、97个民族乡（合计2407个乡级行政单位）。

2013 年，湖南省经济总量达到 24501.7 亿元；全省人均生产总值为 36906.10 元，低于全国平均水平。从各地级市来看，长沙、岳阳和常德生产总值领先，张家界生产总值垫底。从人均生产总值来看，2013 年，长沙人均生产总值超过 10 万元，湘潭、株洲、岳阳人均生产总值超过全国平均水平，其他地市人均生产总值均仍低于全国平均水平。怀化人均生产总值为 23257.59 元，在全省排名靠后，见表 4.6。

表 4.6　2013 年湖南各市生产总值和人均生产总值排名

2013 年生产总值排名	地级市	2013 年生产总值（亿元）	2012 年常住人口（万人）	人均生产总值（元）	人均生产总值排名
1	长沙	7153.13	714.66	100091.37	1
2	岳阳	2430.52	552.31	44006.45	4
3	常德	2264.94	576	39321.88	5
12	怀化	1110.55	477.5	23257.59	11
13	湘西州	418.94	258.12	16230.44	13
14	张家界	365.65	150.21	24342.59	10
	全省	24501.7	6638.93	36906.1	

怀化市 2013 年全年实现地区生产总值 1110 亿元，增长 10%；完成财政总收入 110.47 亿元，增长 10.12%；公共财政预算收入 76.81 亿元，增长 11.2%；完成固定资产投资 800 亿元，增长 33.3%；完成社会消费品零售总额 359 亿元，增长 13.5%；实现城镇居民人均可支配收入 15100 元，农民人均纯收入 6000 元，同口径分别增长 9.8% 和 9.2%。三次产业结构得到优化，调整为 13.5∶44.1∶42.4。与以往相比，第三产业得到较快发展，主要是发挥了怀化历史上作为交通枢纽的重要优势，重点打造物流业的发展，2013 年，实施重点商贸物流项目 32 个，完成投资 42 亿元。在扶贫攻坚方面，2013 年推进 100 个深度贫困村对口帮扶，引导龙头企业参与产业扶贫，投入项目资金 7.76 亿元（其中财政专项资金 2.49 亿元），实

施扶贫项目 1513 个，覆盖贫困人口 73.97 万人，直接帮扶贫困农民 11.6 万人。

二、武陵山片区调查现状

为了对武陵山区贫困与反贫困问题的现状进行深入分析，笔者分别于 2011 年 7 月赴湖北省、2012 年 8 月赴湖南省、2013 年赴湖南省、贵州省进行了实地调查，湖北调研主要集中在恩施土家族苗族自治州，包括恩施市芭蕉侗族自治乡、来凤县绿水乡、漫水乡、沙道乡、恩施市盛家坝乡、鹤峰县太平乡、土堡乡和忠路乡共八个乡镇，共获得 180 份有效问卷。湖南调研地区包括张家界市（慈利县、桑植县）、怀化市（沅陵县、麻阳县）、湘西州凤凰县共 3 个市、5 个县，贵州调研主要以铜仁、贵阳为主。调研对象主要包括：各级民委、扶贫办、发改委的相关工作人员，村集体以及农户。政府层面的调查主要采取深入访谈以及头脑风暴讨论的方式；农户层面主要采取问卷随机调查方式。2011 年、2012 年两次调研共回收问卷 336 份，考虑到不同时间、不同地区的调研存在差异和共性，笔者重点以湖北武陵恩施为例对调研的基本情况进行汇总和分析。

（一）调研地区基本信息

本次调研对象的年龄结构主要集中在 40—60 岁之间，其中以 51—55 岁的人口居多；剩余人口也主要集中在 18 岁以上，具体见图 4.5。调查对象主要以土家族人口为主，还包括少部分的汉族、苗族、侗族人口。

本次调研的对象，其文化程度普遍偏低，基本以小学以下、小学和初中为主，中专、大专等高学历人才基本没有（具体如图 4.6 所示）。

如表 4.7 所示，调研对象基本都属于普通农户，还包括部分种植大户和企业经营者。68.33% 的调研对象表示他们并无特殊的工作经历，18.33% 的对象曾（或目前正在）外出务工，6.67% 的对象曾（或目前正在）担任村干部，其他的经历都属于小部分人群。

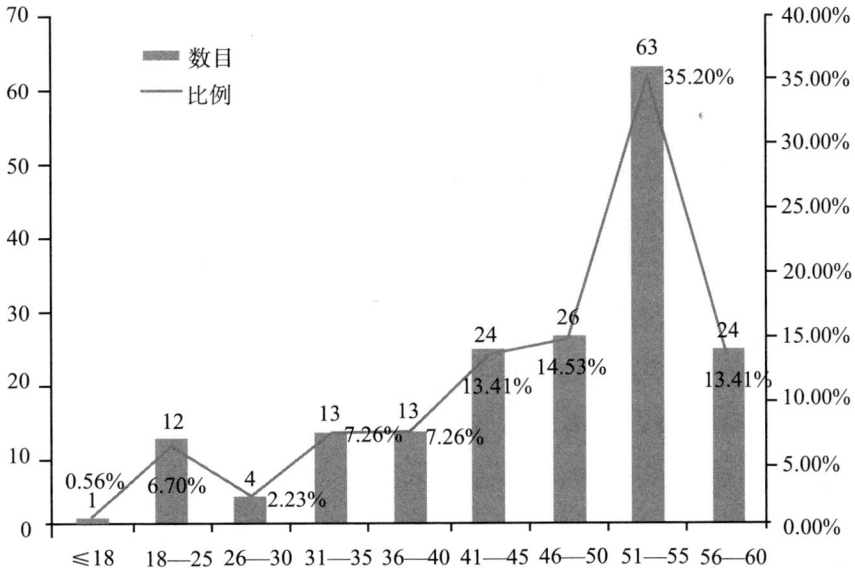

图 4.5 调研对象年龄分布

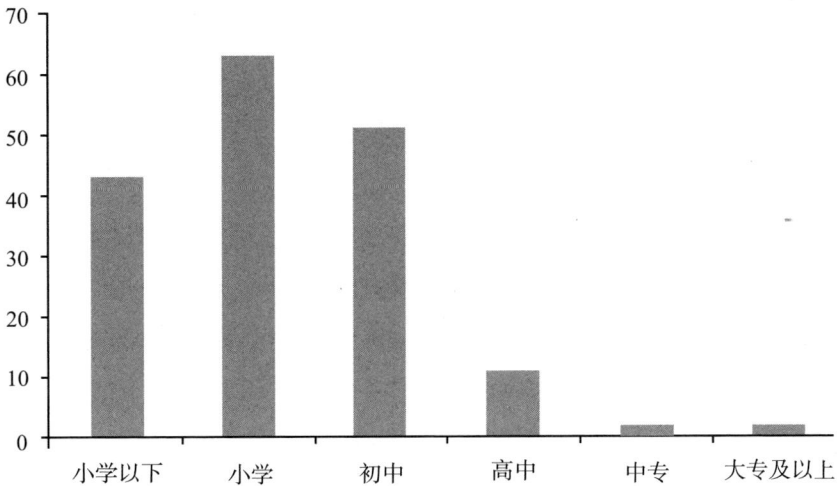

图 4.6 调研对象文化程度

（二）家庭经济特征

如表 4.8 所示，30% 的调查农户表示自家的住址距离乡镇府的距离大概在 2 千米至 3 千米左右，35.55% 的受访对象表示乡镇府的距离在 2 千米以内，但是仍有超过 35% 的对象表示，乡镇府的距离在 3 千米以上。而与县城的距离，将近 39% 的对象表示县城在 10 千米至 20 千米之间，更有 37.78% 的对象其家庭住址在 20 千米之外，只有 23% 左右的对象县城距离家在 10 千米的范围内。大部分对象所拥有的耕地在 5 分钟以内可以徒步走到，35% 的对象耕地在 5 分钟里程之外。

表 4.7　调研对象职业及工作经历

职业	数目	比例	工作经历	数目	比例
普通农户	138	76.67%	无特殊经历	123	68.33%
种植大户	11	6.11%	担任村干部	12	6.67%
教师	1	0.56%	机关退休	1	0.56%
乡村干部	5	2.78%	离退休教	2	1.11%
个体工商	10	5.56%	企业下岗	1	0.56%
企业经营者	12	6.67%	外出打工	33	18.33%
其他	3	1.67%	其他	8	4.44%
合计	180	100%	合计	180	100.%

表 4.8　调研对象住址距离乡镇府、县城及其耕地的距离

政府距离（千米）	比例	县城距离（千米）	比例	耕地距离（分钟）	比例
≤1	14.44%	≤2	8.89%	≤1	35.53%
(1, 2]	21.11%	(2, 10]	14.44%	(1, 5]	28.95%
(2, 3]	30.00%	(10, 20]	38.89%	(5, 10]	18.42%
(3, 8]	18.89%	(20, 30]	11.11%	(10, 20]	15.79%
>8	15.56%	>30	26.67%	>20	1.32%

由于县城距离的问题，调研对象大部分去县城的频率较低，43.7% 的人表示一个月才去一次，24.44% 的人甚至表示从来不去县城。

如表 4.9 所示，2010 年，调查对象所经营的耕地面积主要集中在 2 至 5 亩左右，还有 13.57% 的农户没有土地，26% 左右的人经营的土地在 2 亩

以下。拥有的耕地方面，3% 左右的人无耕地，19% 左右的人所拥有的耕地不到 1 亩，大部分人所拥有的耕地在 5 亩以下。

表4.9　2010 年调查对象经营的土地面积与拥有的耕地面积

单位：亩

土地面积	数目	比例	耕地面积	数目	比例
无	19	13.57%	无	5	2.91%
(0，1]	22	15.71%	(0，1]	33	19.19%
(1，2]	15	10.71%	(1，2]	28	16.28%
(2，3]	21	15.00%	(2，3]	29	16.86%
(3，4]	25	17.86%	(3，4]	32	18.60%
(4，5]	22	15.71%	(4，5]	24	13.95%
(5，6]	5	3.57%	(5，6]	9	5.23%
(6，7]	6	4.29%	(6，7]	4	2.33%
>7	5	3.57%	>7	8	4.65%
合计	140	100.00%	合计	172	100.00%

　　调研点的主要农作物以玉米、水稻、烟叶、茶叶、土豆等为主，还有一少部分人在经营食用菌和百合等经济作物。被采访对象中，还有部分人采用出租的方式将土地出租给其他农户，收取租金，具体见图 4.7。

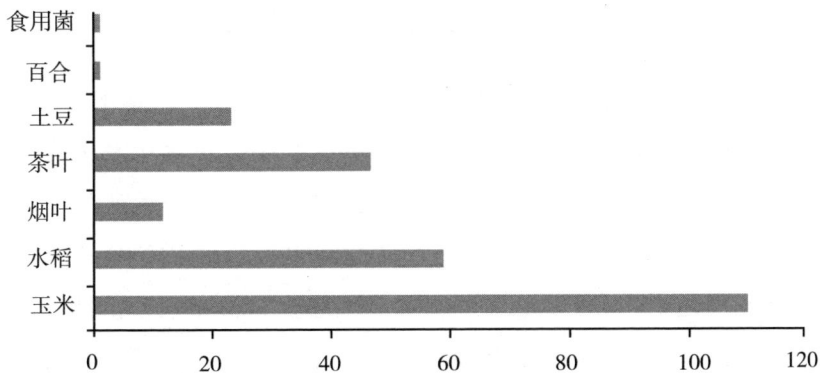

图 4.7　调研点主要农作物

表 4.10 对调研对象家庭劳动力状况作出了具体的分析。调研资料显示，常住人口在 3 人以上的有 142 户，占总户的比例为 78.88%。家里有 50 岁以上人口 1 人的有 40 户，占 22.22%；2 人的为 87 户，占 48.33%；有 3 人的为 1 户；没有 50 岁以上人口的为 50 户。从主要劳动力的分布来看，家里有 2—3 名劳动力的居多，充分体现了现在农村留守人群主要以老人和儿童为主，50 岁以上老人是家里的主要劳动力。

表 4.10　调研对象家庭劳动力状况

单位：人

常住人口数	户数	50 岁以上人口数	户数	主要劳动力人口数	户数
0	2	0	50	0	14
1	6	1	40	1	14
2	30			2	87
3	43	2	87	3	28
4	39			4	26
5	31	3	1	5	8
6	19			6	1
7—8	7	4	1	7	1
9—10	3	6	1	8	1

图 4.8 详细显示了调研点地区家庭总收入水平主要集中在 20000—40000 元之间。种植业收入、自营工商业收入以及外出务工是当地农户最主要的收入来源。而家庭支出方面，人情往来在农户所有的支出中占了最大的比重，详见图 4.9。有 25.3% 的被访农户表示，他们一年花费在人情消费中的支出达到了 1 万元以上。此外还有生产性支出、生活性支出、教育支出和医疗支出。生活性支出是仅次于人情消费支出的又一大支出，在总支出中也占了较大比重。另外，强制性支出情况较少。

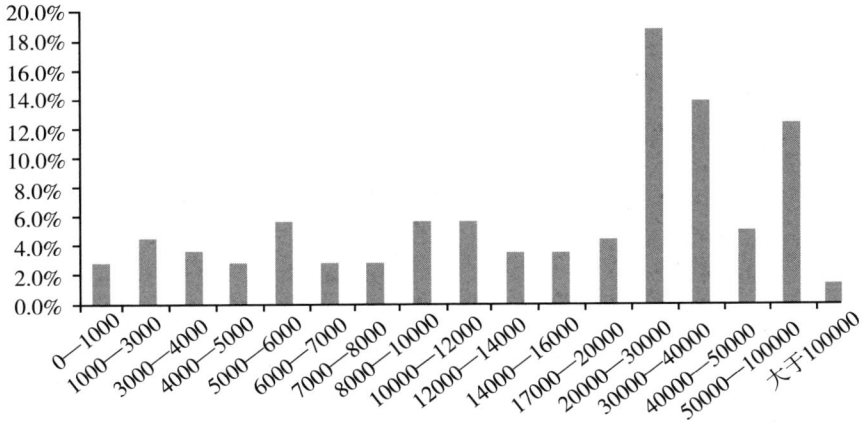

图 4.8　调研点家庭总收入水平

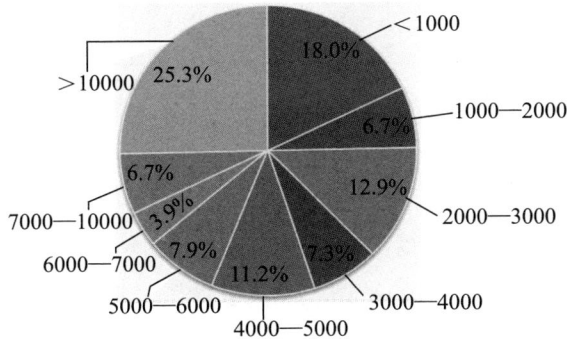

图 4.9　人情消费支出

通过对比调研对象的家庭收入与支出，发现有将近 32% 的农户家庭收入支出盈余（即收入减去支出）为负。而且调研点农户之间的贫富差距也非常严重。1/4 的农户表示，家庭中有人患有重大疾病，需要经常性的就医诊治；剩余的 3/4 农户表示家庭无重病患者。

农户对于家庭生活水平在村中所处的位置进行了感知，大部分农户都认为自己家的生活水平处于中等水平，中等偏上或者偏下的也占了较大一部分比例，41.01% 的家庭人均纯收入在 2500 元以上，14.39% 的农户人均纯收入在 2000 元至 2500 元之间，12.23% 的家庭人均纯收入少于 500 元，还有 7.91% 的家庭人均收入在 500—1000 元。由此可见，调研所在地农户收入偏低的也有不少。

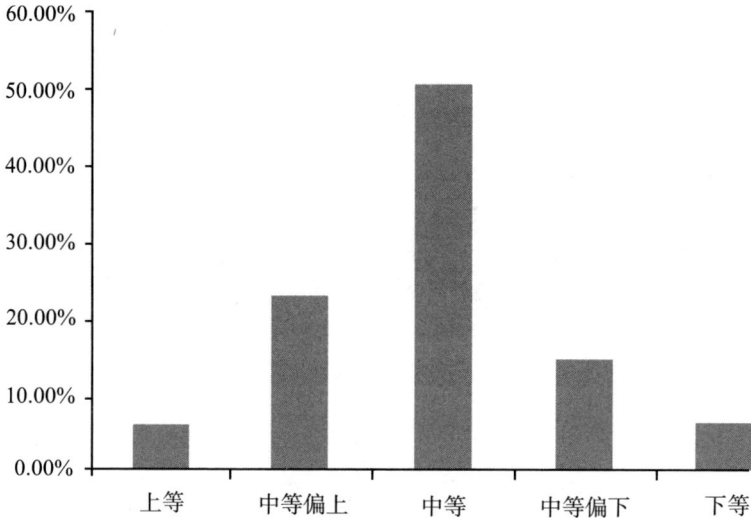

图 4.10　农户自我感知生活水平状况

相较于 2009 年的储蓄情况，2010 年将近 78% 的农户储蓄水平增加或者与上一年持平。有 9.8% 的被访农户没有储蓄。具体如图 4.11 所示。

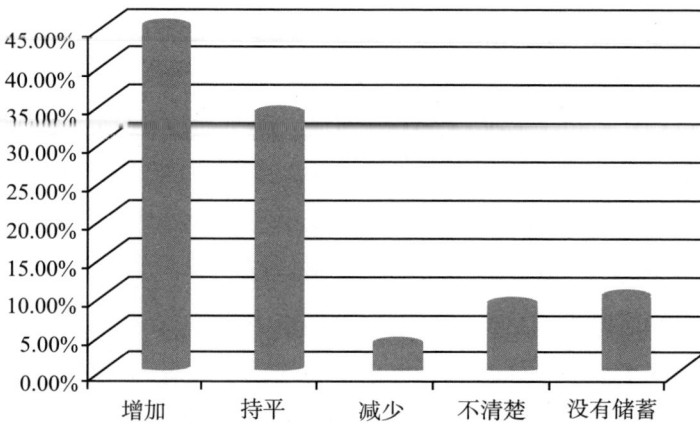

图 4.11　2010 年相较于 2009 年储蓄变化情况

90%以上的农户表示，当进入农忙季节时，没有雇佣过劳动力。

当地的补助类型很多，包括低保、良种补贴、医疗补贴、粮食补贴、养老保险等，但是具有广泛性的主要是低保、粮食补贴和退耕还林补贴这三类。被访者中，只有3%的对象获得了医疗补助，只有7.5%的人享受到了养老保险的福利。一半以上的农户对生活比较满意，25%左右的人认为生活一般，还有7%的人对生活不满意。

（三）政府与政策

如表4.11所示，农户对于扶贫搬迁以及鄂西生态旅游政策的了解程度普遍较低；对于新农合、新农保的了解程度相对较高；而对于低保以及五保供养的认识则处于一般水平。64.5%的农户表示，家中没有人参加过扶贫活动或者政策，而没有参加的原因中，47.57%是因为没有听说过；33.01%表示虽然听说了，但具体信息并不了解；12.62%认为没有必要参加；只有6.8%的人认识到了参与扶贫活动的必要性。57%的被访对象表示，扶贫政策与活动并没有让他们的生活得到改善。而导致这一结果的原因，如图4.12所示，被访者给出了不同的解释。72%的农户认为，基层政策执行不到位是最主要的原因；44%的农户则认为是政府的扶持力度不够；42%的农户则认为是政策落实的进度太过缓慢；还有27.27%和19.75%的人则认为家庭本身的经济条件太差以及政府帮扶方式不合时宜是重要的原因。几乎有94%的被访农户表示，当地旅游业的发展并没有发挥改善经济的作用。

表4.11　农户对于国家政策的了解程度

	很了解	比较了解	一般	不太了解	不了解
扶贫搬迁	4.55%	15.91%	21.59%	36.36%	21.59%
鄂西生态旅游	0.59%	7.65%	10.00%	30.59%	51.18%
新农合	19.55%	63.69%	11.17%	3.35%	2.23%
新农保	8.05%	41.38%	29.31%	14.37%	6.90%
最低生活保障	8.67%	33.53%	30.64%	19.08%	8.09%
五保供养	3.47%	21.97%	38.15%	25.43%	10.98%

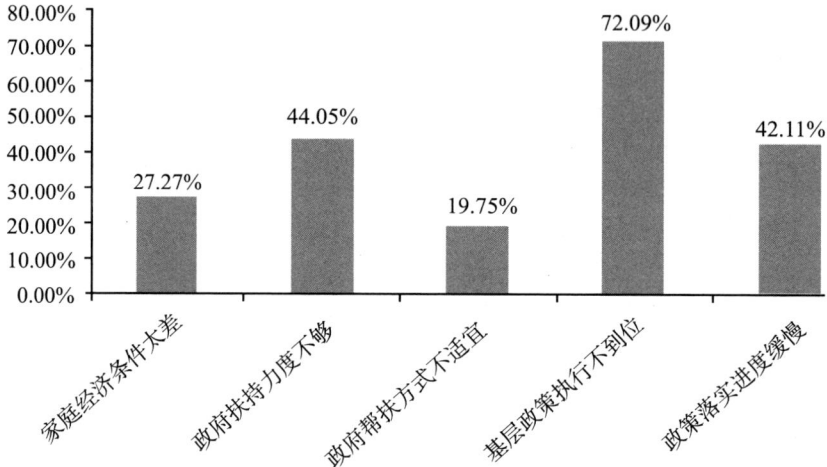

图 4.12　当地居民对政府的认可

（四）当地居民对国家政策认知及参与度较低，对扶贫开发的参与度不高

表 4.12 是当地村民对本地区开展的各项扶贫相关政策或项目的了解程度的调查结果，由表中数据可以看到，对于财政扶贫资金项目，整村推进，扶贫搬迁等较为宏观的扶贫项目大多数人都不太了解，但是对于能够落实到村民个人的项目，如农村合作医疗、农村养老保险等相对村民而言知道的比较多。表明各村对于着眼于整个村庄而进行的扶贫项目的宣传和实施效果并不理想，但是落实到村民个人的，尤其是农村合作医疗、农村养老保险等项目开展得比较到位。此外，了解农村最低生活保障制度的人也不多，其原因在于，可能出于财政的考虑，当地最低生活保障设定的标准线较低，大多都发给了孤寡老人、残疾人等特殊群体，许多处于贫困线之下的村民并没有享受到这一待遇，农村五保供养的情况亦是如此。当被问及本村当年是否正在参加或完成了某项扶贫活动之时，有 25.64% 的人表示自己不是很清楚，其余了解扶贫活动的村民中，有 2.56% 的人是在本次调查时才知道，19.23% 的人是得到了村干部的个别通知，5.77% 的人由亲朋好友转告而知，25.64% 的人是通过村民会议、村委会的公示知道的，

17.95%是作为村干部接到上级的通知，5.77%的人是自己问到的或者是通过其他渠道知晓的。此外，了解本村扶贫项目的被调查者中，有67.89%的人表示在扶贫项目内容或对象确定前，他们有机会参与讨论、提出意见，32.11%的人表示没有参与过。

对扶贫政策实施效果进行分析，研究表明，在对本村扶贫项目有一定了解的村民中，有17.31%的村民认为自己希望得到的扶贫项目与本村实施的项目是一致的，42.31%的村民认为是基本一致的，25.64%的村民认为不太一致，还有2.56%的村民认为很不一致。此外，还有56.41%的村民认为各项扶贫政策或活动使自己家庭的经济状况或生活质量有所改善，32.05%的人认为没有改善。当被问及没有改善的原因时，有18.48%的人认为源于自己家庭经济条件太差，27.17%的人认为政策帮扶力度太小，9.78%的人认为政策帮扶方式不合适，21.74%的人认为基层的政策执行不到位，14.13%的人认为政策落实进度过于缓慢，8.70%的人认为与扶贫项目太少等其他原因也有关系。

表4.12　当地居民对国家政策认知及参与度

了解程度 政策、项目	1. 很了解	2. 比较了解	3. 一般	4. 不太了解	5. 不了解
财政扶贫资金项目	7.05%	10.90%	10.26%	3.85%	67.31%
整村推进	10.26%	12.18%	10.26%	7.69%	58.97%
扶贫搬迁	5.77%	10.26%	2.56%	7.05%	74.36%
新型农村合作医疗	66.03%	26.28%	2.56%	1.92%	3.21%
新型农村养老保险	62.18%	26.28%	3.21%	0.64%	7.69%
农村最低生活保障	34.62%	14.74%	16.03%	7.05%	26.92%
农村"五保"供养	20.51%	9.62%	15.38%	6.41%	48.08%

（五）开放性问题

在问卷中笔者还专门设置了不少的开放性问题，旨在通过深入访谈、发散的思维获得所需要的信息，归纳起来，主要存在如下的问题。

1. 当被问到农户在经济作物的深加工、销售过程中遇到的问题时，农户从不同的角度给出了解释

自然条件。受自然条件的影响大，干旱、病虫害等都会给经济作物的种植带来重大的影响。而本身又属于"靠天吃饭"的传统农业生产方式，使得农民收入具有很大的波动性。

成本高昂。生产资料价格太高，种子等必要的生产资料都处于高价格水平，影响了农民种植的积极性。

技术水平低。生产技术不成熟，使得产品深加工得不到实现，影响了产品的市场价格；而同时，产品需要良好的储存技术来保持产品的新鲜度，储存技术的落后也严重影响了经济作物的种植。

市场渠道。产品价值要得到实现，就必须建立良好的产品销售渠道。但是当地的经济作用，没有成熟的销售渠道，收购商太少，产品销售困难。

政府扶持力度不够。当地的灌溉设施、病虫害治理以及农民培训都需要政府加大帮扶力度，但是政府对于这些方面的重视还不够。

2. 关于政府提供的医疗服务与教育服务，农户进行了评价

农户普遍认为，教育和医疗服务是必需的。而对于实际过程中实施的效果，有的农户给出了满意的评价；有的农户则充分肯定了国家制定的政策，但对于其实际的实施效果则产生了质疑。药价偏高、医疗人员素质偏低等都是现存的隐患。

3. 关于当地与周边省市地区的经济交往问题

大部分农户表示，存在交往，但交往不多，主要停留在部分农产品的相互贸易上。

4. 对于地区致贫因素，农户认为主要是如下几个方面的因素导致

一是自然因素。自然资源少，水源不足，土质低劣等影响了经济的发展。二是交通条件不便利。三是以第一产业为经济支柱，并采用粗放式的经营方式，经济结构不合理。四是村民文化程度低，思想封闭保守，农民纠纷多。五是领导与政策执行的问题。政府领导不到位，没有良好的用人

机制，裙带关系普遍。

5. 关于如何扶贫

农户认为应从以下几个方面入手：一是改善交通、水利等基础设施建设，为经济发展奠定坚实的基础；二是改善医疗教育水平，提高农民素质，破除旧思想、旧观念；三是调整产业结构，建立第一、第二、第三产业协调发展的产业格局；四是政府应该加大帮扶力度，提供必要的农户补助。领导要发挥模范带头作用，将国家政策落实到位。

6. 关于如何改善当地居民的经济条件和生活状况

农户认为可以从如下几个方面着手；一是调整优化产业结构，对产品深加工，提高产品附加价值；二是政府帮扶，加大扶贫力度，改善基础设施，提供必要的补贴补助，改善医疗卫生状况，解决农户争端问题；三是搞好治安，建立良好的社会秩序；四是建立透明的监管机制，确保政策的落实到位；五是加大对农户的技术培训，提供必要的技术支持；六是加大招商引资，减少人员外出数量，提高当地的就业率。

三、武陵山片区主导产业发展现状与存在的问题

（一）武陵山片区主导产业发展与未来方向

1. 湖南省怀化市

（1）主导产业

主导产业一般主要具有以下特征：第一，能迅速地、最大限度地吸收、利用最新的科研成果，提高生产率；第二，广阔的市场需求或市场潜力引起的高速增长；第三，产业关联性强，能有效地带动其他产业的增长；第四，更替性，主导产业的选择总是随着经济区域的不同以及经济发展水平、阶段的不同而不同，由低级向高级发展。怀化市是湖南省的农业大市，怀化市主导产业有农副食品加工业、电力工业、林业工业、医药工业和物流业等5个行业。其中，第二产业4个，第三产业1个。

近年来，全市市级以上农业产业化龙头企业达到146家，其中25家国家级、省级龙头企业，并造就了一大批具有浓郁怀化特色的食品，有芷江

特色鸭、新晃特色"黄牛肉"、麻阳苗子佬和麻阳鹅、沅陵滩茶叶、晒兰肉、通道兔子肉、峒王酒、七彩泡椒等。怀化特色食品加工产业因其良好的自然条件、优越的政策环境、良好的群众基础和成熟的加工技术而具备得天独厚的先天优势，但其食品加工企业分布零散，且无专业性的集生产、加工、物流于一体的特色产业园区等不利因素成为制约怀化特色食品加工产业发展的最大瓶颈。项目选址于怀化工业园区，主要建设集怀化特色食品原料生产、加工、物流于一体的特色产业园区。

此外，围绕粮油、畜禽、竹木、果蔬茶、中药材等产业，目前，全市农产品加工企业发展到2438家，其中规模以上农产品加工企业发展到203家，大宗农产品加工转化率提升到31%，每个优势产业领域都集中了一批龙头企业群体。麻阳柑橘、芷江鸭两个产品获得了原产地证明商标；新晃黄牛、黔阳冰糖橙、黔阳脐橙、靖州杨梅、茯苓五个产品成为获国家地理标志保护产品。大力推进农产品加工营销体系建设，有力地带动了产业转型与发展。

（2）未来发展方向

产业发展趋势是决定产业转型方向的重要因素。当前国际产业发展的三大趋势是：产业集群、产业间相互渗透以及产业生态化。随着市场竞争的加剧，竞争的方式也由单个企业之间的竞争转变为产业集群间的竞争。基于这种转变，怀化当前要做好工业园区的建设，使同类的生产企业积聚在一起，发挥积聚效益，以弥补小企业竞争力差的劣势；产业间相互渗透主要反映在产业间技术、人才、市场等生产流通要素的融合，对怀化而言就是要提高三次产业间的关联度；产业生态化要求发展生态产业，这也是怀化市当前产业发展战略之一。怀化有着良好的生态资源、林业资源、中药材资源、水果和茶叶资源都是无污染的生态资源，随着人们对环境要求的提高，这些产业将呈现巨大的市场潜力。怀化应大力发展农副食品深加工业、医药产业、林业工业等生态产业，提高产业竞争力。

选择其中几类产业做进一步深入分析：①交通运输业。怀化具有明显的交通运输优势，传统的区域交通枢纽基础，航空港的新兴建设，市域内部城镇组合的发展，都将促使怀化成为综合交通中心。②食品、零售业。基于生态型农产品的食品加工业，是怀化结合自然资源与市场的重要产业选择，发展前景良好。③医药。基于生态型农产品的医药产业，一直是怀化传统优势产业，随着现代人对于健康的追求，医药产业将具有广阔的市场需求。④房地产。房地产的发展伴随着城市化的进程，随着城市规模的扩张，城市功能的完善，人民日益提升的居住要求，房地产业发展前景良好。⑤能源、矿产行业。能源矿产是怀化支柱产业，是推动城市持续发展的源动力。但能源行业对资源的依赖性以及对环境的污染使得其无法成为持续发展的行业。

2. 贵州省铜仁市

（1）主导产业

铜仁是一个农业大区，地处乌江下游，地形较平坦，上层较厚，地下水埋藏浅，农业生产条件较好，农业人口占全市总人口 89%，但处于绝对贫困线以下的农村居民有近 30 万人。为此，农业已然是铜仁市的优势主导产业，包括烤烟业、茶产业、核桃以及中药材。

其中，生态茶产业作为全市农业主导产业，对促进农业增效、农民增收、农村稳定具有举足轻重的作用，充分利用茶产业资源优势，大力发展生态茶产业，深入研究和探索生态茶产业在新阶段、新形势下可持速发展具有十分重要的现实和长远意义。铜仁市内生产的梵净山品牌系列"梵净山翠峰""石阡苔茶"等名优绿茶产品及不同种类、不同口味的速溶茶、浓缩茶粉及精制珠茶产品，多次荣获省级、国家级名茶及名牌产品称号，获奖 50 多项。2009 年，"梵净山"牌梵净山翠峰、"泉都坪山"牌石阡苔茶被评为贵州五大名茶，生产的各类名优绿茶、大宗绿茶产品，采用传统工艺与现代科技精制而成，色、香、味、形俱佳，其理化指标和卫生指标均优于国家标准，被誉为"绿茶极品"，深受广大消费者青睐。

烤烟业方面，2011 年以来，全区共签订种植合同 15033 份，移栽面积 27.9 万亩，户均种植物规模 18.5 亩。组织发放烤烟专用肥 28.68 万套。2011 年，全区烟草部门抓住国家烟草专卖局提出在全国烟区开展烟叶生产基础设施建设的有利时机，制订了烟田基础设施建设的五年规划。2012年，铜仁市旅游业快速发展，全年接待旅游人数 1850 万人次，同比增长 23.1%，其中：接待国内旅游人数 1844.99 万人次，增长 23.1%；接待境外入境旅游人数 50054 人次，增长 24.2%。实现旅游总收入 119.54 亿元，比上年增长 35.0%，旅游外汇收入 1100.8 万美元，增长 19.9%。具体到铜仁市的 10 个县、市，除了碧江接待人数增长为负外，其他各省均有了较大幅度的增长。

（2）未来发展方向

最重要的是抓好农业产业化发展规划，合理划分产业区域。要按产业带规划发展要求来做好农业产业化规划。产业规划应包括两个主要方面：其一，是选择确定好具有竞争优势的产品资源作为产业化的发展方向；其二，是因地制宜对这些资源进行合理布局。目前，铜仁地区具有竞争优势的农产品资源是烟叶、生态畜牧业、生态茶产业、薯类产业、油料产业、优质稻、蚕业、特色果蔬产业、中药材和白酒产业等。这些产业都是铜仁地区的传统资源优势产业，只要运作得当，容易形成规模效应。

从铜仁地区农业资源分布情况来看，有三个维度的规划：一是从自然享赋的比较优势来规划：烟叶、生态畜牧业、生态茶产业要以西五县为主；油茶以玉屏、万山、铜仁市和松桃等县为主；蚕桑业以乌江沿岸各县为主；中药材以德江县和梵净山周边县为主；优质稻以传统出贡米的几个区域为中心；水果蔬菜以铜仁市、玉屏县和西五县为主。二是以中心城镇为重点的农产品加工基地规划：以规划建设中的梵净山旅游环形公路和大兴至江口旅游公路以及杭瑞高速公路铜仁段布局农产品加工企业，把农产品加工企业同以梵净山为龙头的旅游业密切结合，把农业产业化经营与文化旅游产业结合起来，形成特色农产品支柱产业和以农产品为主要特色的旅游商品产业，依托文化旅游产业带动农业产业化发展，促进农业产业化与旅游产业协调发展。按照高起点、大手笔、前瞻性的决策要求，未来 5 至 10 年乃至更长的时间里，铜仁市要发展成为国际性的都市，人口容量 50 万至 80 万以上，必须要依靠工业化、城市化和农业产业化经营作为重要支撑。其中农业产业化布局，农产品加工业的发展与布局就成为主要内容。因此，未来的铜仁应向周边县（市、特区）城延伸。将江口县、玉屏自治县、万山特区的公路干线的合适位置选择布局为农业产品加工基地是题中应有之义。三是培植龙头企业和知名品牌，增强市场竞争能力。铜仁地区要加快农业产业化经营步伐，务必在做大做强龙头企业上下功夫。在经济全球化、市场化、信息化的背景下，龙头企业在农业产业化中的"带头羊"作用越来越突出，其经济实力的强弱和牵动能力的大小直接决定着农业产业化经营的规模和成效。

3. 湖北恩施土家族苗族自治州

（1）主导产业

经过多年的发展努力，恩施州产业目前已初步形成了具有地方特色、有一定发展前景的卷烟、水电、医药化工、富硒绿色食品和建材五大支柱产业。

据有关数据统计，目前，全州已形成以烟叶、茶叶、水果、蔬菜、魔芋、畜牧、中药材等为主的恩施土特产优势产业，特色经济产业总面积达400多万亩。其中以烟叶、茶叶、蔬菜、魔芋为主的特色经济作物面积达240多万亩；以柑橘、板栗、核桃、黄金梨为主的干鲜果面积达120多万亩；以百合、厚朴、木瓜、杜仲为主的中药材面积达130多万亩。同时，一批特色农产品加工企业正在成长，部分具有恩施特色的农产品品牌已在国内有一定的影响，有的农产品已销往国外。

药业产业是最具有发展前景的产业，被誉为"朝阳产业"，是恩施州最具有特色、最有开发价值和最有希望的新型主导产业。目前全州规模以上有生产批文的药品企业7家，其中：生化制药1家，中成药2家，中间体提取2家，中药饮片2家，固定资产3.73亿元，各种生产线和设备1150台套，药品国家准字号批文184个，每年生产经营各种药品46种，产量达5000吨左右（中西成药400吨、中间体52吨、西药原料药4548吨），各种口服液160万支。2005年，药化工业完成产值2.98亿元，比"九五"期末增加1.1亿元。以氨基酸、硒资源和地道中药材开发为重点，培植医药化工主导产业，使八峰药化股份有限公司、利川香连药业等一批药化企业得到发展壮大。

恩施州的富硒绿色食品生产企业共有300余家，其中规模以上企业41户。2005年，完成产值9.06亿元，同比增长17.3%，产值规模比"九五"期末增加2倍。主要产品有茶叶、薇菜、药菜、矿泉水、饮料酒、乳猪、火腿、果汁饮料等。精制茶产量达1.68万吨，比"九五"期末增加1.4万吨；鲜冷冻肉2.32万吨，比"九五"期末增加1.5万吨。截至2015年年底，恩施州硒产业，总产值已达280亿元。

恩施州矿产资源丰富，资源禀赋尤其是硒矿资源优势明显，根据2000年矿产资源资料，煤矿、铁矿、石英石、硫铁矿、石灰岩、黏土等矿产资源都有一定储量，具有开发使用价值。到目前为止，恩施州矿产资源开发利用有所发展，尤其是在铁矿开采、非金属矿开发型的建材工业和煤炭开采方面已具备了一定的产业基础。近几年，恩施州在认真分析矿产资源蕴藏及开发现状的基础上，超常规、跨越式、突破性发展，重点突出发展煤炭、铁矿、石膏矿、磷矿、硅矿、铝土矿、硒等特色矿业和重点项目建设，变资源优势为经济优势，充分发挥矿业在经济发展方面的先导和基础作用。

（2）未来发展方向

一是构建生态工业体系，做强特色支柱工业。按照新型工业化要求，加快特色支柱工业发展。重点支持卷烟工业结构调整，积极培植烟草产业的替代产业。加快电力工业发展，优质电源点和电力外送通道建设。大力培植医药化工产业，力争建成为高新技术主导产业。扶持、做大、做强中药材及成品药产业，拓宽市场空间，实现稳步发展。突破性发展富硒绿色食品加工业，发挥得天独厚的硒资源和绿色生态资源优势，狠抓以茶叶、魔芋、薇菜、药菜、猪肉、生姜、柑橘、板栗、术耳、香菇等农副特产为原料的食品加工业。采用先进工艺技术，进行精深加工，生产精制茶及茶饮料、魔芋精粉、火腿、香肠、果汁、皂素等，走高效增值之路，提升产品创汇能力。引导建材工业科技创新、扩大生产规模、提高产品质量，加快发展步伐。

该州境矿产门类较多、矿藏资源丰富，现已探明矿产 60 种、产地 366 处，分别占全国和全省矿种的 40% 和 55%。应科学规划煤炭、铁、石膏、磷、硅、硒等矿产资源开发、风电开发，培植新的工业经济增长点。

二是谋划生态农业产业，推进现代农业发展。生态农业产业化是发展现代农业的必由之路。恩施州农业人口占总人口的 88%，农业增加值占全州生产总值的比重接近 40%，发展的重点和难点在农村和农业。加快农业经济的发展，要围绕建设社会主义新农村这一主题，瞄准高附加值的现代农业，用科技的力量提高特色、绿色创汇农业和生态农业的产业化水平。

培植"烟、茶、畜、果、药、菜"和魔芋"6 + 1"支柱产业，建成优质果品基地、优质烟茶基地和"全国知名的绿色食品产业基地"。大力发展富硒绿色食品加工业，增加优质高效的符合环境标准产品、绿色食品、有机食品及特色产品等的有效供给量，增加"三农"收益，推进和带动农业产业化。

三是以生态旅游为主导，发展绿色服务产业。以建成生态旅游目的地为目标，抓好旅游发展规划和旅游景区、景点及旅游线路建设，推进民族文化旅游、红色历史文化旅游和生态旅游资源的整合，着力打造以清江生态旅游、森林休闲旅游、上苗风情旅游、溶洞奇观旅游为特色的旅游品牌，构筑精品旅游线路，培植壮大旅游产业。

4. 重庆黔江区

（1）主导产业

一是烟草支柱产业。区内有两个计划内卷烟厂（黔江卷烟厂、武陵卷烟厂），两个计划外烟厂（彭水烟厂、石柱烟厂）。"两烟"税占财政收入的 64%。控制烤烟种植面积（50 万亩以内）和卷烟产量。上质量、上档次、上水平。以低焦油型和药用型为产品发展方向，并着手组建产供销一条龙，贸、工、农一体化的集团公司。确定黔江卷烟厂、武陵卷烟厂和彭水打叶复烤厂为龙头企业。

二是畜牧食品（产品）加工支柱产业。全区有草山草坡面积 585 万亩，其中万亩以上的成片草场 44 处。人均猪牛羊肉产量已达 50 公斤，超

过重庆市的人均生产水平。草食牲畜产值在畜牧业产值中的比重已达
31.7%。肉牛、山羊、长毛兔和白鹅等草食畜禽的饲养量、出栏率、商品
率的增长速度已超过生猪。确定重庆市绿色生物实业（集团）有限公司、
酉阳麻旺畜禽加工厂、秀山白鹅加工厂和石柱兔毛纺纱厂为龙头企业。

三是林产药化支柱产业。白术、银花、菊花、杜仲、厚朴、黄柏是原
四川省的基地。白术占原四川省总产量的75%，银花占全省的50%。确定
石柱林化厂、酉阳林化厂、酉阳武陵山制药厂（青蒿素）、石柱川东制药
厂为龙头企业，以黄连、青蒿素、益肺胶囊、妇炎康片、单宁酸、珠兰花
茶等为拳头名牌产品。

四是旅游支柱产业。以小南海风景区、黄水森林公园和官渡峡风景区
为骨干组成黔江旅游集团公司。加强整体宣传促销，使黔江旅游形象更加
鲜明。确定该集团公司为龙头企业。

五是电力及有色金属支柱产业。全区的能源结构以水能和煤为主，重点
能源企业13家。1996年产煤200万吨，发电装机12万千瓦，发电量为3.79
亿千瓦时。矿产资源比较丰富，已探明储量的有16种，矿产地249处，其中
大型矿床7处。汞、锰、镁的储量在全国全市位居前列。全区有矿产建材企
业29家，年产电解金属锰4000吨，金属汞60吨，硅锰合金3000吨，锰矿
石20万吨。1996年实现工业产值1.5亿元，税利1200万元。确定以乌电集
团、秀山三角滩锰业公司、石柱煤碳公司、彭水武陵建材公司为龙头企业，
以纯度为99.98被定为国标的电解金属锰为拳头名牌产品。

（2）未来发展方向

一是加快园区经济跨越发展，建设绿色生态循环工业园。要建设以特
色产业为依托、主业突出的工业园区，提高园区产业化、产业集聚化水
平，加快新型工业化发展步伐。要建设生态循环工业园，把加快园区发展
规模与转变发展方式结合起来，避免重复先污染后治理、先低端后高端、
先粗放后集约的发展模式。

二是培育壮大龙头企业，走精品名牌战略是大力发展绿色产业的重点
抓手。积极建立产业规模大、经济效益好、带动辐射强和具有市场竞争力

的龙头企业，通过与农户订立合同等形式，形成稳定的购销关系，提高抵御市场风险的能力，促进绿色企业成长，培育绿色企业集团。着力培育精品名牌产品，加快推进自主品牌培育，促进特色主导产业发展。鼓励优势企业积极争创名牌产品，加快推进服务业的品牌化建设，鼓励企业不断提高自主创新能力，促进产业结构优化升级。建立绿色产品的专业示范区，重点建立与全国各大城市联网、物流与信息相结合的蔬菜、果品、茶叶、粮油、饲料、肉类、林特产品等专业批发市场，以超市、便民、专卖为特色，以自营、加盟、特许为网络的绿色产品连锁经营集团，发挥市场的辐射功能，保证绿色产品销售通畅。

（二）存在的主要问题

2009 年，武陵山区人均地区生产总值为 10147 元，相当于全国平均水平的 39.67%；农村居民人均纯收入为 2908 元，相当于全国平均水平的 56.43%，年人均纯收入在 1196 元以下的贫困人口 575 万人，贫困发生率达 22.67%，是全国贫困人口集中度较高的地区，群众生活处于温饱边缘。缺乏重大项目支撑，2009 年，区域固定资产投资总额仅 1081.76 亿元，占全国的 0.48%，人均投资 5099.90 元，相当于全国平均水平的 30.27%；投资结构单一，主要依靠预算内投资和国内贷款，自筹资金、外资和其他资金不足；金融服务退化，地方正规融资困难，致使非正规融资增多，甚至出现"湘西特大非法集资案"现象。与此同时，生态环境持续恶劣、自然灾害频发。武陵山区地质构造复杂，气候变化异常，灾害天气频繁，7—8 月的高温伏旱出现频率达 71%，5—9 月洪灾出现的频率为 25%，每 10 年出现一次的大洪灾间隔时间缩短为 5 年。近年来，武陵山区每年因灾受损率达 3.22%，其中因灾害性天气受损率为 2.89%，因植物病虫害、畜禽疾病和地方病受损率达 0.34%。

2011 年以来，武陵山片区在政府的带动和帮助下，无疑得到了长足的发展。从数据来看，各项指标都实现了较好的增长，农村居民人均纯收入为 5500.8 元，相比 2009 年增长 2592.8 元，增长率为 90%；全社会固定资产投资亦实现稳步增长，突出表现在基础设施投入力度的增加。四省市较为贫困的贵州铜仁市《2013 年铜仁市国民经济和社会发展统计公报》显示，2013 年该市实现生产总值 535.22 亿元，首次突破 500 亿大关，同比增长 15.4%；财政总收入 77.41 亿元，增长 21.5%；完成固定资产投资 1002.1 亿元，增长 42.6%。按可比价格计算，比上年增长 15.4%。第一产业实现增加值 136.13 亿元，增长 7.5%；第二产业实现增加值 155.00 亿元，增长 19.6%；第三产业实现增加值 244.09 亿元，增长 17.4%。人均生产总值 17243 元（以常住人口计算），净增加 2410 元，按可比价计算，比上年增长 15.1%，按人民币汇率（2013 年年末）折合 2828 美元。产业结构进一步优化。三次产业的结构由上年的 27.1∶28.8∶44.1 变为 25.4∶29.0∶45.6。上述数据表明，铜仁市第一产业占经济总量的比重继续下降，第二、第三产业占经济总量的比重继续上升，第二、第三产业占经济总量的份额达 74.6%。三次产业对经济增长的拉动分别为：第一产业 1.9 个百分点，第二产业 5.6 个百分点，第三产业 7.9 个百分点。第一产业对经济增长的贡献率为 12.6%，第二产业对经济增长的贡献率为 36.0%，第三产业对经济增长的贡献率为 51.4%。①

表 4.13　2013 年武陵山片区各市州经济实地对比

	地区生产总值（亿元）	财政总收入（亿元）	工业增加值（亿元）	全社会固定资产投资（亿元）	社会消费品零售总额（亿元）	城镇人均可支配收入（元）	农民人均纯收入（元）	三次产业结构
怀化市	1110.55	110.47	436.16	801.40	360.31	17632	5849	13.7∶44.1∶42.2
湘西州	418.9	50.2	125.4	271.5	180.4	16466	5260	14.9∶36.7∶48.4
张家界	365.65	36.3	74.5	210.84	124	16579.59	5668.95	9.4∶23.4∶67.2
恩施州	141.50	20.93	91.76	112.03	67.53	18667	5329	17.3∶40.2∶42.5
铜仁市	535.22	77.41	112.18	1002.10	118.82	18366	5397	25.4∶29.0∶45.6

资料来源：综合各地 2013 年《统计公报》。

---

① 中商情报网讯：《2013 年铜仁市 GDP 首次突破 500 亿元》，2014 年 4 月 23 日，见 http://big5.askci.com/news/201404/23/231624385003.shtml。

但是，经过多年的发展，各地市州四年前存在的部分问题依然存在，具体主要表现为享受政策差异大、利益分配不合理以及政策结构亟待调整。

1. 享受政策差异大

同处武陵山区的各地市州享受的政策各不相同，既有享受西部大开发政策的重庆市黔江地区、贵州省铜仁地区，也有比照西部大开发政策的湖北省恩施州、长阳土家族自治县和五峰土家族自治县、湖南省湘西州、张家界市和怀化市8县，还有没有纳入西部大开发范畴的湖南省怀化市其他地区。这就出现"区域相同、政策不同，条件相同、待遇不同，事务相同，制度不同"的现象，导致各地市州出现不平衡心理。

2. 利益分配不合理

一是生态补偿机制不合理。武陵山区植被覆盖率达90%以上，森林覆盖率达65%以上，生态价值远大于经济价值，少数民族群众为国家生态安全作出重要贡献，但由于缺乏生态补偿长效机制，武陵山区群众面临发展困境。二是资源开发利益分配不合理。武陵山区自然资源丰富，资源开发是地区经济建设的重要组成部分，但由于资源税赋过低，税额分配不合理，资源开发利益较少用于地方经济建设和民生建设，引起当地群众不满。

3. 政策结构亟待调整

一是宏观政策缺乏对武陵山区的关注。武陵山区位于国家西部大开发和中部崛起战略格局的交接地带，地处各省市边缘，国家宏观政策和各省（市）区域发展战略基本未兼顾武陵山区的发展，导致该区域与周边出现新的经济落差。二是地方政策缺乏对武陵山区的统筹。武陵山区各行政主体对政策过分依赖，"各自为政、相互封锁"，出现政策比拼现象，造成地区经济协作困难，重复建设严重，企业利益扭曲，城镇体系建设滞后。三是市场导向不合理。武陵山区经济区位差，长期处于欠开发和欠发达状态，缺乏吸引资金、人才和技术的优势，在市场经济条件下，加快经济社会发展所需各种要素极易流失到周边优势地区，使武陵山区陷入"恶性循环"的发展道路。

四、《武陵山片区区域发展与扶贫攻坚规划（2011—2020年）》实施

进入21世纪后，区域经济协同发展成为世界经济发展的主流趋势，国际上出现了超越主权国家边界的区域经济协同发展的组织。区域协作已经成为当今世界大发展、大变革、大调整中的一项重要战略。我国在空间临近、经济往来密切的地区，也大力推行跨行政区边界的区域经济协同发展战略，它们的快速发展，显示出区域经济协同发展的优势。近几年各大区域之间以及区域内的子区域之间开始探索经济协同发展的途径，并且取得了一定的成效。

2011年，武陵山片区区域发展与扶贫攻坚规划出台以后，各省（市）政府都高度重视，从政策、资金、项目各方面给予支持，扶贫攻坚工作开展得有声有色，取得一定的成效。贵州铜仁市2014年减少农村贫困人口任务数为21.78万人，截至6月底，已经完成全年任务的40%。

一是狠抓规划统筹和攻坚目标，经济社会发展趋势良好。《片区发展规划》出台后，武陵山片区内各级政府都高度重视，分管领导亲自抓落实，按照"区域发展带动扶贫开发，扶贫开发促进区域发展"的总体要求，均制订了各区域自己的发展规划，比如，《铜仁市"十二五"扶贫开发实施规划》《铜仁市产业化扶贫规划》等等。贵州铜仁市确立了2015年以前实现全部扶贫开发工作重点县、乡（镇）"减贫摘帽"的扶贫攻坚时间表，逐层分解任务，明确责任、落实奖惩措施，落实地方财政扶贫投入增长机制，推动了贫困地区经济社会良好的发展趋势。贵州省铜仁市2013年生产总值实现534.1亿元，较2010年增长81.9%，城镇居民人均可支配收入18366元，较2010年增长67%，农民人均纯收入5397元，较2010年增长67.5%，累计减少农村贫困人口62.52万人，贫困发生率已从50.63%下降到24.38%，下降了26.25%，有4个国家扶贫开发工作重点县和93个贫困乡镇先后实现整体"减贫摘帽"。铜仁市的扶贫开发工作连续四年获

得贵州省年段考评之首，共计获得项目奖励资金2400万元。

　　二是创新了扶贫工作机制，包括"深度帮扶"机制、突破行政约束的"小片区开发"机制、生态移民安置机制、智力扶贫方式等，切实促进了各项扶贫工作的深入开展。怀化市的深度帮扶工作，从人、财、物多方面给予创新。在财政资金支持方面，从2012年起，对不通公路水路以及2010年农民人均纯收入低于1000元的98个深度贫困村，市财政每年拿出1000万元帮扶50个村（其余48个由所在县市区负责），抓住了工作的重点难点；在人员支持方面，实行"三联一包"工作制，即市级领导联村指导、机关单位联村帮扶、工商企业联村援助、机关企业党员干部包户脱贫解困，集中人力、物力、财力帮助这些自然条件落后的贫困村早日脱贫致富，确保与全市同步达到全面小康目标；在机制创新方面，怀化市突出"小片区开发"，采取连片开发与整村推进相结合的模式，打破县、乡、村行政界限，把基础相同、条件相近、地缘相接的贫困村组成小片区，实行统一扶持政策、统一布局项目、统一安排资金、统一规划建设，培育区内特色产业，最大限度实现整体脱贫。目前，以规划集中连片贫困小区54个，累计投入项目资金1.2亿元、社会扶贫资金0.4亿元。在生态移民安置方面，着力提高扶贫生态移民工作水平。贵州省铜仁市围绕一套房子、一个铺面、一个岗位、一个孩子免费就读职业技术院校的目标，整合扶贫生态移民、农村危房改造、廉租房等项目合力推动城镇化，建成了思南塘头、德江煎茶等一批民族文化、旅游度假、商贸流通、加工制造等为重点的特色城镇，吸纳大量农民和返乡农民工进城居住，实现创业就业致富。2012年以来，全市已累计新建扶贫生态移民安置点84个，实施扶贫生态移民搬迁18178户77535人。在智力扶贫方面，贵州省铜仁市积极探索创新职业教育与雨露计划培训相结合的运行机制，不断加大对农村贫困劳动力和贫困家庭子女的教育培训力度。2011年以来，全市除在职业技术学校增设社会需要的专业外，还先后投入财政扶贫资金3454.5万元，以订单和定向方式培训各类人才8万余人，针对农户需要开展农业适用技术和技能培训，培养了大批不离乡、不脱产、用得着的专业技术人才，新增转移转产农村劳动力近 30 万人。

三是对产业扶贫新模式不断进行探索。小农户与大市场的对接过程中，存在极大的不确定性和风险。比如，产前的种植品种选择、产后的销售等，现在的理论和实践均已证实，比较好的方式，是通过龙头企业、种植能人的带动，带领分散的小农户抵御市场不确定性的风险并获取相应的报酬。尤其是面对现代农业对规模化经营所带来的土地流转问题以及企业、大户与小农户的利益联结机制也是现在政府、专家普遍关注的问题。目前，在实践中，武陵山片区有不少地区都在尝试公司＋基地＋农户、土地山林入股分红＋劳动报酬等产业扶贫方式。2012 年以来，湖南怀化市投入产业开发财政扶贫资金 2.36 亿元，建设肉牛标准化养殖小区 18 个，新增优质水果 11.73 万亩、葛根 4.7 万亩、金银花 2.06 万亩、中药材 6.2 万亩、油菜 7.32 万亩、茶叶 2.88 万亩，取得了较好的成效。湖南怀化市通道县近年来坚持产业化经营理念，注重培育龙头企业带动贫困村产业发展。2011 年以来，共投入 400 余万元扶贫资金，扶持湖南惠龙兔业发展有限公司、通道县源田生蔬菜产业发展有限公司、通道县健民百合开发有限公司等 13 家重点龙头企业发展农副产品加工，有力拉动了全县种养业、农产品生产和加工。龙头企业通过采取"公司＋基地＋农户"的模式，共吸引贫困农户 1.5 万户、5 万余人参与肉兔、竹鼠养殖、中药材、蔬菜种植等特色种养业发展，逐步带动贫困群众脱贫致富。2011 年以来，通过"公司＋基地＋农户""公司＋协会＋农户"等模式，扶持了 1.6 万扶贫对象发展项目 3000 余个，累计建成绿色蔬菜、中药材、油茶、苗木等生产基地 5 万亩，发展肉猪、牛羊、禽类等近 10 万只（羽），每个贫困村都有了两个以上的增收项目，农户年均增收 3000 元以上，整村推进基本形成了"一村一品"的特色产业格局。特别是通过整合"两项制度"扶贫资金 640 万元，对从事苗木、食用菌等种植业开发的 1635 户对象户，对从事养猪、养牛等养殖业开发的 1463 户贫困户，以及从事其他产业项目的 541 户贫困户，予以定额扶持，极大地调动了贫困户参与产业开发的积极性。

四是创新扶贫产业园区，提高农业现代化水平。党的十八大报告指出，要坚持走中国特色新型工业化、信息化、城镇化、农业现代化道路，推动信息化和工业化深度融合、工业化和城镇化良性互动、城镇化和农业现代化相互协调，促进工业化、信息化、城镇化、农业现代化同步发展。这就是我们所说的"四化同步"，其中农业现代化是中国未来农村发展的趋势。而要实现农业的现代化，即包括机械现代化、规模化种养、产业化，也包括技术、人才的先进发展。铜仁市在产业园区与扶贫开发相结合方面也下了不少功夫，按照"园区景区化、农旅一体化"的总体要求，全市先后启动建设扶贫现代农业产业园区 25 个，吸引企业 287 家、农民专业合作社 338 家，培育家庭农场 18 个、种养大户 1322 户，完成建设投资近 20 亿元，解决农民就业 30 万人。2013 年，铜仁市农、林、牧、渔业总产值实现 220.87 亿元，同比增长 7.8%；增加值 136.12 亿元，增长 7.5%，增速全贵州省第一；农民人均纯收入 5397 元，增速排名全省第三，园区农民人均纯收入比全市农民人均纯收入高 32% 以上。

五是大扶贫的"印江经验"已逐步得到推广。贵州铜仁市借鉴印江县杉树乡扶贫开发整乡推进试点项目的成功经验，构建"资源大整合、社会大参与、群众大发动"的大扶贫机制，实现从"生存型"扶贫向"开发式"扶贫的转变。"杉树乡，穷地方，守着大山闹水荒，十八男儿去上广（打工），八旬老人等皇粮。"2008 年以前，贵州省印江自治县道路不通的问题极大影响了居民的生活，也割断了村民与外界的联络。实施"大扶贫"以后，产业得到了快速的发展，带动当地居民致富。2011 年实现 3 个贫困乡镇"减贫摘帽"，2012 年和 2013 年分别实现两个贫困开发工作重点县和 45 个贫困乡镇"减贫摘帽"。"印江经验"在其他地区也得到了较好的发展。

第五章　集中连片特困地区的产业扶贫模式

第一节　集中连片特困地区产业化扶贫的特点

2014年3月，习近平总书记在参加十二届全国人大二次会议贵州代表团审议时指出，不了解农村，不了解贫困地区，不了解农民尤其是贫困农民，就不会真正了解中国，就不能真正懂得中国，更不可能治理好中国。连片特困地区作为革命老区、偏远山区交通不便、小农户面对大市场、区域经济缺少主导产业缺少竞争力的状况依然存在，而这些对于农户的脱贫致富与收入增长起到了较大的制约作用。

一、"十二五"期间连片特困地区基础设施得到改善，为产业发展奠定基础

自古就有"要想富，先修路"之说。"十二五"期间，我国进一步加大基础设施投入的力度，尤其是连片特困地区基础设施的投入。国家统计局数据表明，2014年，连片特困地区基础设施状况得到持续改善。

2014年，全部片区基本实现全部通电、通电话，相比较而言，通有线电视信号的自然村比重占我国农村地区72.6%，其中武陵山区为66.8%，六盘山区和大兴安岭南麓山区为94%，滇黔桂石漠化区最低，只有48.9%；通宽带的自然村比重全部片区为44.4%，其中，大兴安岭南麓山区为68.8%，西藏区只有7.2%，具体见图5.1。

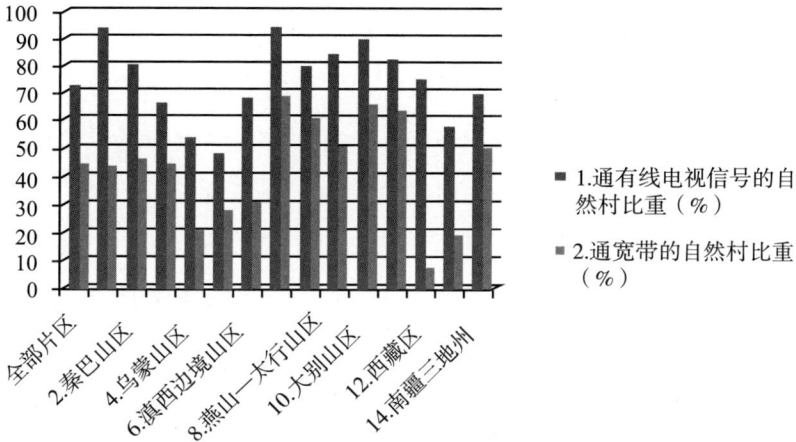

图 5.1　2014 年连片特困地区通有线电视信号与宽带的自然村

　　2014 年，主干道路面经过硬化处理的自然村占全国农村的比重全部片区为 62.8%，其中，武陵山区为 61.3%，吕梁山区为 83.9%，乌蒙山区为 47.8%；通客运班车的自然村 14 大片区占比为 42%，其中武陵山区为 44%，六盘山区为 70%，最低的西藏区为 28.9%，这和西藏地广人稀也有密切的关系，具体见图 5.2。

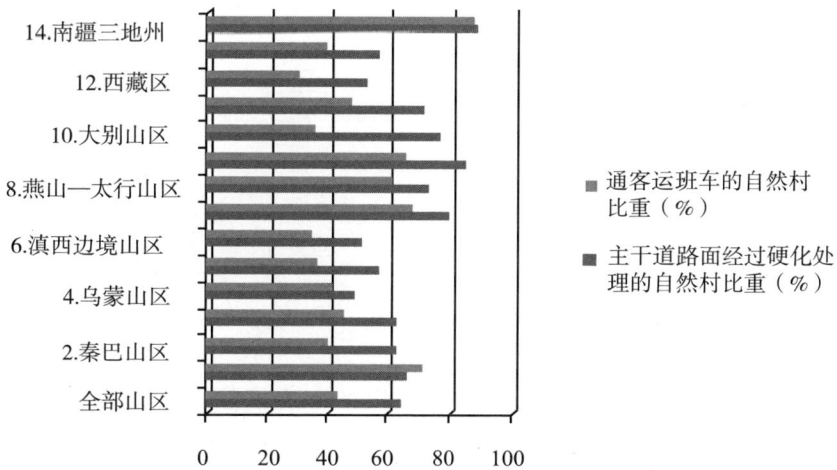

图 5.2　2014 年连片特困地区主干道路硬化与通客运班车的自然村比重

二、小农户面对大市场的问题较为普遍

中国自古就是小农经济，这种经济的主要特点是农户常常处于弱势地位，农业生产靠天吃饭，种植不稳定，单打独斗面对大市场风险较大。因此，学者们普遍认为，小农户要面对大市场，分享市场所带来的好处，需要有公司或者致富带头人带领以降低风险。在这样的基础上，近年来在实践中不断发展"公司＋农户""能人＋农户""村集体＋农户"等多种方式带领小农户进入大市场。

连片特困地区多为山区或者偏远地区，人口居住分散同时通信工具较为落后，在一定程度上弱化了组织的带动作用。根据工信部网站数据，截至 2015 年 4 月，西部地区拥有固定电话 5302.7 万部，其中，城市电话 4044 万部，农村 1258.7 万部，占全部的比重为 23.74%；西部地区拥有移动电话 31574.8 万部，占全国 129295.5 万部的比重为 24.42%，其中，广西为 3643.3 万部，占西部的比重为 11.54%，西藏为 256.6 万部，占西部地区的比重约为 1%，具体见表 5.1。

表 5.1　2015 年 7 月电话用户西部分省情况

地区	所占比例（%）	地区	所占比例（%）
四川	22	贵州	9
云南	12	甘肃	7
广西	11	新疆	6
陕西	11	青海	2
重庆	9	西藏	1

资料来源：笔者根据工信部网站数据整理。

由此可见，相比较全国而言，西部地区在通信联系方面要弱于全国，而农村、连片特困地区所在的省份在西部地区又处于落后的状态。这在一定程度上对于农业生产、中国乡土社会的构建都产生一定的阻碍作用。

三、区域主导产业缺少竞争力

我国传统对于产业的划分是三产，即农业、工业和服务业，农业是基础产业，工业是经济增长的主要驱动力。2013 年，我国服务业产值比例首次超过了工业产值比例，这成为我国经济发展阶段变化的重要里程碑之一。

在具体运用的时候，一般大家习惯就具体产业进行分析，所谓主导产业，应该是对区域经济增长能够产生较大带动与贡献的产业。主导产业的选择正确与否至关重要，不仅关系到本产业的发展，同时也会对其上、下游产业产生较大的辐射带动作用。而按照产业演进的规律，有的非主导产业也有可能演化为主导产业，而主导产业的选择与培育至关重要。

当前，连片特困地区主导产业普遍缺少竞争力，为了促进主导产业的发展，各地也会将特色产业、战略性新兴产业、高技术产业作为培育发展的对象。比如，贵州省近年来对战略性新兴产业的培育、武陵山片区对特色产业的培育、内蒙古对稀土产业的培育等等。但是，与其他地区的产业相比，连片特困地区的主导产业要发挥其比较优势，参与竞争，还需要其他相关政策的支持。

第二节 小农户、产业扶贫模式选择与利益联结机制构建

目前，在扶贫模式的选择上产业扶贫是具有输血性质的扶贫，有助于调动贫困群体的自主性和积极性，具有可持续性，因此，为地方政府与学者所接受。关于贫困地区产业扶贫模式的选择，学术界有两种不同观点，如刘坚（2005）、姜明伦（2006）、黄承伟（2013）认为发展龙头企业是产业化扶贫的关键，雷玉明（2006）、李杰梅（2013）提出通过保底价订单、投入控制等系统协调机制可以优化龙头企业带动模式。张永丽（2005）、柴效武（2006）、杨凌（2011）则提出欠发达地区应建立由政府力量推动的农民专业合作组织模式，但孙亚范（2011）却提出大部分合作社建立存续的时间不长，稳定性较差，按惠顾额（量）返还盈余为主的利益分配机

制，在满足成员需求和自我发展方面的能力不足。此外，苑鹏（2003）、冯开文（2006）、马彦丽（2007）、杨冬、滕颖（2010）等对产业组织模式和利益联结机制相关问题进行了研讨。[①] 另外，舒银燕（2014）主张采用主、客观赋权法相结合的方法对农业产业扶贫模式可持续性评价指标赋予权重。贡保草（2010）认为，产业扶贫是新阶段扶贫开发"一主两翼"的主要内容，是西部民族地区贫困山区农民增收脱贫的重要途径。分析研究甘南藏族自治州发展资源环境产业的优势和相对成熟的模式，探讨西部民族地区环境资源产业的发展战略，对创建西部民族地区环境资源型产业扶贫模式具有重大现实意义。闫东东、付华（2015）借助于产业扶贫模式，讨论龙头企业参与扶贫过程中的行为，首先建立了龙头企业群体之间博弈模型，在有无政府监管的情形下，分析其进化稳定策略和动态复制方程，以判断龙头企业所采取的最优决策；其次建立了龙头企业和政府之间的收益矩阵，分析其进化稳定策略。并通过对龙头企业和政府部门的博弈分析，为落实政府扶贫政策、促进龙头企业积极参与扶贫提供了几点建议。

产业化扶贫的模式作为非政府主导的具有激励机制的模式在实践中正得到越来越多的肯定。产业化扶贫核心在于利益机制的构建，主要体现在农户与公司、经纪人、村集体之间的合作。尤其是需要通过产业链的延伸，带动小农户参与到大市场并分享全球经济的增长是小农户脱贫致富的重要方式与途径。

著名的管理学大师迈克·波特（Michael Porter）在 20 世纪 80 年代就提出了价值链研究。在这个理念中，波特指出，价值链主要由横向价值链、纵向价值链与企业自身的价值链构成。横向价值链决定了企业生产什么，纵向价值链决定了企业在市场中的地位。该理念提出后得到广泛的认可，而现代企业如何利用与上游、下游企业之间的合作来获取更多的价值也成为企业关注的热点。

---

① 白丽、赵邦宏：《产业化扶贫模式选择与利益联结机制研究——以河北省易县食用菌产业发展为例》，《河北学刊》2015 年第 4 期。

由此可见，整合能够带来收益。米歇尔和琼斯（Mighell and Jones，1963）最先提倡在农业中进行纵向整合的学者，他们指出，农业为组织设计的经济学创新提供了最早的证据，较之技术革新而言，组织设计更能够影响一个行业未来的发展方向，他们称之为"纵向协调"，即包括从原材料生产、加工、储存、运输、销售等活动在内的一系列过程。

进入 21 世纪，对供应链中的纵向协作进行研究已经成为学术界的热点问题，不少国际学者从多种角度对供应链的纵向协作进行分析，但是对农产品供应链的研究相对来说还起步比较晚，研究得也比较少。国内研究方面主要集中在三个方面，一是纵向协作的必要性和作用，二是纵向协作的方式，三是相关的政策建议。农业订单是带领小农户进入大市场的有效方式，但是订单的不稳定性是影响产业化过程中的重要因素。关于农业订单合同，卡和伦斯滕（Key and Runsten，1999）指出，订单农业生产和销售体系的发展实质是对市场失灵的一种响应，市场失灵的发生，使得广大的小农户不能进入信贷市场、保险市场、信息市场获得发展。从生产者的角度进行分析，农户参与订单与企业合作的动机可能是多元的，但主要是出于经济绩效和风险管理的需要。大部分研究认为，生产者是为了获取额外的收入（Little & Watts，1994），也有的学者认为，订单形成了对风险和市场的分担机制，有助于贫困农户的技术获取、以较低的成本获取生产投入和服务。另外，相关研究也表明，订单农业有助于提高小农户的收入和农场效率，并使农户有能力安排非农生产。

第三节　产业扶贫中农户与企业合作的假设前提

一、假设 1：农户与企业合作关系稳定有助于其脱贫致富

在扶贫攻坚的过程中，因病返贫、因灾返贫的问题较为突出，尤其是民族地区、连片特困地区较多为偏远山区、生存环境恶劣地区。相关研究表明，特殊地质地貌区多为资源丰富的地区，比如水资源、矿产资源、旅游资源等，但是这些特殊地区特殊地貌也加大了经济发展的成本，成为制

约社会经济发展的重大约束因子。比如，我国 14 个连片特困地区有 11 个主要分布在特殊地质地貌省份，全国 70% 以上的贫困人口分布在特殊地质地貌区，在一定程度上加大了扶贫开发的难度。

在这样的前提下，完全依靠小农户自身实现脱贫致富能力有限，更需要有组织的带动，而产业扶贫中农户与组织之间关系的长期稳定有助于贫困群体获取稳定的经济来源，同时提供更多更及时的信息，以面对周边环境变化对其生存与发展所带来的影响，使之更有信心改变贫困，走向富裕。

二、假设 2：龙头企业倾向于与农民经济合作组织或者是种植大户进行合作，中介组织的介入有助于契约关系的稳定

孟枫平（2004）运用合作博弈一种解的概念——Shapley 值，从理论上分析了农业产业链中龙头企业与农户间合作行为的动因，从利益分配的角度解释了为什么企业愿意选择与大户进行合作并且这种合约关系非常稳定。Shapley 值是非合作博弈中运用比较多的一种预期价值分配，取决于参与人加入新联盟以及其成为该联盟参与人的概率和边际贡献。

合适的中介组织，比如是政府部门扶贫办、村集体、能人、企业等，都可以带动小农户参与到大市场，尤其是在大数据时代，互联网的触角无尽延伸，可以使农户的生产更有针对性，改变靠天吃饭的天性。同时，也可以帮助农户解决资金短板、营销策略，使农户安心生产，既分享全球经济增长所带来的好处，同时也可以帮助有潜力的小农户快速成长为农村能人，带动更多的小农户改变落后、贫穷的现状。

三、假设 3：龙头企业需要与农户建立长期的合作关系，以作出长期安排

长期合作关系的建立，促进了合约信誉的建立，并稳定了供应链中的契约关系。

产业扶贫中龙头企业与农户之间的合作可能是单次博弈，也可能是多次博弈，这取决于双方的合作意愿以及合作利益的实现。假定农户与企业

都只考虑一次性的合作，则在这个博弈过程中，双方都只追求自己利益的最大化，双方关系是建立在完全市场化运作的机制下，是一种非常松散的合作关系。

而协作式供应链上的合作伙伴一般都有长久的关系，并经常是以合同为基础，以对不断变化的需求作出灵活反应，这是企业获得竞争力的核心所在（世界银行，2006）。另外，协作式供应链对于产品分级、质量一致性和定期供货要求很高。这就决定了作为主要从事加工贸易的龙头企业，非常需要扩大规模，分散基地，稳定订单，满足生产布局局部调整的需要，以保证市场的多元化，并确保产品的稳定供应。

一般而言，如果交易双方经济实力不对等，那么，实力雄厚的谈判者只要能够更多地承担交易风险，就会使交易双方比较容易达成"契约解"（周立群、邓宏图，2004）。因此，只要处于优势地位的龙头企业愿意作出适当的让步，协作式供应链中的纵向协作关系建立的时间会相对较长。

显而易见，在协作式供应链中，企业意愿对交易双方的长时间合作起到了比较关键的作用，多次博弈有助于双方利益的最大化。

但是，由于某些条款是不可证实的，第三方无法监督，契约天然是不完全的（聂辉华，2006）。因此，我们还是假定交易双方处于完全信息但是不完全的契约关系之中，契约信誉的建立对于交易双方契约的稳定亦起到了关键的作用。

假定企业与农户一方不违约时的收益为 α，一次违约所得为 β（$\beta > \alpha$），假设交易双方为无限次重复博弈（或者在可预见的未来是一直合作），且双方都有足够的耐心，即预期收入的贴现因子 δ（等于 1 加利息的倒数）足够大[①]，遵守合同、讲信用的交易所得为：

$$\alpha + \delta\alpha + \delta^2\alpha + \cdots + \delta^n\alpha = \frac{\alpha}{1 - \delta}$$

---

① 张维迎（2002）认为，说一个人有耐心，意思是说他的贴现因子高，一个人越有耐性，就越有积极性建立信誉，一个只重眼前利益而不考虑长远的人是不值得信赖的。

假定当事人采取触发策略，那么任何一方违约的收益为 β。因此，双方都合作的激励相容约束条件为：

$$\frac{\alpha}{1-\delta} \geq \beta$$

即只要贴现率 $\delta \geq 1 - \dfrac{\alpha}{\beta}$（意味着博弈重复的次数足够多），违约方未来收益的损失就很有可能会超过短期违约所得利益，选择合作就是交易人的最优选择。

根据克瑞普斯、米尔格罗姆、罗伯茨和威尔逊（Kreps、Milgrom、Robert and Wilsom，1982）的声誉模型（KMRW 模型），即便博弈次数或交易期限是有限次，只要任何一方存在交易类型的不确定性，那么也可以在一定期限内达成合作。背后的逻辑与前面类似，就是未来的收益制约了当期违约的诱惑。

由上述推理可知，在不完全契约中，如果农户与企业有一方选择不合作，则他很有可能失去获得长期收益的机会。从理性的角度出发，协作式供应链中的农户与企业出于"声誉效应"的考虑，会自觉遵守合约，以实现契约的自我实施，并促进交易双方契约关系的稳定。

"企业 + 农户"类型是我国农业产业化的主要类型，这种类型的主要缺点在于，企业与农户之间合作的交易成本较高，农户出于自身利益的考虑，常常会有违约行为的发生，而企业违约的可能性比农户违约的比例有时更高。

与第一种发展模式相比，通过大户、农民合作组织与关联企业进行合作，则能够有效降低农户专业化生产产前、产中和产后三个环节的风险不确定性。

本杰明·克莱因（1992）认为，契约通常更被主观地解释为通过允许合作双方从事可信赖的联合产生的努力，以减少在一个长期的商业关系中出现的行为风险或"敲竹杠"风险的设计装置。

契约包括正式契约和非正式契约两种。正式契约主要是指订单合同或者是有机蔬菜的收购计划，契约可以是书面的，也可以是口头的。非正式契约是指由文化、社会习惯等形成的行为规范，这些规范不具有法律上的可执行性，但是在供应链中起到了非常重要的作用，尤其是乡土中国本来就是一种差序格局，对于违约者而言，违反非正式契约，不仅会因为交易关系的终止而带来直接损失，而且可能因此导致市场声誉贬值，并带来损失。

第四节　产业扶贫案例——湖南怀化高山葡萄产业扶贫

　　对产业扶贫新模式不断进行探索。小农户与大市场的对接过程中，存在极大的不确定性和风险。比如，产前的种植品种选择、产后的销售等。一般产业扶贫过程中的模式主要有如下几种：第一，"公司＋农户"。在这种模式中，龙头企业一般采取返租倒包的形式租用村民的土地，租金由企业支付给村集体，村民与企业之间是典型的雇佣与被雇佣的关系。第二，"公司＋农民经济合作组织＋农户"。在这种发展模式中，一般首先由当地村集体与企业合作，联合成立合作社，农民以土地入股，每股土地的租金不等，随市场和所在地区变化而变化，由村集体与农户签订土地承包合同，在有的乡镇，土地契约关系的存在成为分散的小农户是否有资格参加生产的门槛，以自家土地入股的农户享有优先资格参与生产与年底分红，并享受每年的土地租金。在这种模式中，土地租金由合作社支付给村民，合作社主要通过企业支付的管理费用盈利，企业与合作社是典型的合作共赢关系。合作社与企业签订生产订单以后，再将生产任务分配给生产组长，由组长组织村民生产。第三，"公司＋大户＋农户"。在这种模式中，大户租赁村集体的土地，按照生产的要求申请建设成立基地，再雇佣农户从事生产。土地租赁费用完全由大户支付，承包户中有不少是村干部，这可能是因为村干部在土地集约方面具有行政上的优势。目前，现有的理论和实践均已证实，比较好的方式，是通过龙头企业、种植能人的带动，带领分散的小农户抵御市场不确定性的风险并获取相应的报酬。尤其是面对现代农业对规模化经营所带来的土地流转问题以及企业、大户与小农户的利益联结机制也是现在政府、专家普遍关注的问题。

以湖南省武陵山片区怀化市芷江侗族自治县大树坳乡高山葡萄产业为例，大树坳乡位于芷江县西北部，辖内国土面积104.8平方千米，距离怀化市有3小时以上的路程，而且山路险峻。在地理上，西毗贵州省铜仁市，全乡有12个村民委员会，109个村民小组，世代居住着侗族、苗族、汉族和土家族4个少数民族，是一个以侗族聚居为主，各少数民族杂居的山区乡。大树坳乡高山葡萄产业历史悠久，与该乡的地理环境有着密切的关联。大树坳乡平均海拔506米，有耕地10375亩，辖区内高山连绵，溪流纵横，昼夜温差大，气候条件有利于高山葡萄的生长。大树坳乡竹坡村高山组保留完整的母本株树龄已达百年。从2000年开始发展葡萄产业以来，该地区葡萄产业的种植面积2014年已经达到11000余亩，年产值突破6500万元，人均增收2000元。葡萄园建成以后，收益期长达30年，第四年进入盛果期后，产量最高可稳定在3000千克以上，每亩收益在5000元以上，可收回全部成本并盈利。不少乡民看到前期收益后，纷纷在山上空余的地方发展葡萄产业，或者将用于其他用途的土地用于葡萄种植，大树坳乡的葡萄种植规模呈现增长的发展趋势。有不少在外打工的农民也陆续回来进行葡萄产业的种植。

芷江县大树坳葡萄产业的发展在一定程度上回答了三个问题：一是特困地区、边远地区能否发展产业。二是农户能否自己发展产业。大树坳的葡萄产业的种植并不是由大户或者龙头企业带动，而完全是由农户自己经营，自己承担风险。三是贫困群体是否能够自己发展产业。而总结这个地区能够成功的因素：一是控制产量；二是要发展优势产业，要因地制宜。在调研过程中，我们也深深感到农户对葡萄产业未来发展方向的担忧，主要是几个因素：一是种植成本较高，种植户资金缺乏。高山葡萄前期投入每亩约为6500—8000元，许多农户资金来源主要是借款，还要承担相应的利息。前期投入使大树坳贫困群众望而却步。加上种植技术的要求，农民文化水平不高，少数因病、因残、因劳动力缺失无法种植，成为该乡整体脱贫的瓶颈。二是受周边地区葡萄产业发展的压力较大。该乡与贵州铜仁毗邻，有不少是亲戚。看到大树坳葡萄产业发展较好，周边地区，比如贵州的铜仁、湖北宜昌、广西的罗城等纷纷来该乡购买葡萄籽，大力发展葡萄产业。与此同时，其他地区给予产业扶贫的力度与湖南也有不同，这使大树坳乡乡民在发展过程中深感压力较大。

第六章　集中连片特困地区特色产业发展
——以武陵山片区为例

《中国农村扶贫开发纲要（2010—2020 年）》明确指出，发展特色产业是扶贫攻坚的重要方式。对于特色产业的定义，学者亦有比较多的争议。有的学者认为，特色产业具有地理的特殊性，很难做到产业化、大批量的生产。比如，有的水果只能在本地生产，一旦移植到外地，很难保持原有的风味。有的学者认为，特色产业的发展与规模化生产之间并不矛盾，可以做到齐头并进，发展特色产业有助于当地百姓脱贫致富。也有的学者认为，在特色产业的发展过程中，当地传统文化的传承如何兼顾非常重要，在这个争论中亦存在不同的声音。关于特色农业的定义，大部分学者所持的观点相同或者相似，但判断特色农产品开发程度的高低，关键要看是否形成了知名的农产品品牌。而对于特色农业的具体内涵，学者们持不同的观点，尤其是在特色农业是否能够形成规模上，学者们分歧较大。一种观点认为，特色农业要实现高效益和持续发展，就必须尽可能扩大生产规模，走规模化和标准化开发道路，从而降低成本；另一种观点认为，特色农业受市场、地域环境的严格限制，其生产必然是小规模的，特色农业可以做"强"，但做"大"很困难。另外，随着对环境保护的重视，绿色产业的概念也为学者所喜爱，绿色产业相比较特色产业被更加广泛地接受，绿色产业不仅包括绿色农业，同时亦包括绿色工业与绿色服务业等等。

第一节　集中连片特困地区特色产业发展现状分析

《武陵山片区发展规划》（以下简称《规划》）指出，武陵山片区经济发展水平低，2010 年三产的结构比例为 22∶37∶41，第一产业比例明显偏高，特色农业发展滞后。经过近几年的发展，三产结构比例变化不大。武陵山片区农作物、中草药、水果、茶叶、畜牧产品等农副产品丰富，但却处于"富饶的贫困"状态，如何在保护环境的同时有效开发现有资源值得我们思考。

特色农业的发展在一般情况下，需要当地特殊的资源与环境支持，包括地域差异、气候差异与生物资源多样性。而武陵山区在这方面具有较好的优势，适合特色农业的发展。比如恩施苗族、土家族自治州属于亚热带季风性山地湿润气候，四季分明，是"天然的氧吧"，被称为"动植物黄金分割线"，素有"鄂西林海""华中动植物基因库"等美称，薇菜、蕨菜、山野菜等特色资源享誉海内外，发展特色农业具有较好的先天禀赋。《规划》亦指出，要实现武陵山片区又好又快的发展，要坚持加快发展与保护生态相结合，目前将集中建设油茶基地、茶叶基地、蚕茧基地、烤烟基地、高山蔬菜基地等 11 个特色农业基地（具体见表 6.1）。因此，武陵山片区在发展特色农业方面具有先天资源优势，发展潜力巨大。

表 6.1　武陵山片区特色农业基地

油茶基地。黔江、彭水、石柱、酉阳、秀山、丰都、来凤、咸丰、鹤峰、恩施、宣恩、长阳、五峰、慈利、永顺、绥宁、邵阳、溆浦、沅陵、辰溪、中方、涟源、安化、会同、洪江市、麻阳、泸溪、江口、石阡、松桃、铜仁、万山、玉屏、湄潭、凤冈、余庆、正安、道真、务川等油茶基地
茶叶基地。武隆、酉阳、秀山、印江、江口、松桃、道真、务川、古丈、沅陵、安化等地高山茶；保靖、利川、宣恩、鹤峰、巴东、恩施、利川、建始、秭归、五峰、长阳、凤冈、沿河、新化、洞口、桑植、慈利、会同、溆浦等地的富硒茶基地；石阡苔茶、江口藤茶、湄潭绿茶、正安白茶、余庆苦丁茶等特色茶叶基地

蚕茧基地。黔江、武隆、丰都、石柱、巴东、来凤、长阳、龙山、沅陵、溆浦、正安、务川等优质蚕茧基地
烤烟基地。黔江、酉阳、武隆、丰都、彭水、建始、利川、鹤峰、巴东、咸丰、恩施、宣恩、秭归、五峰、来凤、龙山、中方、会同、新宁、思南、石阡、印江、德江、沿河、务川、正安、道真、湄潭、凤冈、余庆、慈利、桑植、隆回、邵阳、新晃、靖州、芷江等优质烤烟基地
高山蔬菜基地。黔江、武隆、石柱、丰都、彭水、秀山、恩施、鹤峰、利川、宣恩、建始、巴东、咸丰、长阳、五峰、龙山、凤凰、保靖、城步、隆回、绥宁、通道、永定、桑植、辰溪、溆浦、洞口、务川、正安、道真、湄潭、凤冈、余庆、铜仁、德江、江口、印江、思南等高山蔬菜基地
魔芋基地。印江、松桃、巴东、鹤峰、恩施、咸丰、建始、长阳、五峰、古丈、隆回、麻阳、桑植、彭水、石柱等魔芋基地
柑橘基地。乌江、清江、沅水、澧水、资水流域柑橘产业带
中药材基地。铜仁、江口、玉屏、石阡、思南、印江、德江、沿河、松桃、万山、务川、正安、道真、湄潭、凤冈、余庆、石柱、秀山、酉阳、彭水、武隆、利川、恩施、建始、鹤峰、咸丰、巴东、宣恩、长阳、五峰、隆回、桑植、慈利、龙山、黔江、印江、江口、松桃、石阡、沅陵、通道、靖州、溆浦、中方、会同、辰溪、新邵、安化、永定区、古丈等特色中药材基地
干果基地。黔江、彭水、武隆、丰都、酉阳、秀山、恩施、利川、建始、巴东、宣恩、咸丰、来凤、秭归、五峰、长阳、正安、靖州、会同、保靖、凤岗、湄潭、沅陵、通道、石门、铜仁、江口、玉屏、石阡、思南、印江、德江、沿河、松桃、万山、务川、正安、道真、湄潭、凤冈、余庆等核桃、板栗基地
肉类基地。石柱、酉阳、秀山、武隆、彭水、黔江、恩施、来凤、利川、咸丰、建始、巴东、鹤峰、秭归、永顺、龙山、慈利、洪江、辰溪、芷江、溆浦、新晃、邵阳、余庆、新化、通道、洞口、永定、桑植、铜仁、江口、玉屏、石阡、思南、印江、德江、沿河、松桃、万山、务川、正安、道真、湄潭、凤冈、宣恩、长阳、五峰、新宁、城步、安化、石门、涟源、吉首、泸溪、凤凰、古丈、花垣、保靖、沅陵、靖州、会同、麻阳、鹤城、中方、丰都等绿色环保生态型牛羊、生猪、禽畜等基地。丰都节粮型肉牛养殖基地
优质楠竹基地。江口、思南、印江、德江、沿河、松桃、万山、正安、道真、湄潭、凤冈、余庆等楠竹基地

　　资料来源:《武陵山片区区域发展与扶贫攻坚发展规划》,2011 年 10 月。

本书认为，作为集中连片特困地区，武陵山片区大力发展特色农业是实施扶贫攻坚的有力方式，特色农业在扶贫开发中居于核心地位。"十二五"期间，特色农业发展在中国扶贫开发中发挥了重要作用。武陵山区作为"老（革命老区）、少（少数民族集中地区）、山（山区）、穷（集中连片特困地区）"，应该如何寻找自己的特色产业，并形成主导产业，做大做强形成品牌，从而带动周边的居民创业，不断提高收入，改善生活环境，对于当前形势下的武陵山片区有着重要的战略意义。从扶贫的角度来看，当地特色农业的发展即保持了当地农业生产的特点，容易为百姓所接受，同时一旦特色品牌形成，对于当地也是一种宣传，有助于当地政府打好经济牌，增强政府的凝聚力，形成发展经济—脱贫致富—产业发展—提高知名度的良性循环。比如，处于"武陵山龙山来凤经济协作示范区"之一的来凤县主抓"油桐、楠竹、茶叶、板栗"四大林果，实施产业扶贫，近几年来，全县建立农村专业合作组织72个，带动农户近3.5万户。

第二节　政府主导的特色农业发展中存在的主要问题

当前，作为集中连片特困地区的典型代表，武陵山片区的发展得到了社会各界人士越来越多的关注和重视，地方政府推动武陵山片区发展的意愿逐步增强，形成以政府为主导的武陵山片区特色农业的发展。这种发展模式在推动当地经济发展和扶贫攻坚绩效取得的同时必然也会带来政府责任的增强，如何形成以市场和企业为主导的特色农业发展应该成为武陵山片区今后一段时间内的发展方向，并应逐渐完成由政府主导为主向市场企业为主的转变。

一、特色农业需逐渐形成规模并有效占据市场

有的特色农业受到地方气候、水土影响较大，同样的产品在本地能够得到较好生产，移植到其他地方就生产不出来同样的产品；有的特色农业

面临比较激烈的外部竞争，虽然从理论上能够形成规模，但是一旦大量生产，可能会面临产品大量积压的问题，从而形成市场对生产的倒逼，打击厂商的生产积极性。因此，在武陵山特色农业的发展中，做好特色农业生产的规划非常重要。目前，武陵山片区较大部分的特色农业是由分散的小农户进行，生产的数量有限，亦有部分由企业主导，生产的模式主要为"公司＋村集体＋农户"或者是"公司＋农户"。相比较前者而言，后者在市场开拓方面具有一定的积极性和更强的组织市场能力，但是，有意愿从事特色农业发展的农业带头人或者是公司并不是很多。另外，在特色农业发展过程中，土地资源亦是制约特色农业发展的重要资源，山区远离城市污染，适宜特色农业的种植，但距离市区路途遥远，势必增加生产者的运输成本；而适宜的优质土地在一定程度上制约特色农业的发展。目前，在政府主导下，武陵山部分地区的特色农业已经逐渐形成规模，但整体还处于发展的初期阶段，尤其是农业产业化整体还处于低水平的状态，不少地方缺少龙头产业企业和规模以上的企业，现有企业普遍存在规模小、辐射带动能力不强，大部分生产者尚面临市场的考验，需要获得市场的认可从而获取规模经济化经营效益。

二、特色农业产业链条过短

目前，武陵山片区特色农业产业链条过短制约了特色农业的长足发展。有的生产技术主要还停留在传统生产阶段，生产出来的产品主要是以土特产品的方式进行销售，这就使得特色农产品的保质期短，市场较难扩展，生产数量受到较大制约，对相关产业的辐射带动能力有限，在一定程度上制约了劳动力就业。武陵山区丰富的矿产资源为武陵山区特色农产品的深加工创造了较好的条件。但是，特色产业，尤其是特色农业产业链条过短，不利于特色农业的长足发展。

三、经济协作能力有限，特色农业主要是"单打独斗"

当前不少相关企业和农户生产出来的特色农产品主要是以一己之力面

对市场，企业与企业之间、企业与农户之间的协作能力有限。大部分企业，尤其是小农户在从事特色农业的过程中主要还是"单打独斗"，有的企业尽管有协作的愿望，也不知道该如何着手。在特色农业的发展中，小农户和大市场之间如何衔接的问题重新出现？尤其是武陵山区不少地方信息不通畅，交通不发达，距离中心地区路途遥远，如果单纯地依靠政府，从长远来看，势必增加政府的压力、责任和风险。比如，现在不少地区特色农业的发展主要是地方政府在推，由各级政府层层下达指标抓落实，行政干部在繁忙的工作之余还要抓基地建设之类的工作。如果不能在机制、法规建设、政策导向方面给予完善，很有可能重新出现"教授卖大米"的现象。

第三节　加快特困地区特色农业发展的对策建议

一、进一步加大基础设施建设力度

目前，武陵山片区基础设施建设已经取得明显进展。渝怀、枝柳等铁路，沪昆、渝黔、渝湘等高速公路，张家界、黔江、铜仁等机场，以及规划和建设中的渝利、黔张常高速和沪昆客运专线等跨区域重大交通项目，初步构筑起武陵山区对外立体交通大通道，具备了一定发展基础和条件。交通、通信的便利，为武陵山区带来了大量的人流、物流和资金流。但是，交通瓶颈问题并没有得到完全解决，尤其是农村的交通条件依然落后。比如，截至 2011 年 3 月底，恩施州全州已经通公路的自然村仅占 22%。目前，应该进一步加大基础设施的投入力度，尤其是要加快配套实施的建设，增强农业企业和农户抗风险的能力，确保物流的通畅，保障农资和销售的通畅，为特色农业的发展提供充分的硬件保障。

二、加强特色农业的技术人才支撑体系建设

特色农产品的科技含量直接关系到生产者抵御风险的能力、农产品的市场竞争能力以及农产品经济附加值的提高。目前，我国农村地区不少科

技体系面临"线短、网破、人散"的形式，科技部门缺少资金支持，工作辛苦，即使是农业院校毕业的学生也不愿意留在对口部门。这给特色农业的创新、农作物生产过程中存在问题的及时解决、农业科技推广以及农业科技转化率和贡献率的提高都带来相应的影响。针对上述问题，笔者认为，一要加强公益性推广、社会化创业及多元化科技服务"三位一体"农村科技服务体系的建设。二要制定相关政策，加大科技人才交流力度，留住人才；加大校企合作，鼓励科研机构、院校和科研人才着力解决特色农业发展中的关键问题和瓶颈问题。三要加大农民技能培训、职业培训，办好雨露计划，提高当地农民的综合素质。

三、大力发展农民经济合作组织

要从宏观、中观、微观多层次进行布局，积极扶持各种农民经济合作组织的建设，健全特色农业生产过程中多方的利益共享机制。依托原有的供销合作组织，吸纳各种新的专业合作社，充分发挥农民经济合作组织在联结农户、企业与市场中的桥头堡作用。鼓励农民专业合作社在城市社区设立直销店、连锁店，积极发展"农超对接"，通过多种方式加大对特色农产品的营销力度。充分利用武陵山区资源丰富的优势，大力发展特色农产品的深加工，提高农产品的经济附加值，延长产业链，提升特色农业产业化程度，较好实现"产供销一条龙、贸工农一体化"，提升武陵山片区特色农产品的市场竞争力，扩大市场，获取效益。

综上所述，武陵山片区具有发展特色农业的资源禀赋和先天条件，发展特色农业是集中连片特困地区扶贫攻坚、发展区域经济、提高农民收入的有效方式之一。将特色农业培育壮大不仅需要科学规划、科技人才体系的支撑和经济技术合作，尤为重要的是要逐渐由政府主导向市场主导转变，使武陵山片区特色农业获取长足发展。

实践篇

第七章　"十三五"时期金融扶贫

第一节　集中连片特困地区新型金融扶贫模式探析

一、集中连片特困地区传统金融扶贫发展历程

连片特困地区占据我国绝大部分农村地区，其传统金融扶贫发展历程与我国农村金融支持体系的发展历程基本相同。1983 年年初，"农村家庭联产承包责任制"在全国范围内全面推广，拉开了我国对内改革的大幕。从此我国开始由计划经济向市场经济转轨，为适应全国经济体制改革的需要，我国对农村金融环境和制度进行了一系列改革。农村金融支持体系先后经历了四个阶段：农村金融支持体系恢复和建设阶段（1979—1993 年）；农村金融支持体系形成阶段（1994—1996 年）；农村金融支持体系整顿阶段（1997—2002 年）；农村金融支持体系深化建设阶段（2003 年至今）。

（一）农村金融支持体系恢复和建设阶段（1978—1993 年）

该阶段的主要改革措施是恢复和成立新的金融机构，见表 7.1。

表 7.1　农村金融支持体系恢复和建设阶段

序号	时间	事件
1	1978 年	中国共产党第十一届三中全会通过《中共中央关于加快农业发展若干问题的决定（草案）》提出为了适应发展农村信贷事业的需要，中国农业银行应当积极做好农村的信贷工作

序号	时间	事件
2	1979 年	恢复建立中国农业银行（第四次）
3	1984 年	恢复农村信用名义上的群众性合作金融组织地位
4	1984 年	中共中央一号文件，民间金融管制放开
5	1986 年	恢复开办邮政储蓄
6	1989 年	整顿信用社
7	1993 年	中共中央一号文件，放活农村金融政策，提高资金的融通效益

（二）农村金融支持体系形成阶段（1994—1996 年）

该阶段国家对贫困地区的关注不断加强，提出了"要建立一个能够为农业和农村经济发展提供及时、有效服务的金融体系"的口号，并出台了一系列金融扶贫政策，见表7.2。随着这些政策的推行和深入，我国金融扶贫展开了新的一页。

表7.2　农村金融支持体系形成阶段

序号	时间	事件
1	1993 年	国务院颁发《国务院关于金融体制改革的决定》，建立以合作金融为基础，商业性金融、政策性金融分工协作的农业金融体系
2	1994 年	中国农业发展银行成立，专项经营农村政策性金融服务
3	1995 年	中国农业银行逐步建立现代商业银行的运营机制

（三）农村金融支持体系整顿阶段（1997—2002 年）

该阶段受亚洲金融危机和国内通货紧缩的双重冲击，缺乏内涵增长、单纯依靠数量增长和规模扩张的中国经济形势急剧变化，尚不健全的中国金融体系遭遇挑战，脆弱的农村金融支持体系更是出现了前所未有的危机。为此，国家出台了一系列政策措施，整顿我国农村支持体系，详见表7.3。

（四）农村金融支持体系深化建设阶段（2003 年至今）

该阶段农村信用合作社在农村金融支持体系中的核心地位逐渐被确立，同时也对农村信用合作社的独立经营能力提出了十分高的要求。随着

一系列政策措施的出台，我国农村金融体系进入深化建设阶段，详见
表7.4。

表7.3 农村金融支持体系整顿阶段

序号	时间	整顿措施
1	1997 年	中央金融工作会议确定"各国有商业银行发展中小型金融机构"
2	1998 年	农村信用合作社被动地成为农村金融体系的主力
3	1998 年	打击非正规金融活动
4	1999 年	江苏改革试点农村信用社改革
5	2000 年	中国人民银行相继建立了从总行到县级支行的信用合作社

表7.4 农村金融体系深化建设阶段

序号	时间	措施
1	2003 年	2003 年 6 月 27 日国务院下发《关于深化农村信用社设点改革方案的通知》，确立了以产权制度为核心的农村信用社改革
2	2004 年	2004 年农村信用社改革试点推广到全国 29 个省
3	2005 年	银监会发布《调整放宽农村地区银行业金融机构准入政策》
4	2006 年	在农村设立村镇银行
5	2007 年	首批四家农村新型金融机构正式挂牌
6	2008 年	银监会扩大新型农村金融机构试点
7	2009 年	农业银行完成股份制改造
8	2010 年	银行业监督委员会出台了《新型农村金融机构工作安排》
9	2011 年	中国银行业监督委员会协调、配合财政部、中国人民银行、国家税务局等有关部门出台了新型农村金融机构定向费用补贴政策
10	2012 年	银监会印发《农户贷款管理办法》
11	2013 年	中国银监会与国家林业局印发《关于林权抵押贷款的实施意见》
12	2014 年	国务院颁布《精准扶贫实施方案》

二、集中连片特困地区传统金融扶贫存在的问题

（一）连片特困地区经济发展水平相对落后

经济发展水平是决定一个地区金融发展潜力与水平的根本因素，也是

决定农村地区金融支持体系经营行为选择的主要因素。经济发展水平直接影响农村地区的财政投入水平、金融基础设施建设、金融市场容量和金融市场活跃水平，间接决定了地区金融支持体系的绩效。虽然我国绝大多数连片特困地区都表现出了较高的经济增长率，但是这种增长是典型的低位增长，没有达到规模经济状态。连片特困地区的金融支持体系更多依赖地方合作金融、财政扶持和政策性金融支持，这种低位经济发展水平，导致以营利为目的的商业金融支持体系难以发挥作用，缺乏金融市场参与的支持活动也很难发挥金融支持体系"输血—造血—再输血"功能，同时由于连片特困地区经济金融发展总体水平相对较低，扩大金融投入也面临着比东部发达地区、中部地区及一般的西部地区更多的障碍，致使连片特困地区只能持续的需要并依靠外部金融支持。

（二）农业发展落后，经济基础薄弱

我国广大的连片特困地区经济属于典型的农村经济，产业结构依然以传统农业为主（部分地区以牧业为主）。根据自然环境条件，通过劳动耕作获取符合人类生产生活所需的产品，具有天然的弱质性特征，对自然资源和气候具有天然的依赖性；这与第二、第三产业比较起来，风险明显较高，再加上连片特困地区现代农业发展缓慢，使得传统农业与其他产业之间的风险差距更加明显。同时连片特困地区的农业产业还存在诸多问题，包括：农业人口多、人均耕地少、耕地质量低，农户负担沉重，乡镇企业发展困难多，农业产业发展单一、产业化调整缓慢等。这些因素直接导致了连片特困地区经济基础薄弱，很大程度上制约了连片特困地区金融扶贫支持体系的发展。

（三）农村金融总量供求失衡、缺口巨大

连片特困地区的金融支持体系的总体表现为供求失衡，具体表现为民间金融市场准入不规范且供给缺乏、农村信用社产权扭曲且长期非良性经营、政策性金融支持面受限，尤其是国有商业银行的结构性调整退出，看似"丰满"的农村金融支持体系实际上却缺乏有效的运行效率。我国农村人口约 6.7 亿人，占据国内 50% 的人口市场，金融发展水平与经济增长需求的严重不匹配造成了我国连片特困地区巨大的资金缺口,而这个缺口的有效补充机制很难在农村金融市场得以形成,一定程度上导致农村金融出现了金融抑制的现象。

(四)连片特困地区金融需求边缘化

连片特困地区的金融需求比较多,但是需求层次各不相同,金融服务和供给也比较模糊。众多农户只能享受简单的储蓄、汇款服务,针对不同农户的投资融资渠道比较少,绝大多数农户很少能够享受商业金融机构的全面服务。农村金融机构把经营目标集中在中高端客户,甚至出现了多家农村金融机构对优质客户竞相放贷的现象。在资金投放方面,农村金融机构选择性忽视了农民和农村基层经济实体的生产性或生活性金融需求,也选择性忽视了乡村基础设施建设的金融需求。从地域发展上看,金融机构在经济比较发达的地区投放了大量资金、开发了大量金融产品,而在中西部地区尤其是广大的连片特困地区,金融机构不仅网点少,而且产品开发程度低,资金投放量也低,这就导致连片特困地区的金融需求被传统农村金融支持体系边缘化。

三、构建新型集中连片特困地区金融扶贫模式建议

(一)低碳扶贫

1. 大力发展贫困地区特色产业和龙头企业

加大贫困地区特色资源、优势资源、闲置资源开发力度,积极探索符合当地实际且与贫困户利益相关联的特色产业扶贫模式,确保贫困户合理分享资源开发效益。统筹使用财政资金,设立以财政支持为主的贫困村产业发展基金,强化科技支撑引领作用,大力发展有特色的种植业、养殖业及其加工业,推进第一、第二、第三产业融合发展。大力支持特色产业基地及工业园区建设,发挥龙头企业的聚集带动效应,形成具有比较优势的特色产业集群,拉长产业链,提高附加值。

2. 大力发展现代服务业

加快贫困地区服务平台建设,健全现代服务体系。加大银行、保险、

担保及小微金融组织对贫困村的支持力度，扩大贫困地区小微企业发展、返乡农民工创业、大学生创业、妇女创业、残疾人创业等金融服务新产品的覆盖面。大力支持贫困村发展农超对接、直供直销、连锁经营等新型流通业态。加强农机、农技、疫病防治等农业科技远程服务体系建设。

3. 大力发展特色生态旅游业

充分发挥贫困地区生态优势，着力发展生态文化旅游业。科学编制贫困地区乡村旅游发展规划，整合旅游资源，打破区域界限，串点、连线、扩面，加强旅游基础设施建设，发挥乡村旅游综合带动效应。确定并支持一批旅游扶贫试点村，设立贫困户发展乡村旅游产业基金，鼓励旅游资源、扶贫资金入股参与旅游开发。实施"农家乐创业扶持项目"，开展乡村旅游创业培训，落实好国家对贫困户发展乡村旅游的税收优惠政策，确保贫困群众通过发展旅游扶贫获得稳定收益。

（二）大力推进"互联网＋扶贫"

加快农村电子商务发展，加快连片特困地区的互联网发展和商业网点信息化改造，扩大贫困村宽带网络信号覆盖，增加光纤到户覆盖家庭用户以及建设 3G 和 4G 基站。努力使新增无线局域网接入点和固定宽带接入互联网用户不断增加，实现连片特困地区行政村互联网覆盖达到 100％。支持供销合作社、邮政以及大型流通、电商企业建设农村电子商务配送及综合服务网络。完善网购、缴费、电子结算和取送货等服务功能，打通农村电子商务"最后一公里"。依托促进农村创业就业培训项目，围绕电子商务实操、网络市场营销、物流配送等，为贫困村贫困户提供电子商务培训。利用互联网、电商公司的信息平台，出台贫困地区农副产品销售的支持政策。

（三）改革创新投资融资机制

贫困地区的金融由于起步晚，发展模式还比较落后，部分投资金融机制不适应社会的发展，创新投资金融机制对贫困地区的经济发展尤为重要。金融支持扶贫开发工作，可借鉴扶贫工作发展较好的地区，规范和发展民间融资，对庞大的民间资本进行有序的引导和利用；大力发展新兴金融组织，特别是大力发展地方金融，这里涉及村镇银行、小贷银行、各种风险投资公司等；充分发挥金融资源集中化、经营集约化、人才专业化的特点，强化地方金融资源整合。

1. 探索建立扶贫资源资本化投入机制

鼓励贫困户按照量化到户、股份合作、保底分红、滚动发展的原则，抱团入股参与企业、合作社生产经营，最大限度地释放贫困村贫困户的资产潜能，增加贫困户的资产收益。

2. 建立扶贫投入县级整合机制

按照省级统筹、市州协调、县级整合的原则，建立"以县为主体、省级支持配合，以财政资金为主体、引导金融和社会组织的流动资金参与"的贫困县资金整合机制，夯实扶贫投入县级整合平台，实行资金、项目、招投标、管理、责任"五到县"，建立县审批、市备案、省备查的项目管理制度。省级做好总量分配，明确目标任务，强化督促落实，抓好资金监管。

3. 疏通融资渠道，对接要素市场

这是县域金融工程落地生根的重要环节，在许多县域中小企业，选择入驻资本市场，以资源换取资本，以股权换取资金。销售渠道狭窄、价格波动频繁，是许多农畜企业面临的主要问题，而建立企业与农产品交易平台之间的长期合作机制，将生产要素与资本市场相结合，促进产品销售，解决农产品交易问题，并且解决融资难的问题。

4. 丰富信贷产品

信贷产品的丰富与创新是激活融资死水，化解资金短缺的有效方法之一。县域各主体可参照"政府风险补偿，银行杠杆撬动，贷款单笔控制"的模式，整合政府、金融机构和企业三方的资源，开发出一系列"助"字当头的信贷产品。按照"政府引导、市场运作、服务融资"的思路，引导各类资本成立贷款担保机构。

（四）致力多方合作共推金融创新，完善金融扶贫政策

1. 推进普惠金融进行扶贫

普惠金融的不断推进能够有效解决贫困问题。贫困和低收入客户是普惠金融体系的中心，他们对金融服务的需求决定着金融体系各个层面的行动，大银行金融机构发挥优势，通过向小微型金融机构（农民资金互助组织、小额贷款公司、NGO 小额信贷组织、村镇银行等）批发贷款而把业务半径辐射到农户，并直接向贷款需求几百万元以上的农业大户、农业龙头企业、农民专业合作组织等进行信贷服务，可以帮助那些根植乡土的微型金融机构和 NGO 组织，为小微型银行提供资金支持，同时也在不断实现降低交易成本、扩大服务规模和深度、提高技能、促进透明的基础上，实现农民、小微企业群体享受普惠金融的服务。

2. 配套政策突出区域性

贫困地区地处偏远，信息不流畅，各地区各有特点，因此应根据不同区域的不同特点，配套相应的政策和措施，通过政府的有形之手，加强对贫困地区的经济引导，使得所实施的政策措施能够切实可行，落地生花。

第二节　绿色发展理念下金融扶贫模式探析
——以贵州省铜仁市为例

党的十八届五中全会中强调，实现"十三五"时期发展目标，必须牢固树立并切实贯彻"创新、协调、绿色、开放、共享"的发展理念，坚持绿色发展，实现人与自然和谐发展的新格局。近年来，党和政府越来越重视武陵连片特困地区的扶贫开发工作，国开行对贵州省铜仁市在金融扶贫方面提供了大力的支持，也进一步促进了相关绿色产业的发展。但是产业不发达、财政困难、贫困分散农户是否能够得到更好的帮助等问题依然存在，除此之外如何将金融扶贫和绿色发展相结合也是本书需要努力探索的方向。

一、贵州省铜仁市绿色发展金融扶贫模式现状

武陵山片区涉及贵州 16 个县市区，包括铜仁市在内的 10 个县市区及遵义市的 6 个县，面积近 3 万平方千米。近年来，武陵山片区的脱贫致富

工作取得了一定成效,贫困人数下降。从2014年的统计数据来看,武陵山区的贫困人口减少了68万人,并实现了12.5%的降幅,贫困发生率为16.9%,下降了1.1个百分点。人均可支配收入为6743元,纯收入6115元,增长了10.8%。基础设施方面,武陵山区也实现了良好的进展。其通电的自然村比重已经达到了99.9%,通电话的自然村比重为94.9%,通有线电视信号的自然村比重为66.8%,还有43.8%的自然村实现了宽带的服务,为实现脱贫致富提供了更好的条件和平台,见表7.5。

表7.5　2014年武陵山片区数据

片区名称	贫困人口			贫困发生率	
	数量（万人）	下降（万人）	下降幅度（%）	水平（%）	下降（百分点）
武陵山区	475	68	12.5	16.9	1.1
	人均可支配收入（元）		人均纯收入（元）	增长（%）	
	6743		6115	10.8	
	1. 通电的自然村比重（%）	2. 通电话的自然村比重（%）	3. 通有线电视信号的自然村比重（%）	4. 通宽带的自然村比重（%）	
	99.9	94.9	66.8	43.8	

铜仁市作为武陵山连片特困地区的重点地区,在金融扶贫方面也在逐步探索适合自身特色的扶贫模式。"开发性金融支持扶贫产业合作项目"就是铜仁市与国开行共同开展的一个金融扶贫项目,主要涉及中药、畜牧、生态茶、乡村旅游等产业,授信资金达33.2亿元。自2012年以来,国开行贵州分行先后与铜仁市7个区县建立金融贷款合作关系,覆盖了当地的32家中小企业、46个专业合作社、农户3.3万户,12.9万人实现了增收致富,初步形成了"政府选择重点产业、金融资金跟进扶持、多措并举防范风险、政银企农四方联动、壮大产业互利共赢"的合作发展模式。2014年,铜仁市得到国开行贷款金额3.04亿元,9000余名贫困户实现致

富。随着 2015 年"精扶贷"金融产品的开发，贫困户在经过建档立卡后，通过信用评级授信，可获 50000 元以下 3 年期内的免抵押免担保和扶贫贴息小额信用贷款，他们也可根据产业发展需求，向信用社随时提出贷款申请，并凭贷款证到柜台实行阳光放贷。

从铜仁市各县发展情况来看，相关重点县在获得国开行货款重点产业的支持后，也相继得到了良好的经济发展。2012 年，石阡县作为武陵山片区发展与扶贫攻坚合作项目示范县，以茶叶产业作为重点，成功申报了 5 批国开行贷款，共计 17907.754 万元，并初步实现"农超对接"。春茶产值达两千多万元，茶农收入从 3700 元/亩，增加到 6100 元/亩，茶叶产业也进一步成为了该县的一大经济支柱。江口县的萝卜猪、乡村旅游和茶叶产业在金融扶贫的支持下也得到了快速发展。全县贫困发生率降低到 34.21%，下降 5.1 个百分点，贫困人口减少了 1.98 万人，农民人均纯收入达 4662 元，增长 19%，增速全市第一、全省第二，实现了"减贫摘帽"的工作目标。印江县在 2012 年获批农业产业化开发扶贫小额贷款 1.0656 亿元。主要用于茶叶、食用菌、绿壳蛋鸡三大主导产业的生产发展。贷款已全额发放到 602 户农户、3 个合作社、5 个中小企业手中，覆盖范围内人均增收 1500 元以上，有力加快了贫困群众的增收步伐。[①]

从生产总值来看，2011 年，铜仁市实现生产总值 357.72 亿元，按可比价格计算，比上年增长 15.5%。第一产业实现增加值 103.5 亿元，增长 2.6%；第二产业实现增加值 99.9 亿元，增长 22.1%；第三产业实现增加值 154.3 亿元，增长 20.8%。2012 年总值完成 447 亿元，增长 17%，完成年初计划目标，比上年净增 89.75 亿元，增速提高 1.5 个百分点，其中第一产业 120 亿元，第二产业 132 亿元，第三产业 195 亿元，分别增长 9%、21% 和 20%。2013 年，全年实现生产总值 535.22 亿元，首次突破 500 亿大关，按可比价格计算，比上年增长 15.4%。第一产业实现增加值 136.13

①　铜仁市扶贫开发办公室:《"开发性金融扶贫经验交流会"会议专稿》，2013 年 5 月 10 日，见 http://www.trfpb.com/p/st_news_items_i_47814fd7e4e54ef7b360a2f0054292dd/。

亿元，增长7.5%；第二产业实现增加值155.00亿元，增长19.6%；第三产业实现增加值244.09亿元，增长17.4%。2014年，实现生产总值647.73亿元，比上年增长14.3%。第一产业实现增加值149.68亿元，增长6.5%；第二产业实现增加值193.35亿元，增长16.0%；第三产业实现增加值304.70亿元，增长17.2%，如图7.1所示。[①]

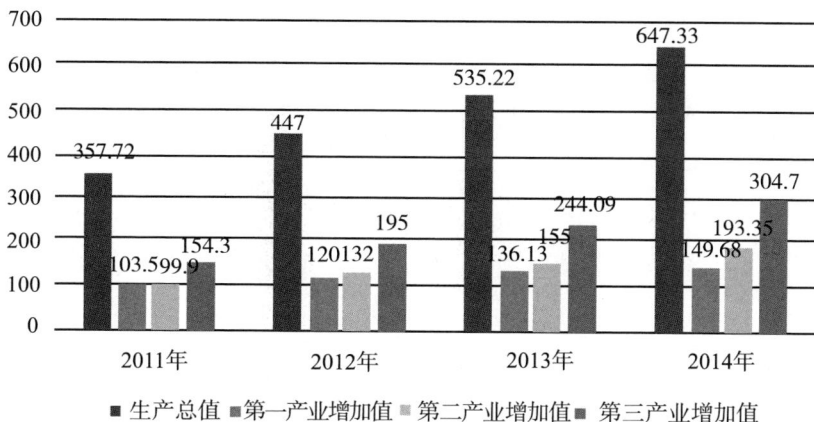

图7.1　铜仁市2011—2014年生产总值及各产业增加值（单位：亿元）

资料来源：铜仁市2011—2014统计年鉴。

二、绿色发展理念下金融扶贫模式选择

对于处于连片特困地区的铜仁市，如何在绿色发展背景下实现更好地利用金融扶贫，助推绿色产业更好的发展是一大重要的突破口。根据习近平总书记指出的"坚守发展生态两条底线"，铜仁市建立了生态文明、生态立市战略，在保护中发展，在发展中保护，结合生态文明先行示范区战略部署，走出一条结合铜仁当地具体情况、有特色的可持续发展之路。

（一）铜仁市金融扶贫模式

2010年12月，贵州省人民政府与国开行在北京钓鱼台国宾馆签订了

[①]　铜仁市人民政府：《铜仁市统计年鉴》，2015年2月12日，见http://www.trs.gov.cn/zjtr/tjnj/index.html。

总金额为 2000 亿元的《贵州省人民政府国家开发银行股份有限公司开发性金融合作备忘录》。2011 年 11 月，国开行贵州省分行与贵州省扶贫办签订总额为 100 亿元的《开发性金融支持贵州省开发扶贫实施方案》，在方案中提出将国开行的金融优势与政府组织优势相结合，整合信贷资金和财政资金，打造新型扶贫模式，对于双方认可的农业产业化类扶贫贷款项目，省扶贫办将按有关规定给予贴息。2012 年 3 月，国开行与贵州省人民政府签订了总额为 300 亿元的《开发性金融支持贵州省扶贫攻坚合作备忘录》，明确了将基础实施、基础产业和支柱产业作为农业产业化和扶贫开发在贵州的重点支持领域。

铜仁市的扶贫融资模式是："政府主导产业、农户（合作社、企业）申报贷款、扶贫金融评估、项目市场运作、扶贫贴息支持、农户（合作社、企业）承贷承还。"即由国开行将确定的贷款资金"批发"到县融资平台账户，农户（合作社、企业）或以"三权"（土地使用权、房屋所有权、林权）或以第三人工资、或联户或以固定资产等方式对融资平台反担保，可分别获得 30 万元以内、100 万元以内和 300 万元到 500 万元的贷款，扶贫部门按贫困农户 5%、扶贫龙头企业和合作社 3%的标准定期进行贴息。[1]

（二）铜仁市金融扶贫的特点

1. 主要依靠政府推动

铜仁市的金融扶贫的主要力量还是来自政府的推动。政府通过建设地方融资、担保、管理及贷还款公示平台和地方信用协会（"四台一会"），为铜仁市的金融扶贫搭建了一个良好的环境和平台，并利用政府拉动银行和产业等相关资源，起到一个桥梁和推动作用。

2. 国开行与铜仁市政府企业等联合构成金融支持

铜仁市组织构建了一个农业产业化扶贫开发工作领导小组。该小组由

---

[1] 铜仁市扶贫开发办公室：《铜仁探索金融支持扶贫开发新模式》，2013 年 5 月 14 日，见 http://www.gz.xinhuanet.com/2013 - 05/14/c_115756043.htm。

国开行贵州省分行及碧江区政府领导任组长，铜仁市发改局、财政局、审计局、监察局、扶贫办、畜牧局、蔬菜中心、铜仁市国有资产投资公司、铜仁市锦江投资有限公司、各乡镇政府（办事处）等有关部门负责人、分行及相关人员组成。主要工作内容是对该地区的农业产业化小额贷款项目进行指导、组织、协调和监督等相关工作，为农户的金融扶贫提供一个良好的监管和纽带基础。

3. 重点支持农业特色支柱产业开发

国开行贵州省分行对铜仁市的金融扶贫主要集中在农业产业化的发展。通过铜仁市各县得到的金融支持及具体的产业发展成果，我们可以看出现阶段国开行贵州省分行的金融扶贫内容，主要是支持农业特色支柱产业开发及产业链相关环节，符合绿色发展的时代背景和要求。

4. 建立"奖诚罚赖"的信用体系和平台

在信用体系建设方面铜仁市实行了"奖诚罚赖"的原则。即对按期还款的用款人，优先考虑续贷或增加贷款额度；对于恶意拖欠资金，有不良记录的农户或者合作社，在公示平台上予以公示，明确不受理次年的贷款申请，推动融资平台和管理平台帮助指导贷款惠及的农民成立信用协会，形成平台压力。如果协会成员贷款出现违约情况则本协会成员再次申请贷款将会被提高利率水平，情况严重的不再受理此协会全部会员的贷款申请。

三、贵州省铜仁市绿色发展金融扶贫模式的对策建议

（一）加强风险防范意识并完善相关机制

对于金融扶贫来说，扶贫要做到有效，其风险防范机制也是必不可轻视的。不仅仅是对农户设立"奖诚罚赖"的信用机制，在管理机构方面同样需要施加一定的风险防范压力，如引入贷款止损机制和反担保机制。若超过期限达到一定具体天数，且贷款比率超过某特定比率时，国开行贵州省分行可终止合作，待相关政府采取措施使上述比率降至该比率以下的时候，分行可以恢复与政府的合作。

（二）提高金融扶贫瞄准力度

武陵山铜仁地区的金融扶贫需求压力较大、扶贫任务艰巨。为了让扶贫工作能够更好地落实到户，惠及到更多需要的农户，建立科学有效扶贫瞄准机制是非常重要的。在界定扶贫对象方面，我国主要把贫困划分成为了绝对贫困和相对贫困。作为绝对贫困群体较多的铜仁地区，通常是由政府或社会通过低保、救助等方式来为保障农户的基本生活需要。除政府引导外，还需要依靠市场良好运作，所以要明确金融扶贫的瞄准对象，主要是有发展意愿的、有生产能力的相对贫困群体。在对扶贫对象界定和评判方面需要有一个具体的细则和评判标准，以此来为需要且符合要求的农户提供有效的金融扶贫。

（三）完善不同额度的信贷模式

在具体的放贷金额方面，需要对额度进行良好的层级划分。对信贷模式进行多元化分类，不论是对放贷对象还是额度，都要做好进一步的完善。保障不同类型不同需要的扶贫对象能够得到与他们所需符合的精准信贷扶贫支持。

（四）将绿色产业发展与金融扶贫有机结合

借力当下金融扶贫的模式发展绿色产业是铜仁市经济腾飞的大方向，在绿色产业发展的基础上，以特色产业为中心，进一步推动包括绿色工业在内的更多产业的协同发展，努力开发出更多的信贷产品及金融扶贫套餐，将绿色农业和绿色工业与金融扶贫相结合，给予更为优惠和丰厚的政策奖励，进一步推动绿色产业的发展。

（五）完善贫困户信用体系建设

贵州武陵山区贫困户信用体系建设是农村金融扶贫的基础性工程。通过建立武陵山区贫困户信用体系可以解决信息不对称的问题、防范信贷风险、提高效率、降低成本、增强金融机构推行金融扶贫的积极性，从而有效缓解贫困户贷款难的状况，促进贫困户发展生产、摆脱贫困。

（六）借力手机客户端和"互联网＋"助力扶贫数据体系完善

随着经济的发展，智能手机的普及已经十分广泛，在大数据时代背景下，要进一步推动贫困户的信息的更新和数据录入，加快效率并提高扶贫服务精准度和服务质量，可以借助手机客户端互联网等，一方面让农户能够及时通过方便的途径得到金融扶贫的支持信息；另一方面也可以方便农户录入自己的相关信息，甚至可以通过手机客户端或者网络进行相关资讯预约，方便农户更好地得到扶贫支持，并进一步优化扶贫办理的相关流程和内容。

第三节　资源贫乏地区金融扶贫的成效与问题——以宁夏西海固地区为例

国家统计局 2015 年 2 月数据显示，按年人均收入 2300 元的农村扶贫标准计算，2014 年，我国农村贫困人口为 7017 万人，占总人口的 5.1%。"十三五"时期是全面建成小康社会最后冲刺的五年，消除贫困人口是当务之急。在"十三五"期间，我国金融改革着重提出大力发展普惠金融，服务更多贫困人群和小微企业。我国西部地区的金融普惠程度相对较低，还有很大发展空间。就宁夏而言，总人口在 660 万人左右，而贫困人口则达到 100 万人以上，占总人口的 1/6，尤其是西海固地区，农村户籍的人口中有 36.7% 的人口为极度贫困。[1]

一、西海固地区扶贫发展历程[2]

西海固，位于中国西部宁夏回族自治区南部的地带，是黄土丘陵区的西吉、海原、固原、彭阳、同心等六个国家级贫困县的统称，1972 年被联合国粮食开发署确定为最不适宜人类生存的地区之一。这里由于流水切割及千百年来的盲目垦殖，水土流失严重，除少量河谷川台外，大部分地方生存条件极差，且易多发各种自然灾害，国务院确定为重点扶贫的三西地

---

[1]　宁夏自治区政府:《宁夏扶贫》，2015 年 7 月 18 日，见 http://www.nxfp.gov.cn。
[2]　其中部分资料来源于宁夏扶贫网。

区之一。

1972 年，周恩来总理在得知西海固地区不少农民"家无隔夜粮，身无御寒衣"后，立即决定从部队调拨 10 万套棉衣运抵西海固，并派遣医疗队为贫困群众防病治病。

20 世纪 80 年代以来，中央领导不断深入西海固考察，帮助当地分析情况，制定发展战略，提出了"种草种树、发展畜牧、改造河山、治穷致富"的建设方针，并从沿海各省调派大批科技人员"对口支援"。

1983 年，党中央和国务院决定，将宁夏的西海固与甘肃的定西、河西这 3 个全国极度贫困、极度干旱的地区列入国家重点扶贫攻坚计划，连续 10 年每年拨专款 2 亿元进行扶贫开发，其中西海固地区每年划拨 3400 万元。1994 年，国家又决定将"三西"扶贫攻坚计划延长 10 年。

1986 年，在中央领导同志的关怀下，国家投资 2.5 亿元建成了固海扬水工程，甘甜的黄河水上山坡、跨荒原、穿涵洞，扬上了 370 多米高的亘古荒原，使 57 万亩干旱的土地成了水浇地，解决了 20 万人、100 万头牲畜的饮水问题。

1991 年开始的连续 5 年的特大干旱，西海固群众的生产、生活环境变得十分恶劣。中央领导得知这一情况后十分焦急，李鹏、李瑞环、吴邦国、姜春云等领导同志都对西海固的抗旱救灾工作做了具体指示，专门派出工作组奔赴宁夏指导工作，并给西海固拨出了大批的救灾物资。

1994 年，经过全国政协赴宁夏专家考察小组的调查，并与自治区党委、政府反复研究，一个旨在解决宁夏南部山区贫困人口移民问题的"宁夏扶贫扬黄"灌溉工程被描绘了出来：即移民 100 万人、兴建灌区 200 万亩、投资 30 多亿元，6 年内完成。在李瑞环同志的支持下，全国政协向党中央、国务院提交了《关于在宁夏回族自治区建设扬黄扶贫灌区作为大柳树第一期工程的建议案》。江泽民同志、李鹏同志立即对这个建议作了重要批示，指示有关部委研究落实。1998 年 9 月 16 日，这项党中央、国务院十分关心的工程在宁夏各族干部群众的努力下，一期工程实现了试通水，滔滔黄河水被提升了 170 米，灌入了西海固 27 万亩荒原。

21世纪扶贫开发10年，胡锦涛、吴邦国、温家宝等党和国家领导同志情系宁夏，十分关心西海固人民的生产生活，始终把西海固贫困群众的脱贫致富问题拿在手上、挂在心上，采取了一系列措施帮助西海固人民群众改善生活、改善生态环境和农业生产条件。习近平总书记亲自关心支持六盘山热电厂的建设，李克强总理视察固原时指示将中铝固原扶贫开发一体化项目作为"大礼包"送给固原人民。[①]

二、西海固地区金融扶贫方式

（一）引导全系统借助当地优势特色产业，为各类贫困户量身订制了专业化、个性化特色产品和服务

一是推广特色产业发展。彭阳联社为烟叶、辣椒种植户推出了"辣椒贷""烟农贷"等特色信贷产品；西吉联社专门为贫困户量身打造了"信乐宝""普惠通"和"直补贷"系列信贷产品；永宁联社以创建"信用工程"为抓手，为闽宁镇贫困农户推出了"伊信通"生态移民贷款，农户仅凭"个人信用"就可取得5万元人民银行基准利率的贷款支持。二是指导全系统大力推广"黄河富农卡"。"黄河富农卡"具有授信、贷款、存款、取现、缴费、结算、消费等借记卡、贷记卡双重功能。授信贷款"一次核定、随用随贷、余额控制、周转使用"，持卡人可在黄河农村商业银行全系统任一营业网点办理柜面借款用信、归还贷款、ATM机借款用信、归还贷款以及各项借记卡业务。截至2015年，全系统累计发放富农卡84165张，总授信贷款额度52.26亿元。黄河富农卡简化了贫困户办贷手续，降低了贫困户贷款利息，解决了老百姓办理贷款不能提供有效担保和抵押的困难，实现了对贫困户的"精准支持"，走实了金融扶贫"最后一公里"。

（二）指导全系统联合社会各界力量，建立扶贫联动机制

一是西吉联社与县扶贫办、人民银行、担保机构等合作，建立"财政＋金融＋产业"的扶贫联动机制，由固原市财政向担保公司出资建立扶

---

① 宁夏自治区政府：《西海固，贫困渐渐远去》，2013年5月13日，见http://www.nxfp.gov.cn。

贫专项风险补偿基金，人民银行配套支农再贷款作为扶贫信贷配套资金，组成了"政策组合＋资金整合＋金融创新"的"四位一体"的金融扶贫模式，为广大贫困户推出了"普惠通"贷款，由西吉联社以人民银行当期公布的基准利率，按照1:5的比例对贫困户发放贷款。截至2015年，已发放贷款1080万元，惠及贫困户397户。二是中卫农商行借助中卫市财政局风险补偿基金，与中卫市建设投资有限公司签订业务合作协议，按照风险补偿金1:5的比例，为沙坡头区1377户贫困户和生态移民发放养殖贷款2746万元。中卫农商行还将自治区外事办捐赠给沙坡头区香山乡米粮川新村（移民安置点）村级发展资金互助社的扶贫资金作为风险补偿金，按照1:10的比例对移民安置点的农户给予支持，已支持96户，贷款215万元，有效解决了生态移民的生产生活困难。三是彭阳联社充分挖掘地方优势特色产业，与彭阳县烟草公司合作，将"烟叶订单"变成"活钱"，解决农户种植烟叶资金短缺问题。凡是与烟草公司签订"烟叶订单"的农户，均可凭订单到信用社申请办理贷款，信用社按照每亩1500—2000元给予授信。烟叶公司收购烟叶后，将收购烟叶款项转入订单农户在信用社借款账户，信用社按照约定直接扣收订单农户借款本息。截至2015年，已发放"烟叶订单"贷款764万元，惠及贫困户27户。

（三）成立互助资金

为社员提供贷款业务的扶助性金融组织在宁夏资金运行总量达4.49亿元。资金来源上，中央财政投入3425万元，宁夏区政府投入2.73亿元，入社农户交纳互助金1.01亿元，银川市和相关县区及中央彩票公益金项目等投入5120万元，互助资金增值1210万元。2008—2012年，互助资金连续5年被列为宁夏党委、政府10项民生计划、为民办30件实事之一。2012年，宁夏安排6600万元财政扶贫资金在全区18个县（区）的41个生态移民村（含吊庄移民村）和97个重点贫困村建立互助资金。[①] 2013

---

① 宁夏财政厅、宁夏扶贫办:《创新机制多措并举全力开创金融扶贫富民新局面》，2015年7月14日，见 http://www.nxfp.gov.cn。

年，又开始实行"千村信贷·互助资金"互助社，为社员给予贴息政策，使惠民政策以机制的形式进入项目运行，极大地调动了广大贫困群众参与互助资金、参与捆绑借贷、发展生产的积极性，优化了农村信用环境。

三、资源枯竭地区金融扶贫存在的主要问题

虽然，国家对于西海固地区扶贫多年，但由于当地生态环境脆弱，水资源极度缺乏，当地居民对于生态的保护意识不强，人口增长速度过快，人口与粮食、燃料矛盾尖锐等原因，致使经济、人口、生态三个系统之间形成恶性循环，农业生态环境更加恶化，贫困并未从根本上得到改变。学者们认为人口压力是造成山区生态破坏的一个重要因素。新中国成立后，西海固地区人口长期处于"高出生、低死亡、高增长"的状况，人口数量剧增，生态环境压力过大，导致人地关系失衡，生态恶化和环境破坏，由于人口剧增，人地关系失衡，为了维持基本的生存需要，只能掠夺式地利用资源，陡坡开荒，破坏森林和草场资源，使生态环境更加恶化，结果陷入了"人口增加—土地开垦—生态破坏—贫困—人口增加"的恶性循环之中。

西海固地区贫困情况与成因和我国很多资源枯竭地区相同。从西海固地区贫困的例子中，可以总结出我国类似资源枯竭地区金融扶贫存在的主要问题，具体有以下几方面。

（一）贷款规模小，贷款期限与限额及部分贷款条件设定不合理

农村信用社发放小额贷款的贷款期限一般都为一年，而对于扶贫金融来说，一年的时间对于当地居民来说无法脱贫致富，即使发展畜牧业，从经营到盈利也至少要两年时间。而如果贫困居民将贷款投入其他产业，比如说林业或者是制造业，收回成本的期限会更长。所以农村小额贷款的收回期限很不合理，无法真正支持农民脱贫致富。从另一方面来看，每一户的贷款额度限定为最高不超过2万元，在目前各种原材料价格飞涨的今天，2万元的创业成本根本无法帮助农民发展当地的特色产业，更不用提将特色产业发展为帮助当地居民脱贫致富的优势产业。在小额贷款的申请条件

中，有一条是法定年龄 40 岁以下，这个设定条件不合理，对于许多贫困地区的居民而言，当人处在中年的时候，家庭压力本来就很大，如果再经过了生态移民，因为年龄的问题，金融机构不给其提供金融支持，那么在一个新的环境里，这类人的家庭脱贫的可能性就很小，即使短期脱贫，返贫的可能性也会很大。

（二）精准扶贫贷款前期投入成本高、投资回报率低

2013 年，习近平总书记精准扶贫概念的提出为金融支持确定了很好的方向，即贷款关键要发放给最需要贷款的群体。在这个构想中，精准扶贫是贷款进行发放的重要前提，其流程可以表述为扶贫对象瞄准与确定—建档立卡—精准扶贫贷款发放—支持产业发展与农户脱贫致富。但是，其前提是建档立卡，这需要投入大量的人力、物力与财力进行贫困群体的识别，这项工作具体是应该由金融系统完成还是由地方政府完成，现在也不是特别明确；与此同时，较多贫困群体居住分散，有的住在大山深处，交通、通信等都不便利，前提投入成本高、投资回报率低，加大了精准扶贫贷款发放的难度。

（三）大部分地区的金融扶贫模式单一

当前大部分地区金融扶贫模式一般为支持发展当地农业、畜牧业和支持当地居民开展农家乐。很多地区的政府和金融机构对于这三种模式只是进行简单复制，虽然提供了大量的扶贫资金，但由于并不适合当地居民的发展，导致扶贫资金收效比较小。对于特色农业，就拿西海固地区来说，由于当地缺水的环境，农民一般只能选择种植洋芋，而洋芋在横向上一般不能够再有所改进，只能从纵向上为当地居民创造更大的收入，所以如果只是选择支持当地的农业发展，则无法使金融资金更好地为当地居民创造收益。而对于农家乐，并不是所有的地区都适合开展农家乐，对于偏远穷的地方，居民根本就没有农家乐这方面的需求，所以金融扶贫资金在一些贫困地区支持农家乐发展，根本不能够减缓当地的贫困状况。

四、西海固地区金融扶贫对策建议

由于西海固地区贫困状况不断改变，简单的金融扶贫并不能从根本上

消除贫困，必须将金融扶贫与当地的自然状况相结合，走生态移民之路。

（一）转变传统观点，倡导小额贷款和普惠金融

当前许多金融部门的扶贫资金，即使在政府贴息的情况下，放贷业务也只是针对贫困地区相对富裕的人，而对于真正需要扶贫的对象却有严重的排斥状况，这种普遍"帮富不帮穷"的扶贫模式，导致金融扶贫不仅没有缓解当地的贫困，反而造成了更严重的贫富差距。小额贷款应该为需要贷款，但无法满足放贷条件的对象，要增加小额贷款的数目，提供扶贫贷款业务，政府必须出台政策鼓励成立小额贷款机构，提高金融网点在贫困地区的覆盖率。对于普惠金融，在扶贫方面应为贫困地区的贷款提供更优惠的条件，支持当地的扶贫工作。

（二）创新金融扶贫机制，打破传统的只限于存贷款的金融模式

传统金融机构主要是存款和放款业务，但凭此并不能完成扶贫的任务。除了存贷款业务外，农村金融机构还应建立产品与服务创新机制，积极提供适合农户需要的农产品市场信息、技术指导、农业保险等业务。贫困地区居民的维权意识比较弱，对于农产品市场缺乏认识，许多农产品的种植只是依据惯性，并不是根据市场需求来种植，这就导致了市场上很多农产品的滞销，造成了贫困地区居民依然贫困的现状。此外，还应制订贷款管理机制，以便对贷款的发放和回收过程进行跟踪管理。

（三）发挥政府在金融扶贫中的最大作用

首先，对政府在金融扶贫中的角色进行准确定位。政府应该将工作重心倾向于市场和商业化组织所不能够达到的领域，如通过税收来实施相关政策性金融服务来管理对金融机构的注入资金，督促各类农村金融机构树立普惠金融理念，促使金融机构意识到扶助贫困弱势群体能让其赢得良好的社会形象。不应该插手可以通过市场解决的问题，如直接调控农产品的价格，管理农民和农业企业投资资金等。其次，要完善金融扶贫相关的政策和法律法规。一方面，加强金融扶贫政策与政府财政政策的无缝对接。财政要对农村金融机构投入资金支持，提高机构的生存发展能力，通过多种政策来发挥财政职能对金融扶贫业务的引导，加强财政、金融部门间的

配合，推进商业性金融机构的普惠金融服务。另一方面，改善农村金融机构的外部环境。政府要通过法律法规来支持农村资金互助社等农村金融机构的合法地位；加强农业保险、失业保险、社会最低生活保障体系的建设，从而让农户放开手去脱贫致富，农村金融机构放宽心去发展信贷业务。最后，完善新型农村金融机构的制度安排，提高准入门槛，更好地解决新型农村金融机构的资金问题，同时鼓励资本的投入。

（四）将金融扶贫与其他扶贫模式相结合

对于当前单一的金融扶贫模式，只可以短期内改善贫困地区农民的生活状况，而无法从根本上消除贫困。我国若要在 2020 年消除贫困，将金融扶贫与其他扶贫模式相结合会大大提升扶贫的效率。如对于西海固地区，由于水资源严重缺乏，当地产业发展受到严重制约，唯一的产业就是种植洋芋，但洋芋的收入只能解决当地的温饱，并不能让当地居民脱贫致富。所以，如果要想从根本上改变当地居民的生活状况，只能进行移民，而当地的金融扶贫应作为生态移民的坚强后盾。对于移民新村，只有让当地居民在当地有了脱贫的技能，拥有一技之长或者是发展当地的特色产业，才能保证移民的成功，而金融扶贫可以为这些发展提供必要的贷款。

第四节　普惠金融理念下的金融扶贫——商业银行视角

一、普惠金融概述

2005 年，联合国首次提出普惠金融的新概念。狭义的普惠金融是指为传统或正规金融机构体系之外的广大中低收入阶层和小微企业甚至是贫困人口提供可得性金融服务。广义的普惠金融是指让每个人或组织拥有公平的机会，获得足够的金融产品和有效的金融服务渠道。普遍适用是普惠金融的特征，从服务形态和制度变迁上分，其经历了"小额贷款—微型金融—普惠金融"的演化经历，是由包容性金融的理念演变而来。对于普通农户、低薪工人等传统金融业所排斥的贷款对象相对，普惠金融关注弱势对象的出发点使得广义上每个人拥有公平融资机会的设想有了路径支撑，它的内在逻辑是"服务需求—金融创新—服务供给"，其中创新是连接需求与供给的桥梁。

金融创新不仅依托技术创新，也需要理念创新。农村小额信贷早已出现，但是借贷双方互利互惠，达成一致利益目标需要制度引导。要改变银行为主的金融机构对贫困区中小微企业和农户的消极授信，就要用行政和市场手段调节双方利益的一致化。特困地区推广小额信贷制度，信贷分散程度增加，即使在不增加信贷总投入的条件下，总产出也会提高，宏观上是对生产函数的一种修正，可以理解为通过制度进步提高资本运用的效率。也可以说，是在劳动力素质和投入总量不变的情况，通过改变资本投入结构实现生产函数全面上抬，从而增加产出和收入水平。[①]

党的十八届三中全会通过的《中共中央关于全面深化改革若干重大问题的决定》，正式提出"发展普惠金融。鼓励金融创新，丰富金融市场层次和产品"，这是"普惠金融"第一次写入党的执政纲领。普惠金融以广大小客户为目标群体，但是存在着高成本、高风险、低收益等局限，因此效果一直不佳。但随着技术不断进步，"互联网＋"概念迅速传播，互联网与各产业深度融合发展的越来越紧密，大数据战略上升到国家高度，信用水平考察深入到个人、家庭层级已具备成熟技术条件，金融小企业应借助利好政策，积累用户数据，在经营活动中创新，增加扶贫资金向特定人群流动，实现有效精准扶贫。

二、普惠金融在连片特困地区的推广

（一）我国连片特困地区的区域条件限制

我国对于缩小地区间贫富差距，扶持贫困地区经济发展工作历来都高度重视。不同地区间的资源、市场等环境有着较大差别，没有一个模式通

---

① 徐珺：《从凉山农户小额信贷看国家对西部民族地区农村的金融支持》，《金融研究》2003年第6期。

用于任何地区，因此应考虑到地区发展的普遍问题和特殊需求。

不同的区位条件，适合发展的产业类型是不同的。国家划分的14块连片特困区域，大多位于中西部地区，经济基础较差，多处在生态脆弱地带，应避免以第二产业为主，尤其是高污染的重工业。很多地方缺少发展现代产业的地缘优势，但是生态良好，可以作为生态涵养区，风景优美的地方适宜做旅游开发，但是，我国在开发与保护的平衡方面经验还比较缺乏。

不同于美国等发达国家建设国家公园的成功经验，中国人口基数大，生态优良的地区往往是人口聚居区，因此，必须要在保障居民生活质量的情况下进行开发与保护。东部地区依靠自然条件、贸易便利和政策倾斜的优势率先崛起，但是却造成严重的生态破坏。2015年12月，华北地区又连续出现重度雾霾，环保部门分析称风力较往年偏弱造成污染物无法及时扩散，但也可明显看出地区环境的脆弱性，成为伴随发展而来的副产品，因此连片特困地区绝不能再走代价沉重的老路。

（二）普惠金融在特困地区的应用

2015年12月15日，国务院新闻办公室举行"十三五"时期脱贫攻坚工作有关情况发布会，阐述通过创新融资机制，五年投入6000亿元人民币，异地搬迁1000万人口来帮助贫困人口脱贫。为实现既定目标制定六大行动，其中金融扶贫行动要努力解决贫困户、合作组织、扶贫龙头企业贷款难、贷款贵的问题。[①] 从中央扶贫的整体思路看，金融扶贫方式要解决的突出问题就是贫困地区贷款问题。

扶贫工作运用财政补贴的手段主要是由政府主导对于特困地区进行输血。金融手段使转入特困地区的资金流动起来，从向特困地区的单向输血转为培育地区自身的造血能力。这种转变既需要政府运用政策引导，也需要金融企业配合，双方合力使特困地区的资金流转起来。

---

① 中国新闻网：《中国将投入6000亿异地搬迁1000万人助贫困人口脱贫》，2015年12月15日，见 http://www.chinanews.com/gn/2015/12-15/7672208.shtml。

信贷贴息是政府支持金融企业金融扶贫的重要手段,通过安排财政扶贫专项资金,对扶贫企业上年度发生的贷款利息给予补贴,有效降低了贷款成本。通过信贷贴息,对引导金融资金和工商资本投入贫困地区支持农业发展发挥了重要的杠杆作用,有力地推动了贫困户增收脱贫。[①]

现阶段划出的连片特困地区,主体是在农村地区,由农信社、农商行、农业银行、邮储银行、村镇银行等机构提供传统金融服务。政策性银行如中国农业发展银行直接作用在帮扶农业,支持粮油收购,落实国家棉花临储政策和其他涉农信贷业务。商业银行方面,国有大型银行在资金规模、抵御风险能力方面占优势,村镇银行在本地化道路上占优势,它们各有特点,也有不足之处。虽然各级银行在政策和市场引导下采取了不少措施加大对农业客户的服务,但在农户小额贷款、金融服务到户方面仍有发展空间。

以中国农业银行为例,其具备雄厚的资产实力,抗风险能力和宏观政策的执行力很强。截至 2014 年年末,县域个人存款余额 36445 亿元,较上年年末增加 9.16%;县域个人贷款余额 8820 亿元,较上年年末增加 15%。以金穗"惠农通"工程为基础,推进农户贷款业务经营转型,全面提升县域个人金融业务服务水平。从农村专业大户着手,开展普查,建立新型农业经营主体客户库,择优提供金融支持。截至 2014 年年末,农行支持此类新型农业经营主体 14 万户,年末存量客户 8.7 万户,贷款余额 174 亿元,同比增长 61.1%。[②] 可以看出,银行目前扶持的重点放在具备一定专业实力的农业家庭上,在这一新型市场主体的投入比例快速增加。

对于区域性银行,整体规模无法与全国性商业银行相比,但是立足于本地和对当地产业的熟悉,帮助它们构建起核心竞争力,很多中小企业及个人是它们的主要客户群。以重庆地区为例,重庆农商银行前身为重庆市

---

① 重庆市扶贫开发办公室:《今年我市扶贫系统引导 20 亿元金融资金支持扶贫企业发展》,2015 年 9 月 7 日,见 http://bfp.cq.gov.cn/contents/1323/56449.html。

② 中国农业银行:《中国农业银行 2014 年 A 股年报》,2014 年,见 http://www.95599.cn/cn/AboutABC/investor_ relations/report/am/201511/P020151125362743763802.pdf。

农村信用社，全国首批农信社改革试点，是当地具备重要影响力的区域性银行。截至 2015 年 6 月底，重庆市银行业金融机构贷款 4158 亿，其中 18 个贫困区县的贷款达到 2800 亿，占全市贷款的 67% 以上，与扶贫相关的扶贫产业、扶贫项目贷款 1133 亿元，同时，对当年的贫困县、贫困户、贫困村捐款捐物达到 1738 万元。[①]

村镇银行直接面向镇、村一级的客户群，是更微观的一个层级，是金融系统的毛细血管。经过 8 年探索实践，2015 年，村镇银行成为服务 "三农" 和小微企业的生力军。截至 2014 年，全国已组建村镇银行 1233 家，资产总额 7973 亿元，各项存款余额 5808 亿元，各项贷款余额 4862 亿元。[②] 单个村镇银行的规模小，但是统筹起来具有巨大的资金规模，基层银行与地区银行间资金双向流通，扩大融资渠道，拓宽了金融扶贫的辐射面。

三、商业银行普惠性经营创新

（一）"互联网 +" 时代的普惠金融

"十三五" 时期 "互联网 +" 时代的到来，"互联网 +" 的意义即互联网 + 其他产业，金融业也不能脱离互联网而停留在传统形式。金融扶贫方式要借技术进步而改进，提升效率和效用，使精准扶贫的操作性更强。以支付宝为代表的互联网金融产品迅速得到用户关注，这是移动互联网发展的必然产物，新的支付手段和理财方式凭借人性化操作和资费优势，抢占了大量传统金融业的客户。面对这些变化，不少金融业务及机构以 APP 或微信公众号为平台，有步入云端化的趋势。因为普通的互联网金融产品具备金融工具的功能，传统银行失去了不可替代性，对于互联网金融发扬

---

① 重庆扶贫开发办公室：《我市召开银行加大精准扶贫扶持力度的工作会议》，2015 年 12 月 7 日，见 http：//www. cqfp. gov. cn/contents/ 1323/56881. html。

② 中国农业银行：《村镇银行的互联网 + 路径》，2015 年 12 月 4 日，见 http：//www. abchina. com/ cn/RuralSvc/Information/News/201512/t20151204_ 811470. htm。

了普惠性，人人都可以成为金融触网的受益者。这些改变涉及金融涵盖的各领域，图7.2便阐述了改变的流程和带来的影响。

传统金融走上云端，使得处在偏远地区的特困群众可以摆脱银行实体网点办理业务的束缚。需要终端如手机或平板电脑，还有前期的学习投入，可以远程办理许多传统网点的业务。减少网点依赖的同时，降低了银行和用户双方的交易成本。

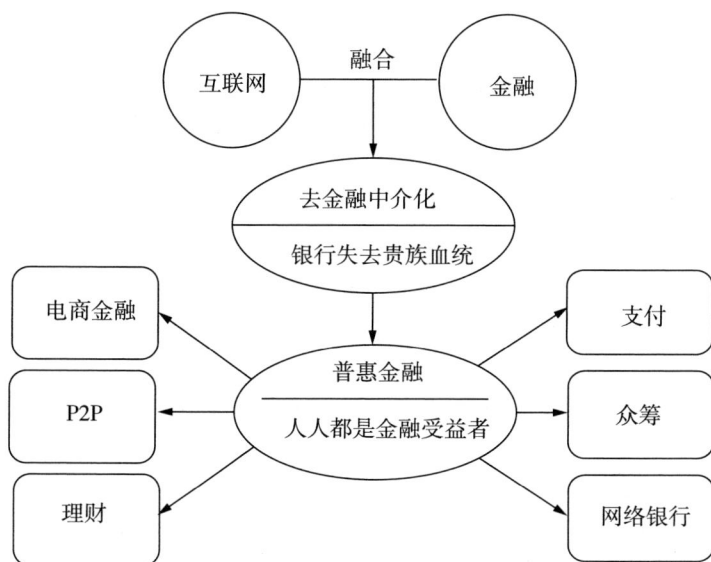

图7.2　互联网与金融行业融合产生新型业态

资料来源：曹磊、钱海利：《互联网＋普惠金融：新金融时代》，机械工业出版社2015年版。

（二）大数据应用于精准扶贫

银行不敢轻易贷款给农户的主要原因是信用风险问题，使银行对待个体经营者消极授信。因此银行必须要做的是风险释放，尽量减少呆账、坏账出现。面对特困地区的潜在的广大贷款群体，如何做到有效地筛选优质贷款对象，防范次级贷款用户的违约风险，是银行信贷业务迫切要解决的问题。

"互联网＋"的一个重要特征是数据量爆炸，大数据时代因技术革新到来。大数据的普及应用为精准扶贫提供一种技术支持，精准扶贫的第一步要精准授信，精准识别和建档立卡是实现这一步骤的关键环节。由政府主导整合每个家庭、每个人的经济状况、信用历史及在生活各领域的行为记录，建立个人经济和信用情况的大数据，使银行可以对个体单位的信用预期做到较强的控制。不仅可降低银行的授信风险，也可将更多扶贫资金导向脱贫意愿强、信用记录好的人群中。

（三）政策扶持下金融＋财政共同担保

特困地区的全面脱贫要细化到每个家庭的脱贫，贫困家庭作为被帮扶的对象，是金融牵头与政府担保共同作用的目标，如图7.3所示。将政府与银行这一金融企业的重要组成相连，它们分别与实体产业企业相连，作为特困地区农户脱贫行动的外围支撑圈。

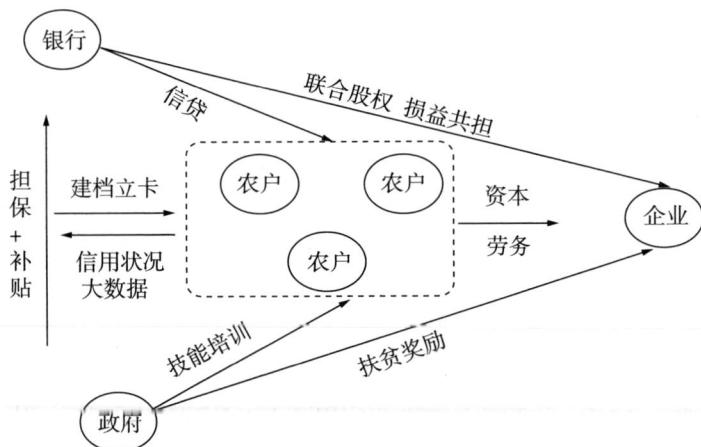

图7.3　金融＋财政＋产业三方共担

银行分别对应同级政府，无论是全国大型银行、区域性银行，还是村镇银行，在特定农户向银行贷款时，由各级政府提供担保并补贴。政府和金融机构共享农户个人和家庭的信用档案数据，根据不同的信用历史，给予农户特定的授信额度和帮扶政策。银行有贷款的扶持政策，给予农户以个人或集体名义生产或与企业合作，为降低贷款利率，减少对贫困群众的负担,借贷方将生产实体以股份形式向外募集,银行与生产企业联合持有权益,银行方与生产企业共同承担收益与损失,农户在生产期有资本或劳务流向当地企业。由于银行在持有股权中得到额外收益的机会,使得综合借贷利率降低。但是由于农户经营的不确定性,会受到来自持股双方的压力,也会得到银行与企业双方的智力扶持。

政府在对银行和企业政策引导的同时,还会与农户接触,用精准扶贫的思路在地方针对特定情况开展不同的技能培训,使贫困人群获得可持续的创收能力,这种方式以全国范围内系统的"雨露计划"为典型。如在重庆,"雨露计划"注重培养农村新型人才,主要针对三类群体:一是以围绕现代农业发展,增强带动示范能力为目的,培训专业大户业主、家庭农场主、合作经济组织负责人等;二是培养乡村医生;三是资助大学生村官创业。[①]

针对单个农户或家庭,发生由于偶然因素导致信用风险发生的可能性较高,在金融+财政共同担保的同时,农户间建立联保贷款,即贷款人自愿组成联保小组,小组成员之间互相担保,承诺在联保小组任何一名成员不能按期偿还贷款本息时,其他成员按联保合约承担连带保证责任而发放的贷款。这样农户间的联保系统和政府、银行、企业间可建起清晰量化的关系。

全面建成小康社会,完成全面脱贫目标需要发挥金融扶贫的灵活性,实现生产资金在特困地区的流转,需要普惠金融惠及各阶层、区域的人,尤其关注贫困农户、低薪工人等弱势群体的支持。"互联网+"概念的运用与金融业的结合出现互联网金融的新形态,冲击了传统银行在金融业的影响力,从组织和技术上使公众对金融服务进行重新理解和认识。

---

① 新华网:《重庆实施"雨露计划"培养农村新型人才》,2014 年 1 月 22 日,见 http://news. xinhuanet. com/local/2014 – 01/22/c_ 119077651. htm。

第五节 信贷政策对连片特困地区减贫的影响因素 分析——以湖南省凤凰县为例

"十三五"时期是全面建成小康社会的重要时间节点，在这决定性的五年中，中国全面深化改革将要取得重要成果，在全面建成小康社会这条道路上进行关键性的冲刺。党的十八届五中全会对扶贫进行了全方位、多角度的解读，要求在全力实施精准扶贫、精准脱贫的基础上，确保不让一个贫困村、一个贫困户掉队。[①] 针对贫困问题提出了一系列新思想、新论断、新举措，对全国扶贫活动具有极为重要的指导意义。随着农村经济体制改革的不断深入，在国家扶贫政策的支持下，特困地区的经济得到了一定程度的发展，信贷政策对促进特困地区建设与发展有着积极的推动作用。但是特困地区并未建立起适合本区经济建设和发展的信贷体系，同时信贷政策的执行过程中也出现了许多问题，本书以湖南省凤凰县为例，深入分析了信贷政策对连片特困地区减贫的影响，并提出了相应的对策建议，可为我国连片特困地区信贷扶贫工作提供借鉴。

一、信贷政策减贫影响概述

（一）凤凰县信贷政策实施状况

截至 2013 年年末，湘西州金融机构存款余额 629 亿元，贷款余额 259 亿元，存贷差由 2008 年的 129 亿元扩大到 370 亿元，信贷资金投放不足。作为湘西州的重点特困地区，凤凰县的信贷政策实施过程较为顺利，国家帮扶贷款落实较为到位，在一定程度上解决了部分特困户的资金问题，然而农村基础设施严重滞后，贷款风险较高，欠债逃债情况严重，全县等级公路率还不到20%，农网改造率仅35%，急需治理的危险水库较多，同时

---

① 习近平:《2015 减贫与发展高层论坛》，2015 年 10 月 10 日，见 http://news.xinhuanet.com/politics/2015 – 10/16/c_ 1116851045. htm。

公路交通、农网改造、水利设施等农村公益性、民生性工程建设资金缺口较大，地方财政无法弥补缺口，商业银行出于投资风险和短期收益考虑延迟投资，因此，以信贷政策为代表的政策性金融成为缓解凤凰县资金缺口问题的重要选择。

凤凰县信贷政策实施过程中出现的问题有以下几个方面：其一，小额信用贷款的额度、利率和期限受限较大，难以满足用户实际需要，金融机构的发放积极性降低，业务出现下滑情况；其二，贷款风险难以预测，收入并不高的居民望而却步，贷款积极性受影响；其三，随着经济发展，居民对贷款的需求逐渐从小额、零散向大额、集中转变，而凤凰县较多金融机构多数发放小额贷款，无法满足居民需求，贷款供需矛盾加剧；其四，农村信用环境较差，无法偿还贷款的农民选择逃债、赖债等行为，进一步降低了凤凰县整体信用等级。

（二）信贷政策对凤凰县减贫的影响

1. 差别化信贷政策

差别化信贷政策，属于信贷政策的一部分，是对不同地区的不同信贷采取差别对待的政策，是国家对经济进行宏观调控的重要手段，有助于促进经济结构调整和产业升级。

为响应国家关于差别化信贷政策提出的"加大对欠发达地区的信贷投入，在信贷建设的差别化上向欠发达地区倾斜，切实满足欠发达地区有效的信贷需求，促进区域经济发展，从而实现全面可持续发展"的地区差别号召，作为国有政策性银行和服务"三农"的银行，凤凰县农发行履行政策性银行的支农职能，在大力支持民族贫困地区又好又快发展的过程中实行差别信贷政策，从而在加快推进全面建成小康社会进程中发挥重要作用。首先，农发行扩大了信贷支农范围，重点围绕农村建设的薄弱方面，向农村水利、电力、通信、交通、教育、能源等重大基础设施建设项目提供数量充足的贷款；其次，农发行贷款支持凤凰县包括苗族、土家族在内的24个少数民族特色产业发展，支持凤凰古城等国家历史文化名胜旅游产业的发展，促进了全县物质文明、精神文明和政治文明建设；另外，农发行通过下调资本金比例至 15%、延长贷款期限和免担保品抵押等方式降低贷款准入门槛，调动居民贷款积极性，最大程度发挥资金杠杆作用。

2. 小额信贷政策

小额信贷是一种全新的信贷减贫模式，向低收入群体和小微企业提供额度较小的、持续的贷款服务，目的是为了通过金融服务为贫困农户或小微企业提供获得自我发展的机会，因其资金到户率高、还贷率高、项目成功率高，而深受特困地区用户的欢迎，同时也得到国家政府的大力支持。

对于凤凰县来说，小额贷款是国务院扶贫办确定的最有利精准扶贫品牌之一。凤凰县政府成立了金融产业扶贫工作领导小组，负责金融产业扶贫的规划、监督和考评，实行阳光化操作，确保了金融产业扶贫政策的公开性、精确性和真实性，同时积极认真开展信用评级，实行村级初评、支行审核、农商行核批"三级"评级授信机制。凤凰县农商行以本县建档立卡的 28855 户贫困农户为目标，在 2013 年第二季度完成了对所有符合条件的贫困户的评级授信工作；同时开发包括"贫困农户小额信用贷款"和"扶贫经济组织贷款"等特色贷款，提出"年底前投放产业扶贫专项贷款3000 万元以上、每年确保新增金融产业扶贫贷款增幅达 20% 以上"目标，推动贫困户小额信用贷款、农户联保贷款、扶贫经济组织贷款等全面开展落实。

3. 精准扶贫专项贷款

2013 年 11 月 3 日，习近平总书记在湘西州考察时提出"扶贫要实事求是，因地制宜。要精准扶贫，切忌喊口号。要精准扶贫，真扶贫、扶真贫"。精准扶贫专项贷款是为精准、精确地帮助包括连片特困地区在内的贫困地区和贫困人口而提供的贷款服务。精准扶贫专项贷款的内涵主要体现在三个方面：首先，要精准确认扶贫对象，要扶真贫，通过贷款服务使得真正需要帮助的贫困户得到帮助；其次，要精准落实信贷资金，确保资金能以最快速度到达贫困户手中解决燃眉之急；最后，要精准落实信贷政策，切实执行国家政策并结合贫困地区实际创造性地开展相关工作，使得贫困户真正脱贫。

湖南省紧紧围绕精准扶贫、精准脱贫这个大环境主题，探索出了可复制可推广的十八洞村精准扶贫模式，让越来越多的武陵山区困难户脱掉贫困的帽子，2014 年，湖南省贫困人口已经减少了 108 万人，创造了扶贫开发的"湖南速度"。2015 年以来，凤凰县重点解决"谁负责""扶持谁""怎么扶""扶什么"四大难题，全力推进精准扶贫工作，成效显著。县政府建立金融扶贫风险补偿金，支持建档立卡贫困户发展产业，积极探索信用贷款方式和途径，突出打造小额贷款帮扶到位新平台，同时，为了发挥作为旅游旺地拉动经济的重要作用，凤凰县政府投入资金 20 万元，改变了苗乡人世代猪厕不分家、独木桥式厕所的局面。同时，投入 1000 多万元，建设了石板路、特色民居等，实施了近 20 个旅游项目。

（三）信贷政策在凤凰县的传导阻滞因素分析

1. 地区经济环境

经济和金融密切相关，信贷资金落实不到位与经济管理不善、经济效益低下等问题有极大关系。制约凤凰县信贷政策的因素有三：其一，农业基础薄弱，农业还依靠传统行业，农业科技水平较低，农产品科技含量较低，抵御自然灾害能力较弱；其二，工业基础薄弱，县内缺乏工业大企业，工业化发展具有水平低和速度慢的双重缺点；其三，企业经营不善、信用程度较低，致使信用评级未达标，无法合法获得贷款。

2. 社会信用环境

地方政府信用意识较为薄弱，更多从政府职能部门利益出发，对于企业内部改革可能造成的逃债、废债行为视而不见，造成金融机构贷款损失严重；同时，凤凰县部分乡镇政府房管部门和土地部门对农户办理房地产抵押贷款收取 10%—20% 的手续费，增加了贷款的成本，降低农户贷款积极性。

3. 金融体系内部

各商业银行在对有限的信贷资源进行分配的过程中，趋向于将更多的资源分配到中心城市或者大城市，而并不是按照一定比例进行合理分配，差异化信贷政策在实施过程中发生偏离，导致贫困地区信贷不足，以小微企业为主的企业结构根深蒂固。例如凤凰县 2013 年的信贷结构中，农网贷款和消费信贷的总量占比达到 85.32%，新增的流动资金贷款非常少。

4. 居民预期风险

特困地区的农户普遍对信贷政策了解较少，对信贷资金扶贫始终保持着不信任的观望态度，再加上国家社会保障制度亟待完善，信贷资金落实情况还有待改观，导致农户预期贷款将会带来无法偿还的风险，影响了农户的贷款积极性。

二、信贷政策影响特困地区减贫实证分析

(一) 数据的选择

在实证研究中，指标的选取和数据的收集是极为重要的，是整个研究中的基础。在本书中，贫困程度与信贷发展程度之间的关系一般都是线性的，因此，选择适当的描述贫困程度与信贷发展程度的指标进行分析，并以此作为本书的数据基础。

本书使用贫困人口率作为衡量贫困程度的重要指标，贫困人口率是指低于贫困人口标准的人口数占总人数的比例，是根据收入的多少来计算贫困程度的。2014 年，中国公布了新的贫困人口标准，年收入 2300 元以下的居民便是贫困人口。因此，本书选择描述凤凰县贫困程度的指标便是凤凰县的贫困发生率，即本县贫困人口数量占本县总人口的比例。

描述金融发展程度的指标非常多，本书着重研究信贷政策对特困地区减贫的影响，因此本书使用 PRIVY 指标来描述凤凰县信贷发展程度。PRIVY 指标是描述金融发展程度最常用的指标，表示的是金融系统最重要

的提供贷款功能。在本书中 PRIVY 指标用凤凰县银行及金融中介本外币贷款的总量与凤凰县生产总值的比值来表示。本书选取的指标年份为 2008 年至 2014 年。

（二）数据的基本描述分析

表 7.6 为 2008—2014 年凤凰县贫困发生率和 PRIVY 两个指标的情况表，表 7.7 为模型所选取的 2 个样本变量的描述统计表。图 7.4 和图 7.5 分别是 2008—2014 年 2 个样本变量的散点图。

从表 7.6 和图 7.4 可以看出，贫困发生率平均值为 31.95%，最大值为 2008 年的 40.79%，最小值为 2014 年的 19.72%，且随着年份的增加，贫困发生率逐年递减，贫困人口逐年减少，尤其 2014 年的贫困发生率下降幅度较大；从表 7.7 和图 7.5 可以看出，PRIVY 值平均值为 55.12%，最大值为 2014 年的 62.02%，最小值为 2008 年的 45.89%。总体来说，随着年份的增加，PRIVY 值的变化呈上升趋势，然而，2013 年的 PRIVY 值相比 2012 年有一个小幅度的下降，说明 2013 年发放的总贷款数量减少。

表 7.6　2008—2014 年凤凰县贫困发生率和 PRIVY 两个指标的情况

年份	贫困人口率	PRIVY
2008 年	0.407899234	0.458891000
2009 年	0.387559021	0.487226000
2010 年	0.368742791	0.511911622
2011 年	0.304256175	0.575149246
2012 年	0.292846570	0.611700946
2013 年	0.278293235	0.593271900
2014 年	0.197217433	0.620171973

资料来源：中国统计年鉴数据库、湖南省 2009 年至 2015 年统计年鉴以及湖南统计信息网。

表 7.7　样本变量的描述性分析

贫困发生率		PRIVY	
平均	0.319544923	平均	0.551189
标准误差	0.027802491	标准误差	0.024358
中位数	0.304256175	中位数	0.575149
标准差	0.073558476	标准差	0.064444
方差	0.005410849	方差	0.004153
峰度	−0.369814047	峰度	−1.84994
偏度	−0.46891837	偏度	−0.41013
区域	0.210681801	区域	0.161281
最小值	0.197217433	最小值	0.458891
最大值	0.407899234	最大值	0.620172
求和	2.236814459	求和	3.858323
观测数	7	观测数	7

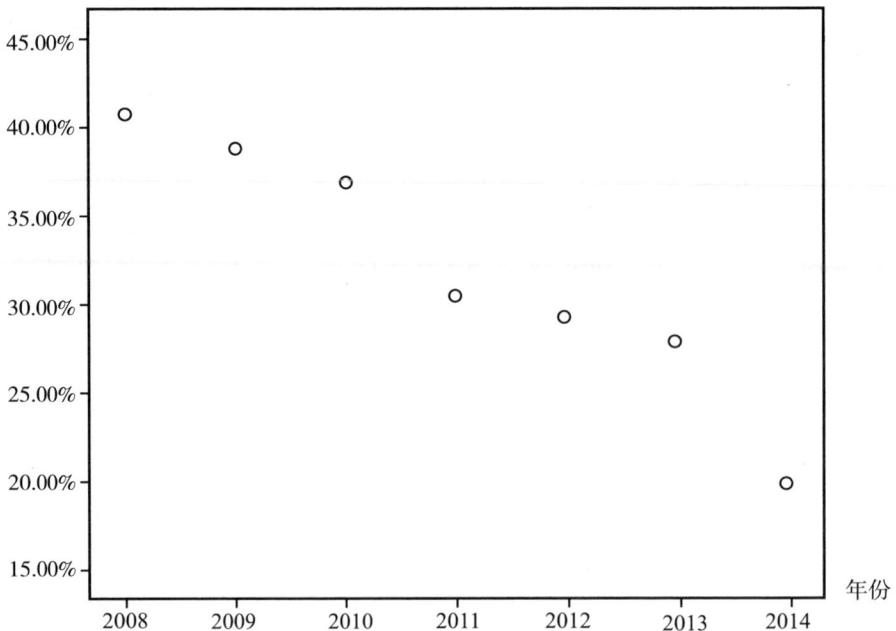

图 7.4　贫困发生率散点图

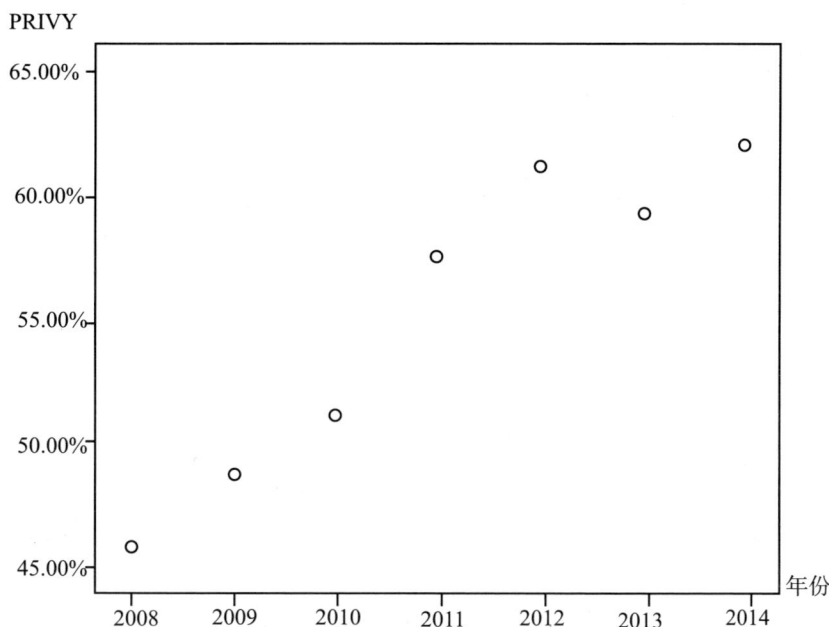

图 7.5　PRIVY 散点图

（三）模型的选择与建立

图 7.6 为 2008—2014 年两个样本变量的散点图。从图 7.6 可看出，PRIVY 值与贫困发生率之间存在一定程度的反比关系，因此本书运用回归方程分析中曲线估计的方法分析两个指标间的关系。

图 7.7 是两个样本变量的回归方程分析结果，从结果中可得到贫困发生率和 PRIVY 指标的方程关系：贫困发生率 = 0.907801 − 1.067250 × PRIVY。从图 7.7 可看出，P 值远小于 0.05，甚至小于 0.01，同时 T 值的绝对值远大于 1.96，因此贫困发生率和 PRIVY 值这两组指标具有高度的统计学意义；R − squared 值较大，说明两组指标的相关性较大。从分析结果可得，凤凰县 2008—2014 年的贫困发生率和 PRIVY 指标有较大相关性，总体呈反比比例，PRIVY 指标增大，贫困发生率减小，即银行及金融中介本外币贷款的总量增大，贫困人口减少。因此可知，信贷政策对连片特困地区的减贫扶贫工作具有重要作用。

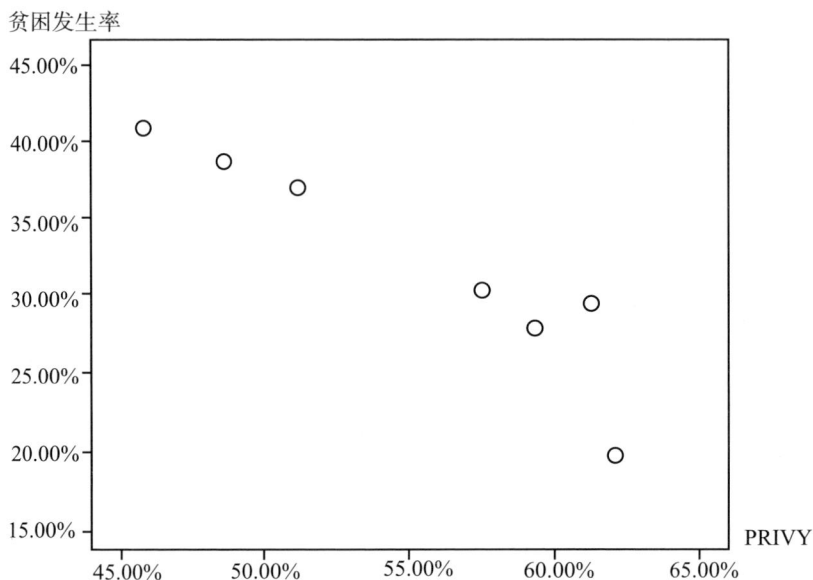

图7.6　PRIVY值与贫困发生率散点图

Variable	Coefficient	Std.Error	t−Statistic	Prob.
PRIVY	−1.067250	0.181018	−5.895816	0.0020
C	0.907801	0.100358	9.045622	0.0003

R-squared	0.874248	Mean dependentvar		0.319545
Adjusted R-squared	0.849097	S.D.dependentvar		0.073558
S.E.of regression	0.028575	Akaike info criterion		-4.037634
Sum squared resid	0.004083	Schwarz criterion		-4.053088
Log likelihood	16.13172	Hannan-Quinn criter.		-4.228645
F-statistic	34.76064	Durbin-Watson stat		1.185260
Prob(F-statistic)	0.001996			

图7.7　Eviews回归分析结果图

三、对策建议

通过前面的分析，可以看出以凤凰县为例的连片特困地区通过信贷政策发展了本地经济，一定程度上减少了贫困人口数量，信贷政策对连片特困地区减贫扶贫工作有着举足轻重的作用。然而，特困地区的信贷政策实施过程中还存在一些问题和不足，为此提出以下对策建议：

第一，政府作为信贷扶贫的重要角色，要加强对信贷市场以及整个金融市场的监管，发挥政府这只"看得见的手"对特困地区宏观经济进行调控与管理，大力拓展政策性金融机构扶贫减贫功能，同时出台一系列激励措施和鼓励政策，支持和鼓励国有制商业银行和股份制银行在特困地区设立分支机构，将银行服务的辐射点扩大到特困地区。

第二，国家应出台有关政策大力支持和发展符合特困地区需求特点的村镇银行、小额贷款机构等农村金融组织，同时支持和鼓励金融组织开展金融创新活动，大力开展新型信贷模式，重点支持特困地区主导产业和支柱产业的发展，优化信贷资金使用效率，增强特困地区的区域经济发展能力。

第三，中国人民银行总行应对特困地区采取差别化政策，对片区内金融机构采取差别化存款准备金率和差别化贷款利率以减轻农户贷款压力，同时通过加大扶贫贴息资金投入和合理管理不良贷款来号召片区金融机构加大贷款投放力度，确保特困地区贷款增速不落后于全省贷款增速，满足农村水利、电力、通信、交通、教育、能源等重大基础设施建设项目和中小企业以及低收入家庭的贷款需求。

第四，要发展普惠金融，牢牢把握住"精准扶贫"的理念，建立专门管理机构合理妥善管理贫困农户信息以确保每一位特困户都能得到信贷政策的援助，同时组建监管小组落实信贷资金的到户情况，真正做到"扶真贫"；同时加强片区信用体系建设，关注特困户的还贷情况，减少不良贷款的数量，提高片区的信用程度，营造良好的信用环境。

第五，在大数据时代和"互联网＋"的双重背景下要推动互联网创新金融产品在特困地区的发展，改变特困户传统金融理念，增加特困地区ATM 机、POS 机数量，扩大储蓄卡、信用卡等银行卡在片区的使用范围，推广网上银行、手机银行、支付宝、微信支付等新型电子化支付方式，创新信贷政策实施方式和渠道。

第八章　大数据时代集中连片特困地区电商扶贫

第一节　大数据时代扶贫攻坚的新特点

阿里巴巴的创始人马云曾经说道，当我们还没有弄清什么是个人计算机的时候，互联网就到来了；当我们还没有弄清什么是互联网的时候，大数据时代已经到来了。从互联网时代向大数据时代转变，必将对我们的生产、生活产生深远的影响，终将带来大思维的变革。大数据时代，只要我们一出门就处于第三只眼的监控之下。大数据将各行各业、买家卖家、各种信息多种渠道都紧密地联系在一起。与互联网时代相比，大数据意味着海量的存储，根据"以太网"发明人麦特卡尔夫（Robert M. Metcalfe）所创造的定律，网络的价值与其用户的平方成正比。也就是说，上网的人数越多，创造的价值越大。1965 年，英特尔创始人之一戈登·摩尔（Gordon Moore）提出摩尔定律。该定律认为，同一面积的集成电路上，可容纳的晶体管数目每 18 个月翻一番，同时，性能提升一倍。也就是说，全世界对数据的储存与处理越来越快，越来越方便，越来越便宜。互联网的发展只会越来越快，存储的容量越来越多。这种变革也使得精准扶贫成为可能，大数据时代扶贫攻坚呈现出"两高一少"的特点。

一、扶贫对象瞄准性不断提高

以前，扶贫对象的瞄准是一个现实存在的难题，尤其是特困对象或者说深度贫困群体（主要是指每日收入低于 1.25 美元全球贫困线标准的群体）主要居住在偏远的地区，生存条件恶劣，所在自然村基础设施落后，与外界联系较少，较难被外界所认知并获得相应的帮扶。扶贫对象瞄准经历了以县（592 个国家级贫困县的确定）为单位到 2002 年国务院扶贫办确定的 15 万个整村推进实施，再到现在的以乡为单位（西藏自治区已经开始实施）的转变，具体见图 8.1。由图 8.1 可以清晰地看到，从 1978—2000 年，扶贫对象数量呈现大幅度下降，全国贫困人口数量由 1978 年的 2.5 亿人下降到 2000 年的 2688 万人，贫困发生率亦由 1978 年的 30.7%下降到 2000 年的 2.8%，累计减少贫困人口约 2.3 亿人，为世界贫困人的减少作出了突出的贡献。但是 2000 年以后，全国贫困人口的数量呈现先升后降的趋势，主要是因为 2011 年年底，我国将贫困标准线进行了大幅度提高，由原来的 1274 元提高到现在的 2300 元，使更多的贫困群体纳入帮扶的范围。2011—2014 年又呈现出大幅度下降的趋势。这和我们全面建成小康社会的宏伟目标密切相关。各级政府都采取了积极有效的措施，确保 2020 年我国绝对贫困人口全面消除。

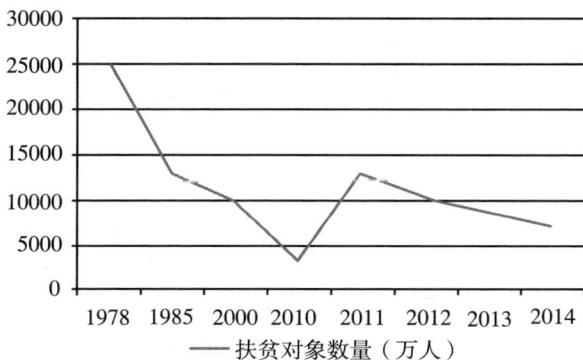

图 8.1　1978—2014 年贫困人口数量

资料来源：作者根据统计局资料整理。

　　2014 年 14 大连片特困地区贫困人口较上年下降 623 万人，截至 2014 年年底，尚有贫困人口 3518 万人，下降幅度 15%，贫困发生率为 17.1%。其中，武陵山片区尚有贫困人口 475 万人，贫困发生率 16.9%，低于 14

大连片区平均水平；贫困发生率最高的为西藏区，达到 23.7%，实际贫困人口 61 万人；最低的为大别山区，为 12%，实际贫困人口 392 万人。具体见图 8.2。

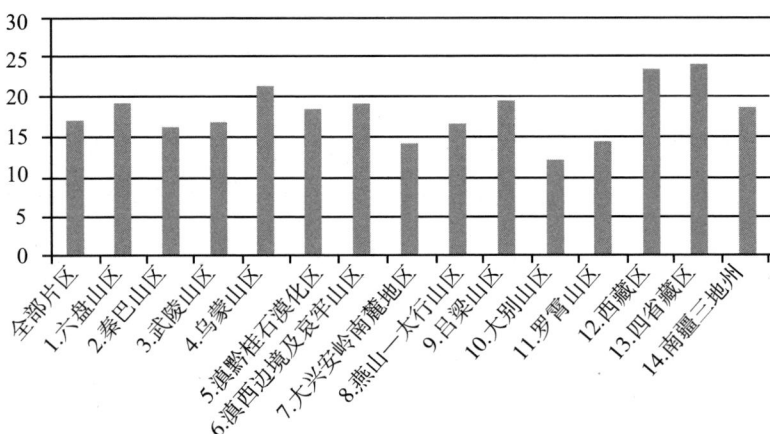

图 8.2　14 大连片特困地区 2014 年贫困发生率

资料来源：作者根据统计局数据整理。

　　由上述数据可见，大数据时代为扶贫对象瞄准提供了更加精确的可能性，《中国农村扶贫开发纲要（2010—2020 年)》出台后，我国贫困人口大幅度降低，已由 2011 年的 1.28 亿人下降到 2014 年的 7017 万人，尽管后期的任务依然艰巨，但成绩喜人。2013 年习近平总书记提出精准扶贫的概念后，以贵州省玉屏县等地区为代表的贫困地区亦非常重视，逐户走访录入后将相关资料录入电脑并在扶贫办统一管理下实现了"鼠标一敲，资料尽显"，从而对偏远地区极端贫困群体实现较好地帮扶。尽管现在还存在资料简单、农村网络不健全等一系列问题，但相信未来随着互联网更加快速地发展，困扰许久的扶贫对象瞄准将变得更加准确、高效。

二、扶贫资金拨付"跑、冒、滴、漏"现象不断减少

　　扶贫资金针对性强，属于专项资金。随着扶贫规模的增加，扶贫资金

投入的加大，扶贫资金的使用问题也成为社会关注的热点。扶贫资金在很多地区较长一段时间存在"跑、冒、滴、漏"违规使用的情况，特别是贫困县，经常可以听到类似的负面信息，这在一定程度上降低了公益人士帮助落后群体的积极性。

2015 年 1 月，习近平总书记在云南考察时，就扶贫资金的问题作出了指示，要增加资金投入和项目支持，实施精准扶贫、精准脱贫，因乡因族制宜、因村实施、因户施法，扶到点上，扶到根上。扶贫项目安排和资金使用都要提高瞄准度，不要大而化之、撒胡椒面，更不能搞不符合实际的面子工程。在国务院新闻办介绍《中国农村扶贫开发纲要（2011—2020 年）》中，财政部部长助理胡静林就有关资金管理方面的提问作出了详细的解答，强调审计署、国务院纠风办等部门以及财务部都对扶贫资金使用管理进行了多次检查、抽查，总体情况看，资金使用管理相对规范。

为了进一步规范扶贫资金的使用，在电商扶贫的资金扶持上，国家的重心将向县、乡、村三级物料配送体系倾斜，使其监管更容易。2015 年，财政部、商务部公布了 2015 年电子商务进农村的 200 个示范县名单，将对农村电子商务的发展进行专项资金扶持。同时，大数据时代互联网为财政专项资金的监管提供了更加精细化的可能，使得资金拨付有可能由原来的"面对面"向"点对点"进行转变，减少资金拨付环节，降低资本拨付成本，使财政专项资金能够直接拨付到贫困农户账户，实现扶贫资金扁平化管理，专项资金使用效益得以不断提高，预决算力度增强。除此之外，利用大数据的优势，对每笔账款实行检查监督，健全扶贫资金绩效评价机制，充分考察扶贫资金的有效性，争取把每一笔扶贫资金都用在贫困群众身上，使所有资金的效用最大化。

三、产业扶贫效益不断提高

大数据为产业扶贫提供了更多的信息和契机，解决了产业发展过程中的三个问题。一是为产业发展指明了道路，即解决了生产什么的问题。在公司或者能人的带领下，小农户能够更加从容地面对大市场，不用为市场到底需要什么而烦心，安心从事生产，改变了以前靠天吃饭，生产计划滞后，农业生产品种经常更换的问题。要实现这种转变，需要公司或者带头人充分利用互联网，加强产前信息的收集和整理，养好专业生产所需要的大数据，使数据为产业服务。二是加强了技术指导和管理，解决了怎样生产的问题。小农户在生产过程中不可避免地存在这样那样的问题，尤其是生产技术问题。原来主要依靠农业生产技术人员上门进行指导，而今农业技术站也存在"人散、线断、网破"的现象，农村技术人员在现代社会大量流失，现有的技术人员很难满足农户农业生产的需要。在大数据时代，完全有可能转变原来一对一指导的方式，通过现代化的通信方式，加快农业生产技术的传播和扩散。三是拓宽了销售的渠道，解决了产后产品的销售问题。淘宝网的诞生，在很大程度上解决了厂商与消费者之间信息不对称的问题，也在一定程度上降低了交易成本。目前，较多贫困地区产业扶贫实施的项目主要是通过发展龙头企业实现"产、供、销"一条龙，"贸、工、农"一体化来尽可能带动贫困农户参与生产来改变生存状态。大数据时代，使得有竞争力的产品有了更多销售渠道，酒好不怕巷子深，销售问题的解决在一定程度上有助于农户提高收入和改善家庭条件。根据《2014年国民经济和社会发展统计公报》，2014年，全国居民人均可支配收入20167元，同比增长10.1%。按常住地分，全国城镇居民人均可支配收入28844元，其中，城镇居民人均可支配收入中位数为26635元，农村居民人均可支配收入9892元。2014年，连片特困地区农村居民可支配收入为6724元，其中，工资性收入占比为32.5%，第一产业经营净收入占经营净收入比为36.3%；人均纯收入为6302元，较去年同期增长12.9%。其中，武陵山区人均可支配收入为6743元，人均纯收入为6115元，较2013年增长10.8%；人均纯收入按降序排列前三名依次为大别山区、西藏区、大兴安岭南麓山区。应该说，大数据的应用有效地助推了产业扶贫建设，提高了产业扶贫效益。

第二节 大数据时代集中连片特困地区电商扶贫的
支撑体系与模式

一、电商扶贫的内涵

2008 年，国家扶贫办启动信息化扶贫工程。2014 年年底，全国扶贫开发工作会议召开，会议首次正式将电商扶贫纳入我国当前扶贫开发工作体系。信息扶贫或者说电子商务扶贫，是将信息时代日益主流化的电子商务纳入扶贫开发工作体系，是扶贫开发顺应新形势的发展需要。国家统计局数据表明，2014 年，我国全社会电子商务交易额达 16.39 万亿元，同比增长 59.4%。国务院发展研究中心信息网显示，根据调查，2014 年，在企业自建的电商平台（纯自营平台）上实现的交易额为 8.72 万亿元，同比增长 65.9%；在为其他企业或个人提供商品或服务交易的电商平台（纯第三方平台）上实现的交易额为 7.01 万亿元，增长 53.8%；在既有第三方又有自营的混营平台上实现的交易额为 0.66 万亿元，增长 41.1%。

电商扶贫与产业扶贫究竟有什么不同？首先，二者所需的客观条件不同。电商扶贫过程中需要以互联网、物流等基础设施作为支撑。电子商务迅速发展是基于互联网使用的普及性和低成本性，在此基础上，商品销售脱离中介直接由企业到消费者，而这个过程的实现，离不开物流。根据中国互联网信息中心发布的第三十五次《中国互联网发展状况统计报告》显示，截至 2014 年年底，我国的农村网民有 1.78 亿人，占全国网民的27.5%，部分地区的人们，因为收入或者不懂操作等技术原因，依旧没有投身到互联网的大军。此外，大部分农村处于偏远不发达地区，交通设施不完备，建立物流网有很大的障碍。而产业扶贫的过程中需要以贫困地区某种产品或者资源服务为基础，在当地政府和龙头企业的带领之下，贫困人群可以出资或者出力，实现当地特色产品生产包装打造等一系列完整的过程，从而达到脱贫的目的。其次，二者所面临的环境不同。电子商务的应用过程中，由于网络的开放性，贫困户所面对的是全球的数亿网民，各阶层的消费者教育程度、年龄、喜好、语言、文化等差别很大，而一般贫困地区的人们生存环境单一、教育程度普遍较低，比较质朴，所以可能会给经营带来很大困难。此外，由于消费者缺乏对商品的直接触摸和感受，也会增加交流成本。产业扶贫所面对的环境基本还在当地，人们沟通的重点基本还在特色产品的生产提升之上。整体来说，电商扶贫所要面临的环境更加复杂，对贫困户的能力要求更高。

二、电商扶贫的支持保障体系

电商扶贫的过程涉及面广，环境的变化较快，需要多个主体参与。因此，电商扶贫的保障体系应从以下三个方面着手。

（一）政策法规体系

电商扶贫还是个新概念，电商扶贫发挥作用离不开政府在投资融资、信息化和基础设施建设等方面的主导作用，就实施层面来看，只有2015年1月国务院扶贫办批复的首个试点——甘肃陇南地区。鉴于电商扶贫的带动性、时代性、经济性，应该尽快将电商扶贫纳入国家扶贫战略当中，加大研发经费和人员的投入。对于贫困地区的政府来讲，要将重心放到乡村通村公路、宽带网络、物流仓储、快递配送等基础设施建设，为电商扶贫开展创造条件，也要加大对本地公共服务中心的建设，注重对电商扶贫概念的宣传和推广。电子商务是互联网时代新兴产物，需要相应的专业人才，因此要建立相对应的人才引进计划，鼓励更多外出读书的大学生返乡创业。电商扶贫涉及面广，除了国家和地方政府之外，还需要广泛调动社会力量，如非营利性组织，京东商城和阿里巴巴也已经把电商扶贫作为其履行企业社会责任的一个切入点。

市场经济的正常运行依赖法制和信用，信用又靠法律来保障。我国目前尚缺乏相应的法律法规及时地对电子商务等问题进行管理和解决，暂时只有2013年启动的《电子商务法》立法进程，而国际上已经有了部分电商法规。现在网民在进行电子商务交易时，都是根据电商平台的规则，但消费者和电商之间、电商和电商之间的信息不对称，所以会出现恶性竞争、恶意攻击，消费者的复杂多样也会使某些网店双方的权益得不到完全保障，这对我国电商产业发展和电商扶贫是严峻挑战。所以，加快电子商务、电商扶贫的相关立法工作刻不容缓。

（二）人才支持体系

电子商务涉及多个领域，因此，一支高水平、结构合理、优秀的电子商务人才队伍是电子商务发展的基础。关于人才体系的建设，应该根据人才的不同来源，采取相应的重点支持。电商扶贫过程中的参与主体大多数文化水平较低，年龄较大，学习能力较差，针对这个群体，应该以培训为主。对参与电商扶贫的负责人员、管理人员也应该开展培训工作。2015 年 6 月 3 日，扶贫志愿者行动计划电商能力建设 MOOC + 课程的录制仪式在贵州省铜仁市举行（慕课是一个在线学习平台）①，整个视频课包括电商体系及案例、农产品追溯、微商营销、仓储物流等模块，基本上涵盖了农村电商可能涉及的所有领域。借助该平台，人们可以进行线上学习。此外，还可以举办讲座和对电商扶贫学习的面授班，使其更加方便地学习。而对于电商扶贫过程中需要的精通计算机技术和网络应用的专业电子商务人才，应该尽各方面努力营造一个良好的创业环境，吸引人才，留住人才。

（三）农村基础设施保障体系

电子商务的开展需要信息流和实物流为基础，要想使电商扶贫工作能真正起作用，基础设施必须改善，这在我国地理位置偏远、经济发展落后的贫困地区是有很大障碍的。在交通基础设施方面，贫困地区仍处于以通畅为主的发展阶段，地区与地区之间的连接也较少，大多数贫困地区离市区较远，很大程度上限制了物流业的发展。农村特色产品要送到世界各地的消费者手中，涉及的交通工具多，距离远，大大增加了物流配送时间和成本，这也会使得电商扶贫失去本身的意义。同时，在网络覆盖方面，根据 CNNIC 发布的《2014 年中国农村互联网调查报告》显示，截至 2014 年

①　铜仁市人民政府：《我市电商扶贫能力建设慕课项目结课》，2015 年 6 月 4 日，见 http：// trs. gov. cn/news/201564/n39180. html。

12 月，中国农村网民规模达 1.78 亿人，年增长率为 1%。城镇网民规模为 4.7 亿人，城镇网民增长幅度大于农村网民。网民中农村网民占比 27.5%，较上年下降了 1.1 个百分点。[①] 这些数据可以反映农村互联网普及率呈逐年上升的趋势，但是对贫困地区而言，仍有很多地方没通网络。部分地区安装了电脑，但使用率不高，大部分村民仍然不知道如何正确使用电脑，这也为电商扶贫带来了一定的困难。因此，建立交通道路网、完善农村物流体系，提高农村网络覆盖率、普及贫困地区居民网络知识，提高农村互联网普及率是电子商务扶贫工作必须要解决的问题。

三、电商扶贫的模式

（一）P2P 模式

P2P 是 Peer – to – Peer 或 Person – to – Person 的简写，是个人对个人的小额信贷模式。这种方式最大限度地为借款人和借出者提供了安全交易的可能。自 2009 年兴起之后，基本的模式有：纯线上的业务、线上线下结合的模式、纯线下的业务。目前一些 P2P 平台已经开展了一系列的助农业务，主要是把社会上有闲置资金的人群和困难户对接，实现扶贫的目的。为了有效地控制风险，多数采取与农村小额贷款机构合作。一般的操作流程为：有意向参与扶贫的在 P2P 平台联系贫困地区有意愿合作的小额贷款机构，由贷款机构选择合适的借款人，并反馈给 P2P 平台，再由平台的出借人出借，然后由 P2P 平台与贫困地区的小额贷款机构进行结算并进行资金支付，随后借款人在还款期限内通过小贷机构与平台再次进行资金结算，还款给出借人。此外，还可以借鉴国外发展较成熟的 P2P 公益平台 Kiva、Zidisha 的经验。

（二）参与主体整合模式

电商扶贫参与主体的效率直接关系到贫困地区电商扶贫效果。目前，

---

① 中国互联网络信息中心：《2014 年中国农村互联网调查报告》，2015 年 2 月 9 日，见 http：//www.cnnic.cn/hlwfzyj/hlwxzbg/ncbg/201506/t20150617.htm。

主要的参与主体有当地公共机构和地方企业。公共机构主要是指当地政府部门、科研教育机构，地方企业主要指以当地特色产业为依托，为当地经济发展起到带动效应的企业。

公共机构可以有助于协调电商扶贫服务平台在运营过程的相关部门，能够更有效率地将资金落到实处。此外，公共机构还方便派遣相关人员进入到电商扶贫的相关工作当中。同时，政府这只"无形的手"还可以弥补市场机制不完备带来的影响。农村企业对电商扶贫的发展思想上能够高度赞同配合，执行过程中，国家对电商扶贫的特殊政策，也能够帮助到农村企业的发展，从而实现双赢。公共机构和企业在电商扶贫工作过程的整合，地方企业可以弥补政府机构作为非营利组织层级结构固定，管理效率低，对人力资源缺乏一定绩效管理的缺点，地方机构还可以弥补企业建立在政策、资金的需求，从而为当地企业提供好的服务。

（三）业务培训模式

俗话说"授人以鱼不如授人以渔"，在解决扶贫问题上，资助当地现成的资金，不如教会贫困地区的人们怎么样脱贫致富。中共中央办公厅、国务院办公厅《关于创新机制扎实推进农村扶贫开发工作的意见》（中办发〔2013〕25 号）明确提出，要"加大培训力度，充分利用有关部门现有培训项目，着力提高其信息获取和服务能力"。[①] "农村基础设施差、物流成本高等，通常被认为是制约农村电商发展的主要问题，实际上更应注意到电商扶贫培训效益问题"，作为经济欠发达省份，电商人才的稀缺是普遍现象，而在培训中，应提升培训课程的针对性，如针对地方政府官员的培训，主要目的是提高其对电商以及电商扶贫的认知度。

目前，付诸实践的培训模式是利用 MOOC 来进行电商扶贫，以此来为贫困地区的电子商务发展和人才培养提供路径，在此基础之上依据各贫困地区个性化需求，去开发相应的个性化扶贫课程，还可以招募相应的领域

---

① 新华网：《关于创新机制扎实推进农村扶贫开发工作的意见》，2014 年 1 月 25 日，见 http：//news. xinhuanet. com/politics/2014 － 01/25/c_119127842_3. htm。

专家成为志愿者，从而让更多贫困地区的人们接受电商培训，以此增加收入，提高生活水平，进而促进扶贫工作的开展。

利用移动互联网技术，可以降低知识的传递成本，从而可以使得扶贫工作在短时期内实现规模化。同时还可以整合阿里巴巴、京东、苏宁、一号店等电商龙头企业、专家学者、社会组织等资源，参与电商扶贫工作，来提高社会各界对扶贫工作的关注程度，让更多的消费者通过新的商业模式参与到电商扶贫事业中来。最后，为提高培训效率，政府还应该加大培训资金投入，注重师资队伍的建设。

第三节　新时期电子商务企业扶贫模式创新
——以苏宁云商为例

当前，随着移动互联网的快速发展，电子商务已经对我国经济社会发展产生深远的影响。相关研究表明，2014 年，我国网络零售交易额达到2.79 万亿元，网购用户规模达到 3.61 亿人。中国互联网络信息中心（CNNIC）发布的第 36 次《中国互联网络发展状况统计报告》显示，截至2015 年 6 月，我国网民规模达 6.68 亿人，互联网普及率为 48.8%。与此同时，在我国农村地区尤其是连片特困地区，由于商品渠道、信息相对闭塞，"青鸟"啤酒、"康帅傅"方便面、"怡怡"瓜子等伪造商品，仍然充斥在农村集市上，这在一定程度上真实体现了农村市场假货充斥的现状，农村商品市场期待一场重大的变革，而移动互联网、大数据产业的发展为其提供了重要的契机。但是，连片特困地区电子商务产业发展存在电商人才匮乏、物流配送基础设施滞后等问题，其农副产品、旅游资源难以走向城市，而全国优质的商品亦难以进入农村市场，双向渠道不通畅的问题凸显。

2015 年 11 月 27—28 日召开中央扶贫开发工作会议，中共中央总书记、国家主席习近平在会议上提出，要坚持精准扶贫、精准脱贫，重在提高脱贫攻坚成效，关键是要找准路子、构建好的体制机制。在我国电子商务兴起、全社会参与扶贫攻坚战的大背景下，电商扶贫闯出了一条新路子，即"网货下乡"＋"农货上网"的扶贫模式。其中，"网货下乡"可以让农村真正享受到消费市场的公平，进而提高生活品质；"农货上网"通过搭乘电商快车走向全国，使村民们得以切身感受到"互联网＋"的福利。电商扶贫能够很好的促进信息的集约化、地方化、数据化和精准化，能够有效解决生产者和消费者之间的信息不对称问题，不仅为众多的消费者（城市和农村消费者）提供更多可供选择的机会，同时也在一定程度上促进了商品尤其是深山特色农产品的销售，缓解了小农户与大市场的矛盾，有助于社会整体福利的提升。

一、当前电商扶贫存在的主要问题

随着我国农村经济的发展和互联网环境的不断改善，普通地区农民网络购物率逐年上升，截至 2014 年年底，我国农村互联网普及率达到28.8%，农村网民总数达 1.78 亿人。从横向进行分析，与城市网购数量、互联网普及率相比存在较大的差距。截至 2015 年 6 月，我国城镇地区与农村地区的互联网普及率分别为64.2%和30.1%，相差34.1 个百分点；从纵向比较，每年都有较大幅度的增长。中国互联网络信息中心的研究表明，截至 2015 年 6 月，我国农村网民规模达 1.86 亿人，与2014年年底相比增加 800 万人。面对农村市场发展的巨大潜力，包括特困地区在内的农村市场已成为各电商巨头的规划蓝图，不论是阿里巴巴的"农村淘宝"、京东的"冷链物流"，还是苏宁的"线上线下O2O扶贫"，都希望让贫困地区农村百姓也能享受互联网时代的红利。然而，特困地区仍有其自身发展的弊端，比如基础设施滞后、电商扶持资金缺乏、电商人才缺乏、农产品标准化程度低等因素，都将阻碍特困地区农村电商的发展，电商"下乡"之路困难重重。

（一）特困地区基础设施滞后

我国特困地区大多地处偏僻，经济发展相对落后，其公路基本处于以通达为主的发展阶段，其通达的深度、密度远远不够，农副产品进城市，不仅环节多，而且空间距离远，电子商务的快捷性和便利性难以显现；电子商务扶贫需要良好的物流配送体系，由于特困地区农村交通闭塞，很多快递公司仅覆盖到县，并未延伸到乡镇村一级，从而很大程度上限制了农副产品的流通，即便有少数快递可到达，但价钱高、速度慢等因素，也不利于电子商务的发展；据报道，近年农村互联网网民规模继续扩大，城乡互联网普及差距进一步缩减，但特困地区农村经济发展较落后，很多乡镇仍未通网络，即便已连通网络，但网络信息知识欠缺，很多家庭仅仅安装了电脑，互联网使用率很低。

（二）特困地区资金、人才缺乏

任何扶贫工作均离不开资金的推动，具有了资金支持，电商工作才得以顺利开展。虽然电商扶贫已提出数年，但在扶贫体系中得到支持的力度仍不大，从而电商扶贫资金存在投入不足、拨付不及时、农民贷款困难等问题，这些因素均加大了电商扶贫的难度。

另外，电商人才是决定电子商务工作开展顺利与否的主要因素，高水平的电商人才是电子商务发展的基础。然而特困地区在电商扶贫过程中，在人才方面仍存在许多限制因素。当前，一些特困地区电商服务人员整体素质不高，计算机网络技术方面的能力不足，直接影响了当地电商发展的顺利进行。

（三）特困地区农产品标准化程度低

我国特困地区大多地处偏僻，交通闭塞，信息封闭，知识技术和操作方法较原始，特困地区农民缺乏产品优选、产品分级、科学贮藏、商业运作理念等知识技能，没有打造农产品品牌的意识，从而造成农产品廉价出售，甚至大量积压难以销售出去。

二、新时期电子商务企业扶贫新模式

（一）苏宁"互联网＋"扶贫模式

1. O2O 双线扶贫模式

为了更好地发展电子商务产业，苏宁电器于 2013 年 3 月 22 日正式更名为苏宁云商，指出未来苏宁的发展将转变为"店商＋电商＋零售服务商"的全新"云商"模式，进一步明确了企业未来在电子商务方向发展的战略。苏宁作为国内最大的商业零售企业，在农产品进城的道路上，开创了其特有的 O2O 双线扶贫新模式。通过这种模式，苏宁不仅将把特困地区绿色、高效、优质特色农副产品送到城市，而且还能卖出好价钱、打造出好品牌，既让城市人享用到放心健康的食品，又让特困地区农民得到实惠，从而实现多赢。

苏宁 O2O 双线扶贫，即在线上方面，苏宁将帮助 100 个贫困县挖掘优势资源，打造网销产品，并相应在苏宁易购超市频道上线 100 家"地方特色馆"，为当地特色农副产品拓展销售渠道，扩大销售范围，为这 100 个贫困县提供"造血式"扶贫；在线下方面，在体验式消费渐成趋势之际，苏宁正在对全国 600 多个城市中的 1600 多家门店进行线下转型，把单一的 3C 销售门店打造成集娱乐、休闲、体验、消费于一体的购物中心式的云店。苏宁将在其部分门店建立电商扶贫 O2O 体验展示专区，集中展示贫困地区优质特色农副产品。

比如，2015 年 10 月 11 日，北京苏宁易购联想桥云店开业当天，店内展示了二十多个偏远贫困地区的农副产品。以其中的哈尼族红米为例，其产自云南省红河州元阳县，由于地处云贵高原西部，地形崎岖，交通运输成本高，再加上市场运营经验缺乏，使其市场外销量极低。苏宁云商还专门派调研团队前往红河州实地调研，挖掘产品资源，打造"哈尼族红米"品牌，最终在线上苏宁易购超市频道"中华特色馆"上线了"红河馆"，在线下苏宁云店开设了哈尼族红米的体验展示专区。在门店的体验展示区，消费者亲身品尝来自云南红河州大米的同时，既可听专门人员讲解相关信息，也可扫描外包装的二维码追溯产品信息，包括哪里耕种、何时采摘、谁来采摘、保质日期等具体信息。最后，消费者既可在门店体验后当场购买，也可在门店了解实物后，使用苏宁易购 APP 超市频道的"中华特色馆"下单，下单后由贫困地区商户原产地采摘直接发货，在 3—5 天内由苏宁快递送货到家。由此，哈尼族的红米销往了全国，且每公斤红米的销售价格基本达到 20 元以上。

2. 输出"零售 CPU",打造"共享经济"

苏宁云商董事长张近东,于 2015 年 8 月在苏宁总部举行的第三季度部署会议上,首次抛出"零售 CPU"概念,即商品供应链、物流和服务,也可以表述为打造商品供应链的专业化经营的能力,广覆盖、快捷便利的物流能力,以及满足用户需求的 O2O 极致服务的能力。同时,张近东还表示苏宁用六年时间构建了这一商业零售能力,会将此能力向行业、社会输出,为用户打造线上线下融合的极致体验。

苏宁云商主要从三个方面实现这一目标。在供应链方面,苏宁通过对线上、线下数亿用户数据的挖掘,为供应商提供营销产品、精准推荐、商品订制和供应链管理等一系列内在的工具和应用。比如从项目启动阶段的众筹、新品上市阶段的预售、品牌提升阶段的闪拍、批量售卖阶段的大聚惠,再到尾货清仓阶段的特卖闪购等一系列营销产品;在物流方面,自从 2015 年 4 月苏宁"物流云"向第三方开放以来,已有超过 70% 的苏宁易购平台商户,开始将自身的物流系统和苏宁物流对接使用,这不仅缩短了产地、渠道、顾客三方之间的距离,加速了产品物流速度,提升了供应链效率,同时也使得他们的用户可享受到苏宁物流次日达、极速达等特色服务;在服务方面,苏宁推出了"云店",融合线上线下商品展示、体验、互动、售后服务等。

2015 年 12 月 17 日,浙江乌镇召开"第二届世界互联网大会·乌镇峰会",习近平总书记在"互联互通,共享共治"主题下,将"互联网 +"、共享经济作为主要论点,由此表明共享经济时代已经到来。苏宁向行业、社会输出"零售 CPU",让企业资源社会化的模式,与国家政策规划中提出的"共享经济"不谋而合。

此外,苏宁云商还分别于 2015 年 8 月 10 日、9 月 6 日与阿里巴巴集团、万达集团签署战略合作协议,携手整合双方优势资源。苏宁先与阿里联姻,后跟万达牵手,使电商零售的竞争格局发生了很大改变,加快了该行业进入大一统时代的速度,共享经济商业模式的序幕已经掀开。

（二）京东全面开放"冷链物流"体系

生鲜电商一直是电商行业内的重点话题，也是电商行业最后一片蓝海，但其发展仍受多种问题困扰，归纳总结为两方面：一是前端个性化的生鲜产品难以转换为标准化产品，二是后端的物流运输难以较好地解决生鲜冷链"最后一公里"的配送问题。

在 2015 年中国电子商务排行榜 TOP 150 中，京东商城总分 97.32，位列第三名。在冷链物流方面，京东集团依托自营配送体系，根据已有数据基础和物流技术，取得了一定的突破，并于 2015 年 11 月 8 日公布生鲜冷链物流解决方案，称将面向商家全面开放，解决了"最先一公里"和"最后一公里"的生鲜运输难题。在"最先一公里"方面，京东冷链物流的发展，可以帮助解决京东农村电商 3F 战略（工业品进农村战略、农村金融战略、生鲜电商战略）中的进城问题。京东农村电商网络布点已基本完成，10 万名乡村推广员为农产品进城提供了网络保障，在物流冷链开放后，农产品销售得到很快的发展；在"最后一公里"方面，京东则广泛地与大型食品商家合作，后者提供专线冷链优势，京东提供"Door to Door"服务，因而从两个角度解决了生鲜运输难题。

（三）阿里巴巴"农村淘宝"项目

阿里巴巴与自建物流体系的京东不同，它选择与电器寡头海尔集团合作，分享海尔日日顺在中国 3—5 级城市以及乡镇中的影响力和庞大的渠道网络，从而获得了一个遍布全国 2886 个区县、乡镇的家电及其他大件商品的仓储、配送、安装、售后服务网络。此外，"农村淘宝"作为阿里巴巴的农村战略项目，仅短短一年时间便在全国 27 个省约 6000 个行政村设立了服务站，召集了一批返乡青年回乡担任"村淘合伙人"，由他们指导帮助村民订购互联网上的商品，甚至承担网购商品"最后一公里"的配送。

2009—2015 年，阿里研究院连续多年发布《中国淘宝村研究报告》，该研究清楚显示了中国淘宝村在近年来的快速增长。2009 年，符合标准的淘宝村只有 3 个，2013 年 20 个，2014 年 211 个；2015 年，符合标准的淘宝村达到 780 个，同比增长 268%。

三、苏宁云商"互联网 +"模式对其他电商的启示

大数据时代，企业商业模式面临重大变革，无论是苏宁云商、京东商城还是阿里淘宝都感同身受，谁先把握住了先机，有效占领农村市场，构建起了适宜的商业模式，谁就拥有了未来利润的稳定新增长点。而这，首先依赖于企业对欠发达地区农村市场尤其是集中连片特困地区农村市场的关爱与支持，即多赢格局的共建。苏宁云商新时期电子商务扶贫模式的创新，对其他企业具有一定的借鉴意义，具体如下：

第一，苏宁云商新模式弥补了过去线下体验的不足，在"互联网经济＝体验经济"的趋势下，苏宁云商这一线上线下双线 O2O 模式，将实现"互联网经济体验价值"。根据麦肯锡 2015 中国数字消费者调查，顾客更希望线上购买，而之所以线下体验试用、线上下单购买，多数是因为网店的价格更优惠。而苏宁云店"线上线下双线 O2O"模式打破了这一消费模式，实现了 O2O 两端价格透明，让电商时代的门店不仅仅是商品的"试衣间"。

表 8.1　麦肯锡 2015 中国数字消费者调查

消费者比例	消费者倾向
72%	希望线上购买，线下退换货
56%	希望线上购买，线下提货
55%	希望线上下载优惠券，在实体店使用
33%	购买前在网上定制产品
32%	网上查询实体店库存
31%	希望线下扫描二维码下单

资料来源：2015 麦肯锡中国数字消费者调查。

第二，苏宁也在改变扶贫思路，由以前的"输血式扶贫"转为"造血式扶贫"，尤其注重特困地区农村电商人才的培养。苏宁计划于未来三年协助贫困县政府加强电子商务实用性培训，三年培训累计不低于 10000 人次。

第三，苏宁致力于打造"一村一品"，将贫困地区农产品规模化、产业化。苏宁通过精准的大数据分析、先进的互联网技术、完善的物流配送体系等帮助特困地区打造"一村一品"解决信息不对称以及产品缺乏品牌等问题，从而不仅帮特困地区农户售出特色农产品，而且还打造出自有品牌，售出好价钱。此外，苏宁云商坚持原产地发货，确保产品溯源，提高了消费者信任。

第四，苏宁先后与阿里巴巴、万达进行战略性互投，签署战略协议。进一步将线上与线下融合，实现互联网与实体的"共享经济"，此外其向社会输出自有"零售CPU"的能力，与全行业、全社会分享溢出效应。一方面，使电子商务扶贫实现规模化发展，在一定地域内形成良性循环；另一方面，使当地贫困户即使没有直接参与电子商务产业链，也可以从中分享发展成果。

四、苏宁云商发展电商扶贫的对策建议

首先，适度开发"冷链物流"或者与相关物流公司合作。2015年11月，京东集团已经全面开放"冷链物流"体系，而农产品中的生鲜产品的"最先一公里"和"最后一公里"始终是其"走出来"和"走进去"的难题。完善冷链配送物流体系，是占领生鲜电商行业的决定性条件。苏宁集团可以凭借其多年自有物流体系，适度开发"冷链物流"，也可以与京东物流达成战略性合作，分享其冷链物流系统，在生鲜电商中占取一席之地。

其次，苏宁向全社会输出"零售CPU"能力，将会面对开放共享与机密隐私的博弈，苏宁互联网零售核心能力一旦被共享给苏宁线下门店终端体系、物流体系、供应商体系等，就不可避免地面临信息泄露、竞争对手恶意抄袭的风险，苏宁云商需预先做好应对策略。

最后，苏宁云商不断扩张线上电商市场及线下门店，无疑势必增大投资成本，占有大量资金，融资问题日益重要。苏宁可加大与其他行业巨头的战略合作，融合资金，此外苏宁还可以加大与银行等金融

机构的合作，得到较为优惠的贷款条件，为后期战略实施提供重要的资金保障。

第四节　滇西边境山区电商精准扶贫案例
——以云南丽江为例

2011年12月6日，在国务院发布的《中国农村扶贫开发纲要（2011—2020年）》中明确指出将滇西边境山区在内的14个连片特困地区作为扶贫攻坚的主战场，滇西边境片区的扶贫开发已经上升到了国家战略的高度，其扶贫攻坚问题也成为"十三五"时期规划的重要任务之一。2015年11月，习近平总书记在中央扶贫开发工作会议上，强调电商扶贫是扶贫攻坚战的一条新路子，要以电子商务推进农村综合示范县为引导，重点促进电子商务与农村实体经济的深度融合，实施"互联网＋农村""互联网＋农产品"，支撑和推动农村经济社会跨越发展。

基于以上情况，本书将从14个连片特困地区中的滇西边境山区入手，分析丽江市的电商扶贫现状及存在的问题，对于我国电商扶贫实施过程中出现的问题提供借鉴和参考，也可为电商扶贫理论的丰富与完善作出积极贡献。

一、丽江市电商扶贫现状

丽江市地处云南省西北部云贵高原与青藏高原的连接部位，包括四县一区，四县分别为玉龙县、永胜县、华坪县、宁蒗彝族自治县，一区是指古城区，其中玉龙县、永胜县和宁蒗彝族自治县都属于滇西边境山区。回顾"十二五"期间，丽江市累计投入各类扶贫资金39.94亿元，发放信贷扶贫贴息贷款9.6亿元，农村贫困人口从2011年的25.3万人减少到2014年的12万人。

2015年12月，中央民族大学电商扶贫调研组对云南省"电商扶贫"进行了调研，并针对丽江市的农村商务扶贫现状进行了为期一周的深入调研访问。期间走访了丽江市商务局、丽江市扶贫办公室、玉龙县政府、玉龙县工信局，并于2015年12月7日，受邀参加了玉龙县政府召开的《玉龙县电子商务进农村综合示范县启动暨玉龙电子商务产业链建设签约仪式》大会。经过后期整理、归纳，现将分别从政府、企业、农户三个层面概述丽江市电商扶贫状况。

（一）政府在丽江市电商扶贫中起着引导作用

政府对农村电子商务进行统筹规划，2015年中央拨款20亿元专项资金全力扶持中西部地区，特别是革命老区的农村电子商务发展，丽江市政府积极申请专项资金，与此同时，完善有利于电商扶贫的优惠政策，综合运用政策、服务、资金等多种手段促进电商扶贫的开展。

1. 积极申报，争取电商项目资金

根据国家商务部、云南省商务厅下发的电商扶贫通知，丽江市商务局积极组织申报项目，希望通过财政资金的引领、鼓励，带动更多企业和社会资本进入农村。一方面，2015年5月，永胜县和玉龙县凭借明显的区位优势、突出的农业特色成功申请成为全国电子商务进农村综合示范县，并得到中央财政针对两县各2000万元的电商扶贫专项资金，用于完善县、乡、村各级物流体系，县域电子商务公共服务中心建设、村级电子商务服务站的建设、品牌和质量保障体系建设、电子商务培训等；另一方面，2015年10月，丽江市成功申请成为云南省电子商务进农村试点市，并得到云南省财政520万元的电子商务进农村专项资金，用于支持古城区、华坪县及宁蒗县的电子商务相关建设，为自身的脱贫减贫发展赢得了先机。

2. 出台相关扶持政策

在丽江市商务局对永胜县和玉龙县的全国电子商务进农村综合示范县申报成功后，丽江市政府为调动电商企业、电商人才及贫困地区农户的电子商务积极性，陆续推出一些相关扶持政策，具体如下：

（1）融资扶持

在融资扶持上，丽江市政府通过与农村信用合作社合作，一方面，对农村电子商务企业给予信贷支持，简化办理手续，并延长贷款年限；另一方面，加大对农村青年，特别是农村电子商务创业、电子支付应用带头人给予授信及贷款支持；此外，同时鼓励银行业金融机构对农村居民网络购物给予消费信用贷款，并实行优惠利率，改变农村居民对网络购物的不信任及抵制意识。

（2）税收扶持

丽江市对农村电子商务企业实行纳税奖励政策。对于玉龙县境内缴纳税收30万元以上的电商企业，前三年按地方所得部分的50%予以奖励；对于当年新落户的电子商务企业，按企业实缴营业税、增值税和企业所得税地方实得部分的等额资金标准给予奖励；对于其法定代表人、高管人员的个人所得税地方实得部分按等额资金标准给予奖励。

（3）土地扶持

在土地扶持上，丽江市政府、市国土资源局，鼓励利用存量土地发展农村电子商务产业，支持对现有楼宇进行结构功能的改造、升级，引导和支持楼宇面向电子商务企业招商，对入驻电子商务运营企业实行适当的住房补贴，此外优先安排大型物流企业、电商企业、快递物流企业等自建仓储物流配送中心项目用地。

（4）价格优惠扶持

在价格优惠扶持上，丽江市对农村电子商务企业用电、用水，采用与工业企业基本同价政策，并逐步实现商业用电价格与普通工业用电价格并轨。此外，凡未列入国家和省行政事业性收费目录的一律取消，凡行政性收费标准有下限幅度规定的一律按下限收取。

（5）放宽市场准入

在放宽市场准入上，丽江市商务局规定，各类电子商务企业登记注册时，各部门一律不得自行设置电子商务企业登记注册前置性审批事项。此外，创新电子商务企业住所登记制度，允许"一址多照"和"一照多址"，鼓励兴办电子商务创业孵化中心，电子商务经营者可以使用电子商务创业孵化中心的住所或办公区域作为企业住所登记。

3. 积极搭建、拓宽电商网络平台

丽江市政府、市商务局，在永胜县和玉龙县的全国电子商务进农村综合示范县申报成功后，出台相关扶持政策的同时，组成电商调研小组，于2015年上半年先后到红河州、楚雄州等地学习考察电子商务发展经验和模式。

（1）搭建电商网络平台

丽江市政府、市商务局经过对红河州"九红"农产品及楚雄州"野生菌"产业电子商务发展经验和模式的学习后，与多个电子商务公司商谈，经多方比较，最终与杭州杰夫电子商务公司签署合作协议，并帮助其注册成立丽江商盟电子商务服务有限公司，为丽江市的电商扶贫搭建了初期的电商网络平台。

（2）拓宽电商网络平台

2015年5月份与杭州杰夫电子商务公司签署合作协议，在淘宝网平台确立第一个电商网络平台后，丽江市政府、市商务局不断拓宽电商网络平台，陆续与阿里巴巴国际、亚马逊中国、京东商城、1号店等电子商务平台合作，实现丽江市农特产品的深度融合。比如建设B2B平台"阿里巴巴中国产业带—玉龙产地直供"，建设不低于1000平方米的O2O平台——中国"丽江玉龙之窗"基地，创建云南商务厅、云南品牌企业促进会"一乡一品""一村一品"示范，助力云南省委省政府"云品出滇战略"。建设跨境电子商务平台，推动外贸企业入驻阿里巴巴国际站和亚马逊国际，开拓新渠道和新市场。

（二）企业在丽江市电商扶贫发挥主体作用

在政府的统筹规划下，丽江商盟电子商务服务有限公司与政府紧密合作，在市场起决定性作用的大背景下充分发挥企业自身的主体地位，重点扶持有一定电子商务发展软硬件基础、有较完善城乡流通网络的企业，集中力量解决电商人才匮乏，农产品仓储以及推广难等问题。通过线上中国特色丽江馆的建成、线下建立企业孵化基地、进行电商人才培训等，为农村电子商务的发展奠定基础。

1. 企业为主，搭建电子商务网络平台，筑巢引凤

丽江商盟电子商务服务有限公司通过精心准备和与淘宝网的充分对接，淘宝网"特色中国丽江馆"运营方案于 2015 年 4 月 9 日在杭州淘宝城通过阿里巴巴集团审核，成为全国第 19 个通过的市州馆，并于 2015 年 5 月 1 日在淘宝网上线试运行。2015 年 5 月 1—6 日，在丽江机场、火车站、客运站和大研古城、束河古镇等重要景区进行农特产品线下推广，同时淘宝网通过首页、首焦、定投等对丽江特色产品进行线上推广，共发出快递 30000 多单，累计销售 300 多万元。经过 5 个月的试运行，上线企业 21 家，品类 217 种，完成线上销售近 1000 万元。2015 年 8 月 1—7 日，结合首届云南名特小吃暨民族饮食文化节，开展以"丽江味带回家"为主题的线上线下推广活动，通过美食节的推广宣传，让当地人和游客对丽江地道特产和淘宝特色中国丽江馆有了进一步的了解，使丽江馆成为购买丽江特产的首选，为今后丽江馆的品牌建设打下基础。进一步推动特色中国丽江馆项目的建设进程，扩大淘宝网"特色中国丽江馆"的影响力和知名度，2015 年 9 月 30 日，在古城玉河广场举办了以"互联网＋丽江——展最美新形象"为主题的淘宝特色中国丽江馆开馆活动，活动当天，丽江馆活动页面浏览量达 10 万多人次，成交金额近 100 万元。"丽江馆"上线以来，腊排骨、螺旋藻、玛卡、鲜花饼、东巴工艺品等丽江本地最具代表性的生态优质产品销售良好，到 2015 年年底，上线企业 20 余家，品类 200 余种，完成线上销售 1000 多万元。同时在京东、1 号店和亚马逊开设了地方馆，使丽江电子商务多平台发展。由于销售额效果显著，带来的利润可观，已经有 8 家当地的企业入驻商盟。

2. 培训、孵化创业小组，夯实电商人才基础

除了线上丽江馆的建立，线下商盟也做了很多努力。为了培养电商人才，壮大电商队伍，使更多的人从电商中受益，商盟在丽江市全年进行免费招生培训。参训人员主要来自社会还有刚毕业的大学生，以 4—6 人为一个小组。培训费用由政府与企业按 1∶1 的比例共同承担，同时，由入驻商盟的企业提供技术支持，培训重点在于电商平台的运作。培训完毕，参

训人员每人都可以从当地农村信用社得到 2 万元的贷款，并以小组为单位进行电商创业。在政府牵头下，丽江市还制订了"电商人才万人培训计划"，在全市范围内进行了电子商务培训。以此为核心，加大对电子商务发展的培训指导力度。2015 年 4 月 16—17 日，组织县（区）商务主管部门、工业园区、相关企业、青年大学生等 170 余人，精心举办了第一次"丽江市电子商务培训会"，邀请阿里巴巴、支付宝等专家 9 人前来授课培训。2015 年 9 月 21—25 日，到各县（区）举办电子商务知识培训，各县政府领导、县直相关部门、乡镇、村委会负责人、大学生村官等 800 余人参加培训，进一步提高了各级领导对电子商务的认识。到 2015 年年底，已经实现培训电商从业人员 10000 人次，扶持和培育了一批有创业思想、经营能力的电商队伍。为了与扶贫更好地对接，商盟在玉龙与永胜两个贫困县设立农村服务站，培训小组分期入驻服务站，帮助老百姓包装、策划、销售农产品。培训小组在入驻服务站的同时，还可以对当地农民进行"传、帮、带"，把电商经营意识、方式带到农村，教会农民。

3. 企业在电商扶贫中的两难处境

虽然"特色丽江馆"的建立与培训的开展主要依靠政府出资，但企业也有一定比例的投入，在笔者调研中，商盟公司最新对接农户是帮玉龙县黎明乡的村民出售滞销的核桃，在此过程中商盟公司没有任何收益，此项目仅仅是企业的公益行为。因为在扶贫初期，农产品的推广很重要，而农户又没有经济基础，单靠政府的扶持完全不够，因而企业就出资带领。但在这样的处境下，企业如何在扶贫过程中存活必须寻找到独具特色的盈利模式，不然长期的扶贫支出无回报状态必将把企业逼上绝路。面对大笔出资进行电商扶贫和自身存活发展的两难处境，企业也一直在摸索前进道路。

（三）丽江市电商扶贫取得一定成效

在政府引导，企业主导下，坚持特色与可持续发展原则，结合地域农产品特点，因地制宜地开展电商扶贫。在统筹发展下，电商扶贫取得初步成效，为村民带来了一定收益，最为典型的即是精准到产业，实现精准扶贫。

1. 扶贫精准到产业，农户实现脱贫

由于交通不发达，物流不畅通，以及本地吸收消化能力不足的原因，丽江市黎明乡种植核桃的农户经常会面临核桃滞销的问题。往年这种情况发生，农户只能低价出售或者把核桃放在家里慢慢销售。经常出现由于保存不当核桃直接坏掉的情况。"特色丽江馆"的出现，很好地解决了这个问题，由商盟联系入驻的企业一起合资，先从农户手里收购滞销的核桃，筛选检验之后进行包装，通过电商平台把核桃销往全国。农产品生产出来，找不到销路是最大的困扰。没有相应的平台，更是无法在网上直接销售。通过商盟这一电商企业，直接与农民对接，帮助农户拍摄宣传视频，检验、包装农产品，把他们的产品推广出去，并通过"特色丽江馆"这一平台解决了销售难题。2015 年 10 月，"特色丽江馆"通过这一方法，以每公斤 28 元的收购价对村民核桃进行收购，并且以收购价在网上出售，在短短 7 天内，为当地 9 家农户售出了 3 吨的滞销核桃。这种模式是电商与农户的直接接触，精准到户，直接解决了困扰农户的大难题，为当地电商精准扶贫提供了新思路。农户从原来的几乎零收益到现在获得每公斤 28 元的收益，深切感受到了电商精准扶贫所带来的益处，若每一农产品都能如此推广，农户的贫困问题也将迎刃而解。

2. 利用丽江旅游资源对接农户

精准到产业的新路径很好地解决了具有优势产业的县、乡、村，但对于精准到户仍然还有一定差距，而将客栈与农户对接的新思路却很好地利用了丽江的旅游资源，为农户脱贫找到了新方向。丽江作为旅游城市，根据最新数据，2014 年来丽江旅游的人数达到 1599 万人，面对每年来丽江旅游的游客高达千万人的数据，丽江客栈一日三餐所需食材数量已多得难以想象，若每位农户成为对应客栈的农产品供应者，这样就已很好的实现脱贫。因而电商扶贫不仅是跨地区的，仅仅从村到城镇也能很好的实现扶贫。不过该想法至今还处于宣传阶段，客栈已基本实现网络全覆盖，而农村则还需进一步加强。

二、丽江电商扶贫面临的问题

丽江市在电商扶贫模式上已经作出了一些尝试，也初步收到了一些效果，但由于电商扶贫目前尚处于起步和探索阶段，许多方面尚不完善，电商扶贫还面临许多问题，主要表现在以下几个方面：

（一）农产品标准化程度低

农特产品要想通过电商途径实现规模化输出，其中一个重要的条件便是产品的标准化。然而，由于受到传统理念、知识技术水平、操作方法和农产品自身特点等的限制，农民在产品标准化方面做得远远不够。在传统上，农民并没有足够的产品优选、产品分级、科学贮藏、商业运作等理念和知识技能，这使得农民只是粗放的种植，并没有充分考虑种植过程、贮藏过程的科学性及最终的效益，产品往往廉价出售，甚至造成大量的积压；而积压的产品又会和来年的产品一块出售，从而使得产品品质更加参差不齐，整体降低了第二年新产品的品质，并陷入恶性循环。而农产品自身受自然不确定性因素影响大，品质及口味稳定性难以保证，这更加重了其标准化的难度。农产品在标准化方面的缺陷最终将会极大制约农产品电商的发展。

（二）基础设施不够完善

尽管丽江市在交通、网络基础服务等基础设施方面已经有了极大改观，诸如大丽高速、华丽高速、丽香高速、丽香铁路等交通线路的规划及建成，极大地加强了丽江与外界的联系，然而，这并没有绝对解决丽江市域内部，特别是山区农村地区的交通状况，大部分物流企业依然很难进入这些地区，农产品依然面临严峻的流通难的问题。而在网络基础服务方面，虽然丽江大部分的村庄都已经实现了互联网的接通，然而，很多村庄的网络只是覆盖到了村委会，普通村民的网络覆盖度依然非常低下。作为电子商务发展的重要支撑，交通物流及网络通信等基础设施如果不能充分地完善，农产品电商将无从谈起。

（三）人们的观念有待更新

电子商务作为近些年来迅速崛起的新事物，虽然对经济发展的作用已经充分显现，但在一些地区，特别是边远山区等信息不通畅地区，人们对它的认识仍然有待提升。虽然电商扶贫已经被提升到了丽江市扶贫发展的战略层面，但是对于普通村民，并没有充分认识到电商的重要性，不知道电商是否真的有用，也不知道如何运用电商来带动经济发展实现脱贫致富，他们之前甚至没有听说过电子商务，即使现在对其进行教育培训，在观念转换上也仍然存在一些困难。即便是政府官员，也有一些并不是完全认可电商扶贫模式。如果不能从观念上使人们彻底摆脱固有思维，切实提高认识，那么电商扶贫的推进工作将会困难重重。

（四）人才缺乏

人才缺乏一直是制约贫困地区发展的一个重要因素，发展农产品电商、推进电商扶贫也同样面临人才缺乏的问题。由于受到知识水平的限制，村民对于网站运营、宣传推广及商业运营等概念一无所知，甚至一些政府官员也缺乏足够的相关知识储备。虽然目前丽江市政府及企业已经组织了一些针对政府官员及村民的电商知识培训活动，但是一方面培训人员知识有限且数量较少，另一方面被培训人员特别是农民的基础知识薄弱，因此培训并没有真正缓解丽江电商扶贫人才短缺的严峻问题。如何破除当地电商发展面临的人才难题，建立有效的人才培养、引进和奖励机制，为电商扶贫提供充分的人才储备，便成为丽江市推进电商扶贫工作必须要仔细考虑的问题。

（五）企业营利模式问题

电商扶贫的重点和难点在于山区农村，然而由于农产品本身具有不稳定、品控难度大等特点，以及农产品种植分散、农户管理不易等原因，使得农产品标准化问题变得复杂和困难，而无法标准化就很难实现电商化，再加上贫困地区严峻的交通通信条件，企业的成本较高，难以形成规模效应，在商业模式及营利模式上将面临很大困难。从目前情况来看，企业的营收主要是代收、代售农产品，模式单一不说，更有甚者，在这个过程中企业往往垫付资金，造成大量的资金占用，给企业造成很大的资金压力。虽然企业正在积极探索良好的营利模式，但目前仍有相当长的路要走。只有企业能够找到良好的商业模式，实现稳定持续的盈利，企业的积极性才会被充分调动，才会自发地推动农产品电商的发展，电商扶贫才能具有强大的市场基础。

（六）支付问题

完善的支付系统是现代电子商务赖以发展的基础，要想发展农产品电商、推进电商扶贫工作，就必须解决农产品流通过程中的支付问题。由于受到文化程度及旧有观念的限制，支付宝和网上银行等支付手段在农村地区的群众基础非常薄弱，农民往往不会使用支付宝、微信支付等第三方支付工具，甚至因为考虑到安全问题而不愿意使用。当然，农村网络基础设施不完善也是农民支付工具使用的一大障碍。而且关键的是，由于农民知识基础薄弱，即使现在对其进行相应的培训，现代支付方式的推广也仍然有很长的路要走。

三、丽江市电子商务未来发展方向

科技是第一生产力，互联网等新兴产业的发展和对社会进步的推动作用已经充分证明了这一点。而作为互联网产业重要代表的电子商务，也已经在促进商贸业和流通业繁荣乃至整个社会经济发展方面显现出了巨大的潜力。在我国当前全面建成小康社会，推动扶贫开发工作顺利进行的背景下，开展电商扶贫，利用电子商务推动农村经济社会发展，带动农民脱贫致富已经成为精准扶贫的一条新路。在这条道路上，丽江市已经作出了重要尝试。然而反观丽江市电商扶贫发展情况，在一些核心环节上，农产品电商仍然面临着重要问题，而这些问题不解决，电商扶贫将无法获得突破。因此丽江市政府及相关企业应立足当地优势条件，进一步推动发展农产品电子商务，凸显电商扶贫在扶贫开发中的重要作用。

第五节 大数据时代加快集中连片特困地区
电商扶贫的政策建议

2015 年 8 月，国务院常务会议通过了《关于促进大数据发展的行动纲要》，大数据产业已经成为当前主导产业。借助大数据，推进特困连片地区产业发展，使其分享现代文明发展的好处，应着重从如下几个方面着手：

一、加快农村通讯网络建设

我国综合国力的日益提高和信息技术的快速发展，为贫困地区通信业发展奠定了良好的外部环境基础。手机的简便易学使得农村网民数量急剧增多，因此在通信业比较落后的贫困地区，潜藏着巨大需求，各大通信运营商业加紧了对农村市场开发布局。其中，中国移动通过"村通工程"拓展农村市场，中国联通则通过"信息下乡"与"家电下乡"的联合，大力推动手机在农村普及。但是由于我国西部地区地广人稀，建设和维护有线宽带的成本比东部地区高，投资回收期长等原因，东、西部之间通信业的差距并没有缩小。

信息化是社会主义新农村建设的重要内容，根据《全国农业农村信息化发展"十二五"规划》的要求，到 2015 年，农业农村信息化建设要取得明显进展，装备水平明显提升，信息化与现代农业融合初见成效，服务体系更加健全，运行机制逐步完善，全国农业生产经营信息化整体水平翻两番，农业农村信息化总体水平从现在的 20% 提高到 35%，基本完成农业农村信息化从起步阶段向快速推进阶段的过渡。为实现这一目标，需要对贫困地区通信建设有全方位规划和基于农村利益原则至上的统筹安排，还需要结合实际情况，因地制宜考虑各种主客观因素，在实际工作中具体问题具体分析，形成以政府为引导、企业为主体、社会各方面支持配合信息通信基础设施建设的格局。贫困地区无线网络建设，要坚持与宽带业务协同、加强前后端协作，深挖农村有效益市场，充分利用国家、地方政府的各类优惠政策。

二、政府搭台加快电商扶贫公共平台建设

根据阿里巴巴研究院的调查数据显示，全国的 800 多个贫困县当中，在淘宝上亿成交的已经有超过 20 个。在"互联网＋"概念风靡的时刻，政府把解决当下精准扶贫问题的方向瞄准"电商扶贫"。目前，我国已有部分省市积极寻求当地的产业优势，并打算采取"平台＋园区＋培训"的模式来发展。山东淄博市印发的《淄博国家扶贫改革试验区建设实施方案》中，对"电商扶贫"作出了规划，该市打算下一步在部分贫困村设立实验基地，通过采取"平台＋园区＋培训"方式，创建电子商务交易平台，构建面向电商的产业体系。河北易县，则计划将电子商务扶贫事宜纳入"京津冀协同发展"战略，实现精准扶贫，并与一亩田集团达成"电商扶贫"战略合作。一亩田将开展针对农业产业者的信息化培训、农产品溯源体系建设、农产品流通大数据分析、农产品贸易对接等工作，携手打造集规模化生产、标准化品控、特色品牌为一体的"京津绿色农产品生产供应基地"。

三、借力职业技术发展，加大电子商务专业人才培训

信息时代之下，对于电商扶贫，人才显得尤为重要，而农村的学生在外求学，学成返乡的较少，留在农村的学子大多数只有中小学水平。职业教育对于形成一些辐射广、带动效应强的扶贫产业尤为重要。在 2015 年 10 月 13 日《京华时报》和国务院扶贫办通报，国家将在 6 年内实现 7000 万贫困人口全脱贫，把发展职业教育列为扶贫工作的一个重要措施。强调："要开展教育扶贫，特别是职业教育要下最大的决心，把全国优质的职业教育资源都提供出来，千方百计让贫困家庭的孩子接受良好的教育，特别是职业教育，掌握一门技能。将职业教育技能提升和就业紧密结合起

来，通过这种方式来帮助一批老百姓脱贫。"①

在职业教育扶贫方面，已经迈出第一步的是北京市商业学校。北京市商业学校是全国范围内的优秀职业学校，自 2012 年以来，该校已和云南保山市的几所职业中学合作，对该市的职业教育发展起到推动作用。两地区的合作契机是保山市宝石有名，而北京市商业学校有宝石类相关专业，北京这个国际化大都市对宝石的需求量又比较大，学子从商校学成之后，利用本地的自然资源加工成为商品，获取经济利益，从而达到扶贫的目的。

发展贫困地区的职业教育，对于困难家庭的学子来说，不但可以减轻家庭的经济负担，同时提供了学子学习专业技能的机会，从而为以后能有好的工作奠定基础。学子学成之后，还可以更好地改善家里的生活条件，从而为彻底改善当地的经济条件形成良性循环。此外，通过职业教育的精准扶贫，也能缩小东、西部地区之间的差异。

---

① 中国文明网：《切实把发展职业教育作为扶贫工作的一项重要措施》，2015 年 1 月 15 日，见 http://qj. wenming. cn/wmpl/201510/t20151015_2050843. html。

第九章　教育贫困新特点与对策

第一节　教育是治理贫困的根本大计

集中连片特困地区，主要分布在西北干旱半干旱地区、西南石山石漠化地区、高原高寒地区、草原荒漠地区，其中绝大部分为少数民族地区。由于地处山区、干旱荒漠地区或边疆地区，因而交通不便，信息不畅，观念相对落后，社会、经济、教育等发展缓慢，成为我国特困片区。其中，教育贫困又是这些集中连片特困地区最大的贫困。

诺贝尔经济学奖获得者刘易斯曾提出"贫困文化"的概念，指出贫困的环境容易使贫困群体甘于贫困，改善的最好办法应该在于其能力的提高。[①] 许多学者们的研究亦表明，教育是使社会走出贫困、走向繁荣的最核心因素。

我国教育部长袁贵仁指出，治贫先治愚，扶贫先扶智。因此，要使特困片区脱贫致富，必须先抓好贫困地区的教育。[②] 他还强调，要紧紧抓住教育这个脱贫致富的根本之策，保证贫困家庭孩子平等接受教育；要研究实施"国家贫困地区儿童发展规划"，编织贫困地区儿童发展安全网络，

---

① 庄巨忠编：《亚洲的贫困、收入差距与包容性增长》，中国财政经济出版社 2012 年版，第 112 页。

② 袁贵仁：《深入教育领域综合改革，加快推进教育治理体系和治理能力现代化》，参见《2014 年全国教育工作会议报告》，2014 年 1 月 15 日。

增强脱贫致富能力和可持续发展能力。[1] 同时，教育扶贫是脱贫致富的重要途径，因此要采取切实措施推进教育扶贫工作，把改善贫困地区教育发展环境和条件作为教育发展规划的重要内容，在资金、项目等方面向贫困地区倾斜；要集中实施一批教育富民、教育移民、教育惠民工程，着力推进集中连片特困地区教育扶贫攻坚，围绕《中国农村扶贫开发纲要》提出的"两不愁、三保障"目标，加快普及学前教育和高中阶段教育，大力加强中等职业教育，使贫困落后面貌得到根本改善。[2]

有鉴于此，本书试图以武陵山片区为例，对新时期集中连片特困地区教育贫困的特点进行梳理，在此基础上寻求解决的对策。

第二节　新时期教育贫困新特点

通过对武陵山片区教育现状的深入调研分析，结合我国改革开放大背景下的社会转型，新时期教育贫困呈现出许多新的特点。

一、儿童失学原因呈现出多元化的特点

长期以来，经济不发达，严重影响着我国教育事业的发展，因经济贫困造成学龄儿童的失学，成为世人皆知的原因。然而，我国进入经济社会转型期后，在武陵山片区，近年来儿童失学原因和全国其他贫困县一样，却呈现出多元化的特点。相关研究表明，2002—2010 年，我国国家级贫困县儿童因为家庭经济困难而失学的比例大幅度减少，由 2002 年 48.6% 下降至 2010 年的 15.6%；自己不愿意上学的比例由 2002 年的 26.1% 上升至 2010 年的 34.7%；因为家中缺少劳动力而失学的由 2002 年 3.2% 上升至 2010 年 6.2%；因其他原因而失学的比例由 2002 年的 22.1% 大幅度上升至 2010 年的 43.5%。

---

① 袁贵仁：《深入教育领域综合改革，加快推进教育治理体系和治理能力现代化》，参见《2014 年全国教育工作会议报告》，2014 年 1 月 15 日。
② 袁贵仁：《着力推进集中连片特困地区教育扶贫攻坚》，参见中新网，2011 年 12 月 2 日。

武陵山片区儿童失学的原因，基本上契合了上述全国贫困地区的现状。随着国家政策的扶持和基础设施建设的加快，张家界荷花机场、怀化芷江机场、恩施许家坪机场、沪昆高铁、包茂高速公路、沪昆高速公路等一批重大交通基础设施投入运营，大大改变了交通闭塞的现状，促进和拉动了片区经济的增长，使得武陵片区各地财政对教育的投入呈现出增长的趋势，普通百姓的经济收入也有了较为显著的提高；加上近年来国家免除了中小学生的学费、教材费等，经济问题已经不是制约儿童上学的最大瓶颈，而非经济因素却成为儿童失学的主要原因，即社会的多元化发展使得儿童上学问题亦发生了相应的变化。在武陵山区，有的孩子可能只是因想走出大山去看看外面的世界而辍学；有的孩子可能因父母出外打工成为留守儿童而不愿上学；有的孩子可能因迷恋网络而放弃上学；有的则因为家庭缺乏劳动力而辍学；有的仅为张扬自我、证明自身能力而弃学；等等。当然，读书无用的观念在少数人那里也还有其市场。总之，在社会多元化快速发展的背景下，武陵片区儿童失学原因亦呈现出多元化的特点。

二、满足劳动力市场需求的职业教育供应不足

2014 年 3 月 22 日，教育部副部长鲁昕在中国发展高层论坛上指出，中国教育结构面临调整，中国现有近 2500 所高等院校，改革完成后，将有1600—1700 多所学校转向以职业技术教育为核心；同时，在培养模式上，这些高校将淡化学科，强化专业，培养技术技能型人才。而在贫困地区，加强职业职业教育，尤其是加强女性的职业技术培训更为紧迫。有关年鉴数据表明，2010 年，女性劳动力接受过各种职业培训的比例为 11.6%，男性劳动力接受过各种职业技术培训的比例为 22.1%，女性比男性参加过各种职业技术培训的比例低 10.5 个百分点。而扶贫重点县女性劳动力接受过各种职业技术培训的比重比全国平均水平低了 14.8 个百分点。从劳动力从事的主要行业来看，2010 年，扶贫重点县第一产业劳动力占全部劳动力的

比重为 76.2%，民族扶贫县为 82.8%。① 然而，近些年来我国在重视高等教育的同时，却出现了轻视职业教育的趋势，在本该得到强化的特困地区，农业教育和农村职业教育却面临着严重的萎缩。从武陵山片区职业院校的分布来看，湖南、湖北两省高校数量较多，师资力量相对要强一些。湖南有吉首大学、张家界学院等，湖北有湖北民族大学、三峡大学等，开设有一些与职业教育相关的专业或培训班，对当地产业的发展亦能产生一定的带动作用。而同处于武陵山片区，贵州和重庆就显得较为薄弱，贵州铜仁地区只有 17 所中等职业学校和 1 所职业学院，重庆只有 2 所中等职业学校，而且师资力量薄弱、办学条件较差、职业院校分散、缺乏竞争力，并存在因相互无序竞争造成资源浪费的现象。武陵山片区有着近 3500 万人口，以农业生产、林业生产为传统产业，而且物产资源、旅游资源丰富，在经济社会转型期亟须加强相关职业培训，使人们掌握有关技术与技能，提高劳动力素质。然而，以现有的职业教育机构的培养能力，远远满足不了偌大一个武陵山区劳动力职业教育的需求。因此，如何在职业院校布局上，不断增加中职、高职、继续教育院校，增加满足市场需求的专业，实现产学研的有效结合，使教育单位为当地产业的升级转型提供源源不断的人才支持，缓解特困人群的贫困问题，已经成为当前摆在我们面前刻不容缓的课题。

三、教师队伍不稳定，人员流动频繁

长期以来，在武陵山区都存在师资队伍不稳定、人员流动频繁、结构性缺损、人员严重老化等问题，成为该地区教育发展的主要瓶颈。教师队伍中，高中学历、初中学历、以工代教、转正的民办教师等所占比例依然较高。尤其是偏远特困山区，由于条件艰苦，教师更是"下不去、留不住"。进入改革开放新时期后，这一情况显得更为严重。

资源流动包括人才流动本身受到多方面因素的综合影响。人才作为 21

---

① 《中国农村贫困监测报告》，中国统计出版社 2011 年版。

世纪最稀缺的资源，向大都市、条件好的地方流动，完全符合马斯洛自我需求的理论。但是，作为贫困山区，教育人才的双向而非单向流动对于武陵山区的教育扶贫工程乃至整个地区的发展意义重大。以湖南怀化通道侗族自治县为例，农村教师的流动呈现一种单向上位流动趋势，流动教师以中青年、高职称高学历、少数民族教师为主。其主要根源在于经济因素、学校因素、政策因素和社会因素。① 通道侗族自治县的这一现象在武陵山区具有普遍性。相比较而言，武陵山区教育资源稀缺，教师个人和家庭的发展在现有的条件下很大程度上受到了限制。因此，在现代多元社会的背景下，要实现贫困地区和教师个人的双赢，需要体制、机制的保障。比如，教育经费倾斜、改善教师待遇、创新吸收和稳定人才机制、建立帮扶制度、构建双向交流机制，并使教师获取更多晋升和培训的机会等等，做到感情留人、事业留人、机制留人，从精神和物质方面激励教师特别是青年教师到武陵山区工作，为山区教育事业作出贡献，并以制度稳定教育师资队伍，以制度保障教育对扶贫的支撑。

第三节　缓解教育贫困的对策与建议

产生教育贫困的影响因素是多方面的，既有国家宏观层次的原因，又有地方财政投入不足的原因，更有社会、个人自身的因素。但是，加大对教育的投入与支持，实现教育资源的公平，对于像武陵山区这样特困地区的扶贫攻坚，对于"代际贫困"问题的缓解，对于当地经济社会的发展，都具有重要的现实和长远意义。鉴于此，本书就教育扶贫提出以下几个方面建议：

一、适当延长九年义务教育

代际贫困问题在我国贫困地区普遍存在。在对武陵山区的调查中发

---

① 王淼：《民族地区农村教师流动特点、成因与对策研究——以湖南通道侗族自治县为例》，《民族教育研究》2014 年第 2 期。

现，很多山区的孩子基本上在读完九年义务教育，即小学 6 年加上初中 3 年就休学了，能继续读下去的很少，即使成绩优异也会放弃学业，尤其是女孩子。据统计，截至 2010 年，全国贫困农户 7—15 岁儿童在校率为 97.3%，其中，7—12 岁儿童在校率为 97.2%，13—15 岁儿童在校率为 95.6%；16 岁以上成人文盲率为 13.8%，小学文化程度占 32%，初中文化程度占 42.1%，初中以上文化程度仅占 12.1%。劳动力的文化程度高中及以上的革命老区县为 13.9%，陆地边境县为 10.8%，少数民族聚居村为 7.1%。[①] 相比之下，这些情况在武陵山区显得更不理想。大量事实表明，接受教育时间的长短、文化程度的高低，直接影响到劳动者的素质和脱贫致富的快与慢，因而教育的普及对于武陵山区人口素质的提升及其经济社会的发展起到了重要的作用。从武陵山区初中以上文化程度人口外出务工数量的大幅度上升，以及许多仅接受过初中以下教育的人只能从事较低技术技能要求的职业，也表明了接受中高等教育的重要性。

因此，建议在武陵山区等集中连片特困地区适当延长九年义务教育，在有条件的地方尝试实行"9 + 3"的模式，使义务教育时间覆盖高中阶段，使更多的初中生，尤其是女生，能够享受更高教育的权力，提高自身能力，带动家庭乃至下一代脱贫致富，阻断"代际贫困"的路径，实现特困地区百姓的脱贫致富和扶贫攻坚战略目标。

二、加大职业教育和远程继续教育投入的力度

2012 年 11 月，重庆市黔江区区委、区政府印发了《关于加强建设教育强区，打造武陵山区教育高地的决定》，对武陵山区的教育提出了具体目标和措施；[②] 2013 年 6 月，湖南省委常委通过了《关于对武陵山片区农村基层教育卫生人才发展提供重点支持的若干意见》，对加大武陵山区教育扶贫力度提出了明确要求。[③] 随着武陵山区各种规划的陆续出台，武陵山

---

① 《中国农村贫困监测报告》，中国统计出版社 2011 年版，第 18 页。
② 参见黔江委发［2012］31 号文件，2012 年 11 月 6 日。
③ 参见《中国教育报》2013 年 6 月 6 日。

片区的教育基础设施将会得到进一步改善。

面对社会经济环境对人类提出的终生学习的要求，还要不断探索对于贫困家庭扶持帮助的新模式，集中优势资源，做好基层培训资源的整合。比如做好农村职业中学的整合，改变每个县都独立设置一所职中，甚至设几所彼此雷同的职中，规模小、专业重复还相互竞争的局面。应依托现有的已形成品牌的国家重点、省重点、地区重点学校，组建职业教育集团和大型培训基地，把相同专业的教育资源整合在一起做大做强。[①] 同时，要加大对贫困地区职业院校师资力量的培养，充分利用各项政策吸引人才、留住人才；从资金和渠道培训方式上加大在职教师的培训力度；加大对贫困地区职业院校政策支持的力度，探索校企合作的模式、夜校发展模式、多种经营方式，增强职业院校对贫困生的吸引力，提升中等职业教育支撑产业的建设能力。

1996 年，巴西启动了"远距离教学计划"，利用高科技的信息技术，通过电视卫星向偏远地区播放教学节目，使不发达地区文盲率大大降低。鉴于巴西的成功经验，武陵山区可以根据自身的具体情况，在加强教育发展过程中，加大对远程职业教育的投入和支持力度，使贫困群体更早、更方便地获得谋生本领，带领家庭脱贫。充分发挥我国"四化同步"背景下信息化对农村覆盖的机遇，充分利用现代化的信息网络平台，发展远程职业教育。当前，我国十几个部委网站都设有农民培训项目，农户对新技术、新知识、新文化的渴求也呈现出不断上涨的趋势。因此，武陵山区应抓住时机，克服地理位置不利的劣势，加大资金投入，加强基础设施建设，创造农民上网必需的条件，利用现代化的手段，发展远程职业教育，促进农民继续教育不断深入，满足新型职业农民对技术、文化的需求，推动现代农业的发展。

三、加强教师队伍建设，建立稳定可行的师资补充长效机制

为了加快不发达地区的发展步伐，巴西政府累计投资 7 亿美元，成立

---

① 张晓山、李周主编：《中国农村发展道路》，经济管理出版社 2013 年版，第 303 页。

专门的东北部教育基金，来帮助不发达地区培养师资力量，提高教育水平。这对我国是个很好的启示。目前，教育部已经计划每年拨出 1 万个指标，专门用于录取我国 14 个集中连片特困地区的"一本"高校新生，以使更多贫困地区的孩子能够享受教育的公平资源，其中自然包括师资的培养。因此，武陵山区应抓住一切机遇，采取有效措施，加强教师队伍尤其是农村师资队伍的建设。比如，在师资培养机制上，推动人才向特困地区转移；在具体措施方面，可以考虑提高各种补贴，如住房补贴、培训费、交通费等，鼓励师资向农村或高寒山区转移；通过加大免费师范生培养力度、提高特困地区教师待遇、实施对口支援、定点扶贫等多种方式，建设特困地区农村教师队伍，建立稳定可行的长效补充机制，为特困地区教育事业的发展提供充足的师资保障。

总之，教育发展对贫困地区现阶段扶贫攻坚具有重要的理论和现实意义。在教育贫困问题呈现多元化、复杂化发展趋势的情况下，尤其应进一步加大对特困地区教育财政的支持和教育资源的倾斜。同时，应积极探索义务教育的新模式、职业教育发展的新路径及农村教师队伍长效补充的新机制，为贫困地区教育事业的持续健康发展、实现脱贫致富奔小康打下坚实基础。

第十章　新时期文化旅游产业扶贫与企业商业模式重构

党的十八届五中全会上指出我国要实现贫困人口全部脱贫，贫困县全部摘帽。文化旅游扶贫作为一种新型的扶贫模式，是一种区域性的经济发展模式，它可以帮助贫困地区充分发挥当地旅游资源优势，促进区域经济发展，从而带动当地居民脱贫致富。"十三五"规划亦指出："要实施国家大数据战略，推进数据资源开放共享。"伴随大数据价值的日益凸显，越来越多的企业正依托大数据技术创新商业模式。国家旅游局将 2014 年旅游主题定为"智慧旅游年"，"智慧旅游，让生活更精彩"成为未来几年旅游发展的大趋势。在此背景下，旅游企业的经营活动开始全面信息化，在线旅游企业亦推出了相应的智慧旅游产品。"十三五"时期，旅游企业如何利用大数据创新商业模式，实施文化旅游扶贫，发展旅游业，助力全面建成小康社会是企业迫切需要思考的问题。从实践应用角度来看，企业从大数据中创造和获取价值，创新商业模式，有助于企业提高竞争力，同时，企业通过商业模式的创新，开发相应产品支持旅游扶贫地区，促进当地的旅游业发展，亦有助于带动当地经济发展，脱贫致富。

第一节　特困地区旅游产业开发与减贫
——以大别山七里冲村为例

一、我国连片特困地区文化旅游产业扶贫现状

（一）文化旅游开发与减缓贫困

14 个集中连片特困地区主要分布在秦巴山区、武陵山区、滇西边境山

区、井冈山等区域，其中不少区域具有发展旅游业的潜力。由于旅游业具有关联带动性强、效率高、成本低、覆盖面广、吸纳就业人数多的特点，发展贫困地区旅游业可以解决就业，增加当地居民收入，促进经济发展。这就在旅游开发与减缓贫困之间建立了紧密联系，其丰富独特的资源是旅游开发的重要条件。

文化旅游是旅游开发的一个重要内容，随着人们高品质旅游需求的不断提升，文化旅游越来越受到追捧。文化旅游扶贫是指在一些贫困但旅游资源丰富、文化背景独特的地区，通过发展文化旅游业，发挥关联产业的带动作用，增加贫困地区的"造血功能"，促进当地经济、政治、文化、环境全面、协调、可持续发展，从而达到减缓贫困的目的。

（二）连片特困地区文化旅游扶贫的主要原则

1. 可持续发展原则

可持续发展是指既满足当代人的需求，而又不危及后代人满足其需求的发展。其内涵包括生态持续发展、经济持续发展和社会持续发展三个方面。文化旅游业可持续发展是由可持续发展思想引申得来的概念，其含义是在不损害生态环境的基础上，既满足当代人高质量高标准的旅游需求，又不妨害满足后代人高服务质量的旅游需求，并同时保证旅游经营者、旅游者和旅游地居民的利益，实现旅游业长期稳定和良性发展，并能给旅游区的居民公平地分配旅游业发展带来的社会、经济效益。在文化旅游扶贫开发中，要充分考虑当地的自然环境承载力和社会环境承载力，注重保护当地的乡土风情、民风民俗以及历史遗存，对当地的原居环境和农田耕地要妥善保护合理利用，优先发展不占或少占耕地的旅游项目，尽量在荒山、荒坡、滩涂等不适宜粮食种植的土地上进行旅游项目开发。

2. 因地制宜原则

贫困地区在进行旅游开发过程中一定要注重生态和人文的结合，把绿水青山、清新空气、远离闹市的幽静环境、瓜果畜牧等自然资源与当地的风土人情和民俗文化有效融合起来，根据平原、丘陵、山区的地理位置以及人文和历史的背景，实现一地一景的特色化发展道路，避免出现千篇一律、相互抄袭模仿的现象。要充分挖掘具有当地特色的旅游资源，找出有别于相邻片区的产品差异性，避免出现旅游开发中的同质化。比如大别山区，重点培育发展茶叶、桑蚕、蔬菜、毛竹等优势特色产业，发展绿色、红色、古色多彩旅游，对符合条件的项目要以财政补助或贷款贴息等方式重点扶持。

3. 人民群众受益原则

由于旅游业的发展兼具生态环境保护与当地居民收入增长的作用，逐渐成为朝阳产业。近年来，当地政府也特别重视对当地旅游产业与文化产业的融合与开发。但是，在利益分成方面，人民群众常常成为弱势的群体，不能够更多获得其中的收益，部分利益更多被发展旅游的企业所享有。因此，在当前旅游业发展过程中，应该突出人民群众收益的原则，将民生放在发展的首要地位。

二、大别山区旅游扶贫情况探析

（一）大别山区贫困的现状

大别山区是国家 14 大集中连片特困地区之一，位于河南、湖北、安徽三省交界处，2014 年，大别山地区总人口 2181 人万，贫困人口 392 万人，贫困发生率 12%，较上年同期下降 3.2%，建档立卡贫困村 859 个。2014 年，大别山片区农民人均纯收入 7524 元，人均可支配收入 8241 元，较上年同期增长 14.4%。总体而言，大别山区人均纯收入在近年有较快增长，但与全国平均相比，还有较大差距。

（二）大别山区资源

大别山旅游资源极具特色，集绿色旅游与生态旅游于一体，原始生态旅游资源保存完好，有三角山、吴家山、大别山、天台山 4 家国家级森林公园，大别山物种丰富，成为全国 6 大基因库之一。有国家级珍贵保护植物如银杏、青钱柳，还有闻名中外的云雾茶、信阳毛尖、茯苓、板栗等。还有被誉为"华东最后一片原始森林"的天堂寨，以"飞瀑、奇松、怪石、圣水、清凉、幽谷、云海"而闻名遐迩。大别山区还具有地质旅游资源，具有火山地貌的金刚台地质公园，集山地、丘陵、河谷、湖泊四种地貌浑然一体，具有观赏性、稀缺性、健身疗养、科研价值等优点。大别山红色旅游资源也非常丰富，特别是刘邓大军千里挺进大别山、突围中原等革命历史事件，留下很多革命遗址遗迹、陵园、纪念物、名人故居、墓祠，还有非物质形式的革命事迹以及肝胆相照，义无反顾的彻底革命精神，使之成为著名的爱国主义和红色文化教育基地。得天独厚的自然资源与人文资源是极为有利于发展旅游业的。

（三）大别山区旅游业对该地经济发展的贡献

大别山区位于鄂豫皖三省交界处。2014 年，安徽省全年入境旅游人数比上年增长 13%，旅游总收入比上年增长 13.9%。其中，旅游外汇收入增长 13.2%，国内旅游收入增长 14%。河南省 2014 年旅游总收入比上年增长 12.7%，全年接待海内外游客人数比上年增长 11.6%。其中，入境游客增长 9.6%。湖北省 2014 年全年全省国内旅游人数比上年增长 15.5%，国内旅游收入增长 17.4%，入境旅游人数增长 3.4%，国际旅游外汇收入增长 1.6%。由以上各种指标可看出，旅游业对当地的经济发展起了很重要的作用。

三、实证研究——以七里冲村为例

（一）七里冲村概况

七里冲村民风淳朴，文化多样，具有独特的豫南民俗。位于大别山脚下的红色革命老区商城县中南部，鲇鱼山水库上游，西临国家 3A 级旅游风景区汤泉池，主要发展旅游接待、旅游商品开发、水禽养殖、果蔬种植。农民人均纯收入达 6528 元，主要来源为第三产业，副业以劳务输出为主。

（二）关于七里冲村文化旅游扶贫模式的探讨

1. 政府主导、乡村组织、群众主体、社会参与的旅游扶贫模式

在商城县政府的大力支持下，目前已申请项目资金和对口支援建设资金 2000 多万元，群众自筹房屋改造资金约 1000 万元。该村正全力进行基础设施和公共服务设施建设。目前，该村已完成村组道路建设总计 9.2 千米，整修大塘 18 口，整修渠道 2 千米，种植果木 30000 多株，种植蓝莓 400 亩，整个村庄形成了"户户知建设、人人晓发展"的良好局面。针对

大多数居民的文化程度只是初中以下水平，妇女和老年人多是文盲的情况，政府建立服务技能培训机构，鼓励村民进行从事旅游业资格考试，并建立健全利益保障机制，保障社会公平，坚持农民为主体的原则，鼓励自主经营，发挥贫困人口的主人翁意识，当地群众作为旅游扶贫开发的主体，减少外地人进入的机会，有利于减少旅游效益漏损量，提高旅游乘数效应。商城县政府广泛动员社会各界参与七里冲村扶贫开发，鼓励和支持各种形式的扶贫志愿者活动，引导旅游企业与七里冲村开展"村企共建"活动，通过产业带村、项目兴村、资金扶村等不同形式，确保七里冲村获得更多的资源发展地方旅游业，加快脱贫致富步伐。

2. 农旅结合模式

发展七里冲村的有机农业与旅游产业相结合，充分挖掘农业的旅游潜力，打造乡村观光旅游品牌，发展具有当地特色的名优特产，在旅游景点推广农产品，以名、优、特、鲜的产品特性吸引游客购买，将农产品转变为旅游商品、将农场转变为旅游景区，促进农业与旅游业融合发展，随着基础设施的完善，直接把游客引入产业基地，可通过发展"田间超市"，减少中间环节，实现农户在"田间"增收，游客在"地头"尝鲜，该村建立 800 亩蓝莓基地，这是河南省第一个蓝莓基地，产出的蓝莓一部分销往郑州，一部分供游客采摘。农户还在田间地头现场出售葡萄、西瓜、桑葚、桃子、草莓、玉米等果蔬农产品。另外，该村还盛产茶叶，"采茶游"的设计凸显出游客的参与性和趣味性，游客呼吸着清新的茶香，向采茶工学习采茶制茶技巧，体验采茶的无限乐趣，饮茶之余还可以观赏茶艺表演，感受具有地方特色的茶山茶文化魅力。

3. 引进人才 + 景区帮扶模式

七里冲村积极引进在外打拼而又有回报家乡情怀的成功人士，采取鼓励措施，正确引导其回乡创业，支援乡村旅游扶贫建设，使村民有活干有钱挣。如在水塘上建水上餐厅，把苏州美景元素带回建设美丽乡村，有村民改建白墙黛瓦的徽派建筑，随着村子观赏度提高，游客逐渐增多。此外，七里冲村紧邻观音山，从 2003 年 2 月开始，每年举办有观音山民俗文化旅游周。每年的农历2月19、6月19、9月19日庙会期间，吸引了鄂豫皖三省数十县区十余万群众前来观赏。七里冲村还是去3A级景区汤泉池的必经之地，汤泉池风景优美，气候宜人，不仅有温泉可供游人洗浴，尚有很多自然和人文景观可供游人欣赏。象鼻山上，有为纪念明代文学家李贽而建的李贽亭，游客在欣赏自然山水的同时，还可以领略文人骚客的意境。汤泉池利用景区现有的电子商务服务平台开设旅游扶贫专栏，帮助七里冲村农产品特产销售、农家乐营销等。景区的专业人员为七里冲村提供指导，帮助实施旅游项目策划。

4. 红色旅游和乡村旅游复合型旅游扶贫模式

截至2015年，全国红色旅游年出行人数突破8亿人次，年均增长15%，占国内旅游总人次的比例提高到1/4；综合收入突破2000亿元，年均增长10%；累计新增直接就业50万人、间接就业200万人。[1] 商城县是著名的"歌舞之乡"，贯通南北文化，兼具吴楚之风。革命歌曲《八月桂花遍地开》在这里诞生并唱响全国，民间歌舞《花舞伞》在维也纳世界青年联欢节获银奖，民间文化艺术底蕴深厚。

表10.1　商城县红色旅游资源

五里山革命公墓	刘邓大军千里挺进大别山时两次在此设立前方指挥所，留下了许多动人的故事，现为革命传统教育基地之一
金刚台国家地质公园	人文景观主要是红色革命遗址
陵园、烈士纪念碑、烈士纪念馆	碑身正面镌刻毛泽东主席手书体"革命烈士永垂不朽"镀金大字，展厅陈列有大革命时期和土地革命时期商城籍及外籍在商城牺牲的54位著名烈士斗争事迹的图片、革命文物兼及豫东南苏区革命史
商城抗日忠烈祠	爱国主义、革命传统教育的重要基地

七里冲村依托红色资源优势发展特色旅游业，是带动七里冲村人民脱贫致富的重要途径。将资源、历史和文化优势转化为经济优势，进一步推

---

① 中共中央办公厅、国务院办公厅：《2011—2015年全国红色旅游发展规划纲要》，2015年。

动农村经济结构调整，发展特色优势产业，带动交通电信、商贸服务等相关行业的发展，扩大就业容量，为七里冲村经济发展注入新的生机活力。提升旅游扶贫水平，要大力推动红色旅游和农村的观光旅游、文化旅游、乡村旅游、休闲度假旅游等其他旅游产品相结合，增强其吸引力和竞争力，推动群众共同参与红色旅游发展，可提供红色旅游餐饮、住宿等经营服务，推动红色旅游发展和红色文化精品创作相结合，延长红色旅游产业链。加强和艺术表演团合作，打造一批反映地方红色文化的舞台艺术精品，通过旅游与文化融合，丰富红色旅游产品，增强感染力、影响力。[①] 培育一批以红色旅游为主营业务的旅游企业，加快完善红色旅游产业体系，势必成为乡村旅游一大亮点。

（三）七里冲村发展文化旅游的效益评估

1. 经济效益

七里冲村扶贫旅游项目注重地域文化、人文传统、农家生活、绿色餐饮，大力发展农家游、休闲游、民俗游、山水游，切实为旅游产业发展培育增长点，推动当地产业结构调整，拉长农产品加工链条，提升茶叶、茶油等产品附加值，打造生态、绿色、有机食品品牌，吸引了大量外来游客，有专职保洁员，为当地群众带来创业致富的重大机遇，当地居民旅游收入占家庭总收入比例多在50%以上。

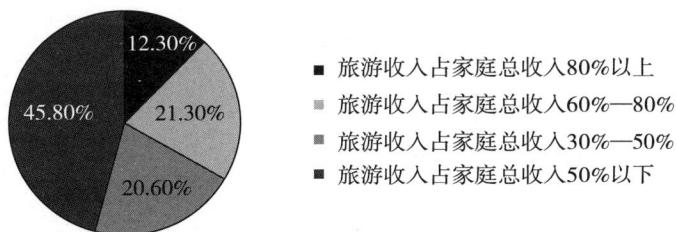

图10.1　2014年七里冲村居民旅游收入占家庭总收入的比例

资料来源：笔者调研资料整理。

---

① 原伟：《河南省红色旅游发展的问题及对策研究》，《产业与科技论坛》2011年第11期。

2. 生态效益

通过村容环境整治，进一步绿化、美化村庄，让群众养成良好的卫生习惯，保持村容村貌整洁、美观，形成健康文明的村风民俗；实施天蓝、地绿、水清工程，利于"山水相映，蓝绿互动，宜游宜居"的生态旅游村庄的构建。新村新房新产业，不仅改善了村民的生产生活环境，提升了村民的生活质量，更重要的是转变了村民的生活方式，使他们逐渐养成良好的卫生习惯，随地乱扔、乱倒垃圾等陋习已悄然发生改变，保护环境正逐渐成为村民的共识。

（四）七里冲村文化旅游发展遇到的主要问题

1. 产品类型单一，游客停留的时间短

七里冲村虽然文化旅游资源丰富，但是由于忽视旅游资源的综合开发，该地区的文化旅游开发不够合理，存在项目功能、活动内容单一等问题，难以满足游客的多种旅游需求，游客的游览时间一般较短，而在短时间内，难以实现较高的旅游经济效益。

2. 资金缺乏，基础设施落后

七里冲村位于偏远的农村地区，餐饮、交通住宿等各方面的配套设施都较差。此外七里冲村有很多居民居住，到处可见家畜及杂乱物品，卫生条件差，影响了该村的旅游形象。

3. 村民文化程度低，旅游服务人员缺乏培训

文化旅游的服务团队主要有留在当地的居民组成，他们大都没有接受高等教育，旅游专业素养低，服务意识淡薄，再加上资金、技术等方面的限制，服务人员很少接受过正规的培训，对旅游接待服务的质量和效果都产生不利影响。

4. 乡村旅游开发与环境保护不协调

我国许多旅游资源丰富的乡村多位于经济落后的偏僻山区，当地居民因文化教育程度较低，为了增加收入，以破坏自然生态和历史文化遗产为代价。甚至有些居民为了建设旅游接待设施，乱拆乱建现象严重，破坏了乡村的整体风貌，当然七里冲村也存在这样的现象。

（五）七里冲村关于发展旅游扶贫的建议

1. 发挥政府的引导作用，为乡村旅游发展创造良好的条件

要实现乡村旅游扶贫的持续、稳定、健康发展，必须充分发挥政府的主导地位，加大资金的投入，建立有效的利益联结机制、管理机制和风险保障机制，引导旅游企业和居民对乡村旅游资源进行科学合理的开发和管理，保证乡村旅游活动有计划、有目的地进行，为游客提供安全、稳定、文明、有序的旅游环境，同时加强基础设施建设，如交通、宾馆等，确保基础设施的建设不破坏乡村生态文化旅游资源。

2. 多方面引进资金

七里冲村旅游长远的发展需要强大的资金做后盾，社会化投资和多元化融资是资金积累来源的重要途径，可鼓励个人和社会投资，吸收外资，并积极协调金融部门，对农户实行一些优惠，如优先安排从事乡村旅游项目的贷款等，并协调好当地居民、外来投资者和当地政府的利益，达到多方共赢。为乡村旅游的开展提供足够的资金保障，形成财政扶持、金融支持、群众自筹、吸引外资等开放型、多元化的旅游市场机制。①

3. 加强景点间的交流合作，实现规模效益

七里冲村位于商城县，旅游资源丰富，但是比较分散，而且各自为政，没有形成规模效益，大大降低了该县旅游的竞争力。七里冲村旅游开发还处于初级阶段，知名度较低，而汤泉池景区的开发已经较成熟，吸引了许多游客前去参观游览。当地旅游局可以设置七里冲村游和汤泉池游相结合的旅游线路，打造自然风光与文化旅游的新旅游品牌，形成合力，整体联合促销。这有利于提高游客的整体满意度，增加重游率，从而形成新的旅游品牌，这将大大提高商城县的旅游魅力。

4. 引入旅游智业管理与评估体系

"智"即是指具有专业旅游开发运作能力的旅游智业人员，他们对旅游策划、旅游管理、咨询等的旅游智业领域以专业化视角对旅游开发的全

---

① 赵航：《培田村乡村旅游探析》，《旅游经济》2008 年第 10 期。

过程进行研究，能够带来先进的旅游投资理念、管理方法。凭借在旅游开发、运营中的专业能力来规避风险，能保证在兼顾农民利益的情况下进行旅游市场化运营。能够建立一套涵盖扶贫对象收入、数量、消费状况等多项指标的综合评价体系，使用互联网信息平台，实行网络营销，促进乡村旅游知名度的提高。

四、贫困群体与旅游产业发展的博弈

每个乡村的特色优势也各尽不同，商城县七里冲村依托大景区，紧邻红色旅游资源区，引导成功人士回乡打造宜居宜游的旅游山村，其方式值得借鉴，但旅游扶贫并非"一扶就灵"。一些地区将"旅游业发展"作为旅游扶贫的首要目标，单纯以引进外来劳动力来"替代"扶助当地贫困人口参与的任务，造成扶贫与旅游开发脱节，贫困人口被排除在旅游受益之外，大量的利益从社区居民身边流走，而他们却又不得不承担旅游开发所带来的消极影响，甚至为旅游所支付的代价高于其所得，出现了"旅游扶贫，越扶越贫"的现象。[①] 而旅游扶贫真正的目标是农村贫困人口的脱贫和发展，所以，贫困人口如何在旅游发展中获益和增加发展机会，应该成为旅游扶贫的核心问题。

第二节　旅游扶贫与企业商业模式创新
——以六盘山区和携程网为例

一、六盘山区文化旅游扶贫现状

国家颁布的《中国农村扶贫开发纲要（2011—2020 年）》中指出六盘山区是国家 14 个集中连片特困区之一，六盘山区涵盖了陕西、甘肃、青海、宁夏等部分地区，其中宁夏回族自治区有 7 个县。国家统计局的数据显示，2014 年，我国 14 个集中连片特困地区农民人均纯收入为 6302 元，

---

① 邱云美：《社区参与是实现旅游扶贫目标的有效途径》《农村经济》2004 年第 12 期。

而六盘山片区只有 5358 元，排名最后一位；14 个片区的平均贫困发生率为 17.1%，而六盘山片区则是 19.2%，高于平均水平，排名倒数第五。[①]

旅游扶贫是一种新型的扶贫模式，这种模式不同于以往借助单项救济实行的财政扶贫、信贷扶贫和物资捐助扶贫等"输血"式扶贫，而是一种"造血"式扶贫，是借助于旅游经济对区域经济的带动作用而脱贫，旅游扶贫的效果在更大程度上依赖于贫困地区自身发展的能力。[②] 本书以宁夏六盘山旅游扶贫试验区为例分析连片特困地区文化旅游扶贫的现状及存在的问题。

（一）宁夏六盘山区的旅游资源

2000 年 4 月，受国务院委托，国家旅游局、国务院扶贫办批准建立了我国第一个"旅游扶贫试验区"——六盘山旅游扶贫试验区。该试验区的地域面积为 160 平方千米，覆盖 4 个县 21 个乡镇 40 万人口，回族人口占 57%，贫困人口占 9%。本书通过梳理宁夏六盘山区的旅游资源（见表 10.2、表 10.3、表 10.3），来说明其旅游资源的丰富具备开发旅游扶贫项目的条件。

表 10.2　宁夏六盘山区自然旅游资源类型与分布

	地文景观类	六盘山白垩纪地层剖面；海原大地震遗迹；西吉火石寨、扫竹林及固原须弥山丹霞地貌；黄土梁卯沟壑地貌影观等
自然旅游资源	水文景观类	清水河、泾河、葫芦河、祖历河及其支流溪水、瀑布、峡谷；荷花沟、老龙潭、海原盐湖等
	气候生物景观类	大漠落口；山间日出；避暑消夏气候；多彩云雾；山地森林；灌区、草甸、干草原、荒漠草原、沙质草原等植被景观

---

① 见 http://news.sina.com.cn/c/2015 - 12 - 04/doc - ifxmihae8985587.shtml。
② 李永文、陈玉英：《扶贫及其对策研究》，《北京第二外国语学院学报》2002 年第 4 期。

表 10.3　宁夏六盘山区历史遗产类旅游资源类型与分布

历史遗产类旅游资源	人类文化遗址	西吉白城乡的三滴水遗址、海原南华山新石器遗址、海原西安乡新石器遗址、周新嘴新石器遗址等
	军事防御体系遗址	好水川古战场、瓦亭关故址，跨西吉、固原、彭阳三县的秦代古长城
	古城及古城遗址	固原古城垣、隆德笼竽城遗址、彭阳古城遗址、西吉县西安州古城、黄铎古城、七营北嘴古城等
	帝陵及普通陵墓	固原北周李贤墓、固原隋代彩绘壁画墓、任山河烈士陵园等
	革命纪念地	六盘山长征纪念馆、将台堡红军长征纪念馆等
	宗教/礼制建筑群	西吉南华山灵光寺，天都山石窟寺，固原拱北清真寺，隆德龙冈山石窟，固原须弥山石窟，同心清真大寺等
	楼阁建筑	固原魁星楼、东岳山五龙壁、璎珞宝塔等

表 10.4　宁夏六盘山区现代人文类旅游资源类型与分布

现代人文类旅游资源	博物馆	固原博物馆等
	现代水利工程建筑	固海扬水工程、彭阳人工梯田、小流域治理等
	产业旅游	马铃薯加工、沙产业、养殖业、药材种植等
	特色聚落	隆德红崖村老巷子传统民居、回族村居院落等
	抽象人文旅游资源	隆德传统民间灶火、秦腔以及回族习俗等
	购物	书画、剪纸、砖雕等

资料来源：张铁军：《宁夏六盘山区旅游扶贫战略探析》，《宁夏党校学报》2015 年第 5 期。

（二）宁夏六盘山区旅游扶贫成效

经过十多年的旅游扶贫开发，宁夏六盘山区形成了以红军长征为重点的红色旅游产品、以六盘山国家森林公园为重点的生态观光和休闲度假旅游产品、以火石寨国家地质公园为重点的地质观光旅游产品、以须弥山石窟为重点的丝绸之路文化旅游产品等独具特色的旅游产品。

　　该试验区的旅游扶贫效应不断体现出来，2014 年共接待国内游客237. 63 万人次，接待海外游客 1756 人次；接待国内游客总收入 10. 83 亿元，实现旅游外汇收入 103. 5 万美元。当地农户也以各种方式如开设农家乐、制作销售手工艺品、采摘果树、销售土特产等参与到旅游业的发展中来，在一定程度上提高了当地居民的收入水平，但距离脱贫还有很长一段路要走。据六盘山旅游扶贫试验区管委会副主任张宗信介绍，随着"一带一路"战略的实施和扶贫旅游的发展，宁夏六盘山区将进一步发挥其强大的旅游潜力，接下来将重点深化旅游体制机制改革，吸引国内外大型龙头企业对相关文化旅游产业和景区进行开发管理，同时密切加强与周边地区的合作联系，提高六盘山旅游扶贫产业品牌的知名度。[①]

　　（三）宁夏六盘山区文化旅游扶贫中存在的问题

　　宁夏六盘山区旅游扶贫虽然取得显著成效，但在发展的过程中仍存在一些问题，最重要的一点就是传统特色文化丧失独立性，甚至在近年来发展过程中有逐渐消失的趋势。宁夏六盘山区在过去之所以能够保持本地区、本民族的特色文化，是因为山区的交通不便、信息闭塞，没有受到外来文化的影响，但是在实施旅游扶贫的过程中，游客和外来文化的入侵使得传统的民族文化逐渐消失在现代文化当中。外来文化先进、文明的特征逐渐在本地文化中占据主要地位，同时潜移默化地影响着人们的心理认知，使原有的民俗文化在人们心中逐渐淡化。贫困地区开展旅游扶贫，其主要的资源特色和优势在于"原始性"。宁夏六盘山区有着不同于大城市的安宁、祥和，也正是由于这些因素吸引了那些追求原始生态旅游的旅游者。但是，在旅游扶贫中，六盘山区并没有准确把握住自身的资源特色，有些接待设施如饭店、人造景点过分城市化，使当地旅游开发陷入城市化的误区，而失去原有的纯真本色。旅游地区的政府、企业只有充分认识到"只有民族的、本土的，才是最好的"，深入挖掘自身的文化特色，做大做

---

　　① 宁夏自治区政府：《旅游扶贫试验区引领六盘山旅游走出"深闺"》，新华网 2014 年 5 月27 日。

强，才能将旅游扶贫工作做好。

二、大数据背景下携程旅行网商业模式创新

（一）携程旅行网传统商业模式

携程旅行网在中国在线旅游行业中的地位是首屈一指的，而网站、上游旅游企业（目的地酒店、航空票务代理商、合作旅行社）和网民市场构成了携程的主要盈利模型。携程旅行网的主营业务是为用户提供酒店和机票的预订，同时该网站还经营一些自助游产品，用户可以根据自己的需求独立自主地选择适合自己的旅游路线。此外，携程还通过收集客户的评价和问题信息建立了目的地景区和社区交流平台，使用户可以方便地进行沟通以获得所需要的信息，这些成为了携程盈利模式中重要的辅助因素。

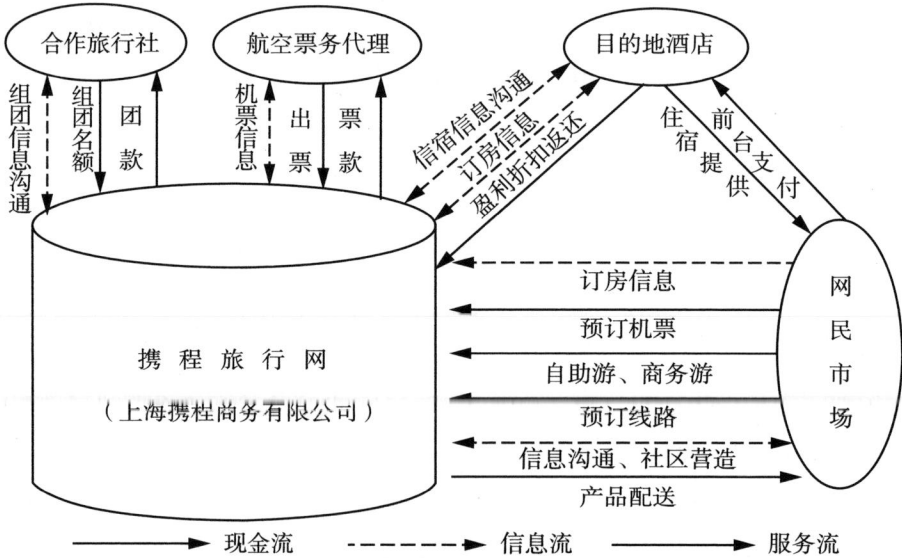

图 10.2　携程旅行网的盈利模型

资料来源：冯飞：《中国 B2C 旅游电子商务盈利模式比较研究——以携程旅行网和春秋旅游网为例》，《旅游学刊》2003 年第 4 期。

携程网以互联网作为中介工具，扮演着分销商的角色，它的收入主要

由以下几个方面构成：①酒店预订代理费。这是携程最主要的利润来源。当客户在携程网上预订房间成交之后，携程会以中介方的身份从目的地酒店的盈利中收取折扣，从而获取预订代理费用。②机票预订代理费。携程通过收取客户订票费与航空公司出售的票据价格的差价来获取机票预订代理费。③商旅管理服务费。携程通过向企业提供周到体贴的旅行、会议服务，从而获得相应的服务费用。④线路预订代理费。携程通过跟其他旅行社合作，经营相关组团的业务，从而向旅行社收取线路预订代理费。

（二）大数据背景下携程旅行网商业模式创新

互联网、信息技术的不断发展，给社会带来了一场以"大数据"为核心的技术革命，技术进步的同时往往带来商业模式的变革，因此"大数据"成为了商业模式创新的重要因素。2012 年，瑞士达沃斯世界经济论坛的与会者称：大数据带来了一场技术革命，这更是一种社会革命，将深刻影响着国家的治理方式、企业的组织决策程序以及个人的生活方式。① 商业模式创新就是企业对价值创造的创新，其中包括对价值主张、价值创造模式、价值传递模式、价值实现模式中的一个或多个方面进行创新。具体表现为企业在充分了解顾客需求的基础上，重新设计与构造企业的价值主张、价值链、渠道沟通以及整个价值网络。

企业在关注目标顾客真实需求的基础上进行价值主张创新，同时在准确把握顾客心理行为基础上进行营销创新，实施精准营销，这是企业商业模式创新的关键。在大数据出现之前，企业往往很难获取客户的真实需求，这是因为客户的需求具有复杂性、隐蔽性，利用原始的结构化数据很难进行突破。然而，大数据的出现，使这些成为了可能。企业通过运用大数据的"交叉复验"功能，能够实现对客户的全息映现，从而真正地了解客户的需求。实时个性化以及多来源、多格式数据的快速综合对比分析是大数据所具备强大的能力，因此它可以使数据的收集、整理、分析、反馈、响应在瞬间完成，使企业可以准确定位客户群并把握

---

① 常联伟、郭高凤：《大数据驱动的商业模式创新探析》，《企业技术开发》2014 年第 11 期。

住他们的真实和潜在需求，因此，企业可以依据顾客的需求进行价值主张的创新。

在准确把握当前在线旅游市场迅速增长，移动客户端市场具有巨大潜力的背景和市场需求下，携程依托大数据进行了商业模式创新，推出了智慧旅游产品以帮助目的地景区建设智慧旅游。携程智慧旅游产品的研发离不开大数据的处理，从分析 UGC（User Generated Content，即用户生产内容，用户将自己创作的内容通过互联网平台进行展示或者提供给其他用户）用户行为到研发设计智慧旅游的产品，从精准智慧营销到目的地景区的数据定制都体现出大数据的重要性。携程通过已经建成的智慧旅游旗舰店，可以帮助优化目的地景区的 POI（Point of Interface，即多系统合路平台），并将最终的成果通过 API（Application Programming Interface，即应用程序编程接口）接口输出到目的地，能够通过微博、微信、APP 进行相互输出，同时携程还可以提供一整套的解决方案。[1] 目的地景区如果没有建设自己的 APP，携程还会根据其真实的需求按模块建设 APP，然后通过 API 接口输入相应的信息；如果目的地景区已经具备成熟的 APP，携程会根据实际情况增加相应的模块，再实现 API 对接，这样能保证携程所推出的新宣传新产品及时被用户所接收。

三、小结

在以移动互联网、云计算等激发的大数据时代背景下，大数据成为了一种新的战略资源和核心能力，企业可以深入挖掘大数据，发挥它潜在的价值，从而激发企业商业模式的创新，这是当今企业核心竞争力的来源。携程旅行网依托大数据开发的智慧旅游产品，可以为宁夏六盘山区量身设计 APP，着重突出宁夏六盘山区的特色农业观光旅游产品，特色文化旅游产品，如以长征为核心的红色文化旅游产品和富有民族特色的民俗文化旅

---

[1] 蓝美玲：《携程智慧旅游大数据为出行提供精准决策来源》，2015 年 4 月 15 日，见 http：//www.china.com.cn/travel/txt/2015-04/15/content_35324815.htm。

游产品。通过在宁夏及其周边地区推广 APP，使更多的人了解六盘山区，从而激发其潜在的旅游需求，吸引更多的旅游者前来观光旅游。携程旅行网在 UGC 用户行为分析的基础上，可以对使用 APP 的消费者的行为偏好和需求偏好有一个更清晰的预测和定位，因此能够为政府和旅游企业进行政策和投资提供依据，让宁夏六盘山区的旅游业朝着更好的方向发展。

政策篇

第十一章 集中连片特困地区扶贫绩效评价

探寻集中连片地区扶贫开发的效果，从中找出现有扶贫开发所存在的问题，对于赢得集中连片地区反贫困的攻坚战具有重要的实践意义。本书拟基于对武陵山片区湖北恩施州的实地调查数据，从收入水平、增收能力和主观福利等角度较为全面地对现有扶贫开发项目进行评价，希望从中找出现有扶贫开发过程中存在的问题，以便更好地推动未来集中连片特困民族地区的反贫困工作。

第一节 扶贫绩效评估理论

贫困是发展经济学中的一个重要内容，鉴于我国在反贫困领域所取得的重大成就，贫困也是我国学者研究的热点，相关研究成果可谓汗牛充栋。然而，对具体扶贫项目效果的评价并不是很多。

在少量的扶贫绩效评估的研究中，有相当一部分研究是对扶贫资金投入数量以及方向效果的评价。如陈卫洪和谢晓英（2013）以贵州省1990—2010年的统计数据对扶贫资金投入、财政支农支出和农户家庭人均纯收入之间的关系展开协整分析并建立误差修正模型，其研究发现贵州省扶贫资金投入和财政支农支出分别与农户家庭人均纯收入存在长期稳定的正向均衡关系。姜爱华（2008）构建了资金贡献绩效和资金投向绩效两个指标，利用数量经济方法对我国政府开发式扶贫资金投放效果进行评价，认为应从引入市场机制、改善扶贫资金使用结构、重视扶贫路径选择、加强监督等方面改善我国政府开发式扶贫资金使用绩效。李佳路（2010）运用倾向得分匹配方法（PSM），采用某省 30 个国家扶贫开发重点县 2009 年的农村贫困监测数据，对扶贫项目的减贫效果进行评估。姜锡明（2007）从定性的角度对西部开发式扶贫的效果进行了研究，认为 1986 年以来的扶贫政策的确取得了极其显著的成效。

少量研究关注具体实施的扶贫项目的效果。如李忠斌等（2011）以湖北省利川市推广"电脑农业"为例对民族地区信息技术扶贫的效果进行了评价，指出"电脑农业"对农民收入有较大影响，"重点示范式""电脑农业"推广方式对农民的收入增长具有较大的贡献，并由此认为"电脑农业"是民族地区重要的扶贫方式，能产生较好的扶贫效果。王姮和汪三贵（2008）利用项目前期和项目后期的面板数据，采用固定效应模型对 2006 年江西省扶贫工作重点村扶贫项目是否改善住户饮水状况进行了分析，比较江西省扶贫重点工作村内已经开展项目的自然村和未开展项目的自然村住户饮水状况变化。张遵东和章立峰（2011）对黔东南州雷山县西江苗寨实地调研，发现乡村旅游的发展与农民收入的增长整体上呈现出一致性，但由于某些因素的限制，扶贫效果并不显著。

综上所述，对现有扶贫项目效果评价的研究比较缺乏，虽然其中有一部分研究注意到了特殊困难地区尤其是民族地区与其他地区在反贫困方面的不同，给予其特别的关怀，但是研究集中连片特困地区扶贫效果的仍不多见。此外，上述研究对扶贫效果的评价角度主要集中在农民收入，从增收能力、相对收入、主观福利等角度对扶贫项目效果进行评价的研究目前尚未发现。有鉴于此，本书将基于集中连片特困的典型代表地区——武陵山片区湖北恩施土家族苗族自治州（以下简称"恩施州"）的实地调查数据，从收入水平、增收能力、相对收入水平、主观福利等角度全面系统地考察其扶贫效果。

第二节　扶贫绩效评估模型

根据《中国农村扶贫开发纲要（2011—2020 年）》精神，按照"集中连片、突出重点、全国统筹、区划完整"的原则，以 2007—2009 年 3 年的人均县域国内生产总值、人均县域财政一般预算收入、县域农民人均纯收入等与贫困程度高度相关的指标为基本依据，考虑对革命老区、民族地区、边疆地区加大扶持力度的要求，国家在全国共划分了 11 个集中连片特殊困难地区，加上已明确实施特殊扶持政策的西藏、四省藏区、新疆南疆三地州，共 14 个片区、680 个县，作为新阶段扶贫攻坚的主战场。14 个片区包括新疆南疆三地州（24 县）、四省藏区（77 县）、西藏区（74 县）、罗霄山区（23 县）、大别山区（36 县）、吕梁山区（20 县）、燕山—太行山区（33 县）、大兴安岭南麓山区（19 县）、滇西边境山区（56 县）、滇桂黔石漠化区（80 县）、乌蒙山区（38 县）、武陵山区（64 县）、秦巴山区（75 县）、六盘山区（61 县）。

武陵山片区是我国跨省交界面积最大、人口最多的集中连片贫困地区，亦是少数民族聚集区，由于特殊的自然、历史等因素，其贫困和反贫困问题在全国具有一定的典型性。恩施州是武陵山片区的重点扶贫对象。武陵山片区中，湖北一共有 11 个县入选，恩施州有 8 个县市入选，占整个武陵山片区贫困县数目的 12.5%。因此，恩施州对研究现阶段集中连片特困民族地区反贫困问题具有很强的典型性。

恩施州是我国最年轻的民族自治州，国土面积 2.4 万平方千米，总人口近 400 万人，其中，农村人口 342 万人，占总人口的 87.2%；土家族、苗族等 28 个少数民族人口 207 万人，占总人口的 52.8%。据国家统计局湖北省调查总队 2005 年的农村住户调查，2005 年，全州的农民人均纯收入仅 1643 元（朱乾宇等，2007）。截至 2012 年，恩施州还有 124 万贫困人口，占总人口的 31.7%，占农村人口的 36.36%。其中，年人均纯收入 786 元以下的绝对贫困人口还有 49.5 万人（尚不包括鳏寡孤独等民政救济对象），占农村人口的 14.5%；年人均纯收入 786—1067 元以下的低收入人口也有 74.6 万人，占农村人口的 21.8%。按照国务院扶贫办新的扶贫标准并将绝对贫困线与相对贫困线合二为一衡量，全州贫困人口高达 124 万人，占农村人口的 36.3%。这是一个非常高的比例。全州纳入"整村推进"范围的重点贫困村 1966 个，占总数的 67.8%；目前仅实施了 826 个，占总数的 42%，还有占总数 58% 的 1140 个难度更大的贫困村尚待扶持（陈袁丁，2012）。

本书所使用的数据主要来自于 2011 年 7 月对湖北恩施土家族苗族自治州四县八乡的抽样调查。四县包括恩施市、鹤峰县、来凤县、利川市，八乡包括芭蕉乡、绿水乡、漫水乡、沙道乡、盛家乡、太平乡、土堡乡和忠路乡。共获得 180 份有效问卷。调查问卷分为结构性问题和开放性问题两部分，本书分析内容主要使用的是结构性问题。结构性问题分为受访对象基本信息、家庭特征、政府与政策支持等三大模块。访谈员为在中央民族大学招募的本科生。本书还采用了于 2012 年、2013 年调研获取的湖南武陵山片区相关数据。

表 11.1 给出了本书所涉及的关键变量的描述性统计特征。从中可以看出，调查地区家庭总收入大约为 25416 元，家庭人口数量大约为 4 人，因此，人均毛收入约为 6354 元。而 2011 年我国农村人均纯收入就为 6977 元。可见，恩施州面临的扶贫任务是十分艰巨的。不过纵向来看，调查地区经济有向好趋势，有 97% 的农户储蓄水平与前年比有所增加或者基本维持不变（其中 51% 的农户储蓄水平有所增加）。外出务工比重在调查地区比较高。调查农户中平均有 1.2 个外出劳动力，占家庭总人口的 31%，占总劳动力数量的 48%。总体来看，农户对目前生活状态的满意程度还是比较高的，68% 的农户对目前生活表示满意，仅有不到 7% 的农户对目前生活感到不满。调查地区扶贫项目的覆盖面比较大，有 35% 的农户表示参与过扶贫项目。调查地区耕地比较紧张，户均耕地面积仅为 3 亩左右，人均耕地面积不到 1 亩。受访对象受教育水平不高，大都是小学文化程度，主要以普通农户为主，没有包括担任村干部、机关退休、外出打工、退伍军人、离退休教师、企业下岗职工、企业退休等经历的人员。

表 11.1　变量描述性统计特征

变量	观测值	均值	标准差	最小值	最大值	解释性说明
家庭总收入	138	9.59	1.61	-2.30	11.82	对数形式
种植业收入所占比重	136	0.24	0.29	0	1	
相对收入	177	3.06	0.92	1	5	受访者自评家庭收入在村中水平：1代表下等，2代表中等偏下，3代表中等，4代表中等偏上，5代表上等
储蓄水平变动	149	2.45	0.56	1	3	1代表减少，2代表不变，3代表增加
外出劳动力数量	170	1.24	1.11	0	6	单位：个
主观福利	174	2.60	0.61	1	3	对目前生活的满意程度：1代表不满意，2代表一般，3代表满意
扶贫项目参与	172	0.35	0.47	0	1	0代表未参与，1代表参与
年龄	181	5.72	1.98	1	9	组别变量：1代表<18岁，2代表18—25岁，3代表26—30岁，4代表31—35岁，5代表36—40岁，6代表41—45岁，7代表46—50岁，8代表51—55岁，9代表56—60岁，10代表>61岁
县（市）	181	2	0.99	1	4	1代表恩施市（样本量占44.20%），2代表鹤峰县（样本量占16.57%），3代表来凤县（样本量占34.25%），4代表利川市（样本量占4.97%）

续表

变量	观测值	均值	标准差	最小值	最大值	解释性说明
土家族	181	0.77	0.41	0	1	0代表其他民族，1代表土家族
受教育水平	172	2.25	1.01	1	6	1代表小学以下，2代表小学，3代表初中，4代表高中，5代表中专，6代表大专及以上
职业	181	0.76	0.42	0	1	0代表其他（包括种植大户、教师、乡村干部、个体工商户、企业经营管理者等），1代表普通农户
经历	181	0.67	0.46	0	1	0代表有特殊经历（包括担任村干部、机关退休、外出打工、退伍军人、离退休教师、企业下岗职工、企业退休等），1代表无特殊经历
耕地面积	140	3.10	2.24	0	10	单位：亩
劳动力所占比重	168	0.66	0.70	0	7	

本书将从家庭收入水平、农户增收能力、相对收入水平和主观福利等角度考察扶贫项目参与对农户的影响。具体将使用如下模型使用最小二乘法（OLS）来识别扶贫项目参与的相关影响。

$$y = \alpha + \beta parti + \delta X + \mu$$

其中，y 是本书主要考察的因变量，表示家庭收入水平、农户增收能力、相对收入水平和主观福利。本书对家庭收入水平的具体衡量指标是2010年农户家庭总收入，在具体分析的过程中，对其取对数形式。关于农户增收能力，本书采用三个指标予以衡量，分别为种植业收入占总收入比重、外出务工劳动力数量、储蓄变动情况。由于外出务工、工资性收入已成为当代农民增收的一个重要途径，因此，本书将通过种植业收入占总收入的比重、外出劳动力数量来对于农户的增收能力来予以衡量。此外，农户储蓄水平的变动更加直接地衡量农户短期收入以及长期收入能力的变动情况，只有储蓄增加了农户才能进行更多的物质或者人力资本的投资，从而实现最终的可持续发展。本书对相对收入水平的具体衡量指标是受访对象自我评价的其家庭收入水平在所在村中的位置。调查问卷中将其分为五类，分别为 1 代表下等、2 代表中等偏下、3 代表中等、4 代表中等偏上、5 代表上等。主观福利的具体衡量指标是受访对象对目前生活状态的满意程度，调查问卷中将其分为三类，分别为 1 代表不满意、2 代表一般、3 代表满意。parti 是本书考察的关键自变量，表示农户是否参与过扶贫项目。调查地方所开展主要的扶贫项目包括财政扶贫资金项目、整村推进、扶贫搬迁、鄂西生态旅游圈等。X 是其他控制变量，主要分为三组，在具体模型估计过程中，他们依次进入回归模型。第一组控制变量具体包括年龄、民族以及地区等外生变量。其中关于年龄，本书将其分为 10 组，具体为 1 代表 <18 岁、2 代表 18—25 岁、3 代表 26—30 岁、4 代表 31—35 岁、5 代表 36—40 岁、6 代表 41—45 岁、7 代表 46—50 岁、8 代表 51—55 岁、9 代表 56—60 岁、10 代表 >61 岁，考虑到样本量太小以及不同民族分布不均等因素，民族仅区分土家族和其他民族，其他民族主要指的是汉族。第二组控制变量包括受教育程度、职业以及工作经历等社会经济地位变量。受教育程度分为六组，分别为 1 代表小学以下、2 代表小学、3 代表初中、4 代表高中、5 代表中专、6 代表大专及以上。考虑到样本量太小以及不同职业以及工作经历分布不均等因素，本书仅将职业分为普通农户与非普通农户，其中非普通农户主要包括种植大户、教师、乡村干部、个体工商户、企业经营管理者等；工作经历仅分为无特殊工作经历和有特殊工作经历，其中有特殊工作经历主要包括担任村干部、机关退休、外出打工、退伍军人、离退休教师、企业下岗职工、企业退休等。第三组控制变量包括耕地面积以及劳动力占家庭人口的比重。μ 表示随机干扰项。

第三节 扶贫项目对收入影响检验的主要结果

一、扶贫项目参与对家庭收入水平的影响

表11.2给出了是否参与扶贫项目对其家庭收入的影响。方程（1）仅控制了年龄、所在区县以及是否为土家族等，估计显示表明，相对于没有参与过扶贫项目的农户比参与了扶贫项目的农户有着更高的收入，收入大约增加了8.02%[①]，这一影响大约在5%的水平上具有统计显著性。方程（2）在控制了方程（1）所控制的变量水平上，继续加入了受教育程度、经历、职业等变量。估计结果表明，相对方程（1），方程（2）的拟合优度有所增加，调整R方提高了6%。同时，控制了这些变量使得是否参与扶贫项目对收入水平的影响增加，相对于非参与者而言，参与了扶贫项目者的收入水平要高于8.12%，这一结果依然在5%的水平上具有统计显著性。方程（3）是在控制了方程（2）所控制的变量水平上，进一步控制了耕地面积、劳动力占家庭人口中的比重，这一做法使得模型估计的拟合优度有了很大程度的增加，相对于方程（1），方程（3）的调整R方增加了41%。同时，扶贫项目参与对家庭收入的影响也进一步增强，相对于没有参与扶贫项目的农户，参与了扶贫项目的农户收入水平增加了10.63%，显著水平依然在5%的水平上具有统计显著性。

表11.2 扶贫项目参与对家庭收入的影响

	(1)	(2)	(3)
扶贫项目参与	0.769[**]	0.779[**]	1.020[**]
	(0.303)	(0.332)	(0.445)
年龄	−0.108	−0.148[*]	−0.180[*]

---

① 这一数值的具体算法为：扶贫项目参与的影响系数除以收入水平的均值，再乘以100%，具体为：（0.769÷9.591624）×100% = 8.02%。

	（1）	（2）	（3）
	（0.067）	（0.082）	（0.107）
所在县			
鹤峰县	0.056	0.112	0.227
	（0.436）	（0.469）	（0.627）
来凤县	0.082	0.104	0.059
	（0.334）	（0.364）	（0.470）
利川市	1.353**	1.329**	1.617**
	（0.594）	（0.646）	（0.789）
土家族	-0.536	-0.626*	-0.866*
	（0.343）	（0.370）	（0.477）
受教育程度		-0.152	-0.270
		（0.189）	（0.249）
职业		0.092	0.114
		（0.379）	（0.487）
经历		-0.288	-0.181
		（0.362）	（0.530）
耕地面积			0.084
			（0.091）
劳动力比重			0.092
			（0.444）
常数项	10.195***	10.950***	11.025***
	（0.514）	（1.036）	（1.369）
观测值	132	126	94
调整 R 方	0.110	0.117	0.155

注：括号内数值为标准误，＊＊＊表示 $p < 0.01$，＊＊表示 $p < 0.05$，＊表示 $p < 0.1$。方程（1）仅控制了年龄、所在区县以及是否为土家族等，方程（2）在控制了方程（1）所控制的变量水平上，继续加入了受教育程度、经历、职业等变量，方程（3）在控制了方程（2）所控制的变量水平上，进一步控制了耕地面积、劳动力占家庭人口中的比重等。

除了扶贫项目参与之外，年龄、所在县以及是否为土家族也对收入水平具有十分显著的影响。表11.2 结果表明，年龄与收入之间具有显著的负相关关系，年龄组每上升一个组别，收入就减少11.26%—18.77%，当控制了所有变量之后，这一结果在10%的水平上具有统计显著性。所在县存在着较大的收入差距，相对恩施市，利川市所调查农户的收入水平要高于14.10%—16.86%，并且这一差距在5%的水平上具有统计显著性。相对于其他民族（主要是汉族），少数民族土家族的收入水平更低。土家族的收入水平一般要比其他民族低5.59%—9.03%，当控制了所有变量之后，这一差距在10%的水平上具有统计显著性。由此可见，少数民族在脱贫以及经济发展的过程中确实面临着更大的困难。

接着本书进一步检验了扶贫项目参与是否可以克服少数民族在经济发展过程中所固有的不利影响。为此在表11.2 的基础上，引入了扶贫项目参与与少数民族的交互项，通过检验交互项的影响即可以观察少数民族身份对经济发展的不利影响是否会随着扶贫项目参与而发生变化。表11.3 给出了这一做法的估计结果。从表11.3 中可以看出，扶贫项目参与与少数民族身份的交互项为正，说明少数民族身份对其家庭收入的不利影响会随着扶贫项目的参与而变弱，但是这一结果并不具有统计显著性。因此，现在还不能认为扶贫项目参与可以显著地改变少数民族在经济发展过程中所面临的内在困难。

表11.3 扶贫项目参与是否可以弱化少数民族身份对收入的不利影响

	(1)	(2)	(3)
扶贫项目参与	0.683	0.595	0.694
	(0.587)	(0.634)	(0.779)
土家族	-0.592	-0.747	-1.116
	(0.474)	(0.513)	(0.686)
扶贫项目参与 * 土家族	0.116	0.250	0.483
	(0.678)	(0.732)	(0.949)

续表

	(1)	(2)	(3)
常数项	10.231***	11.040***	11.172***
	(0.557)	(1.073)	(1.405)
控制变量	是	是	是
观测值	132	126	94
调整 R 方	0.111	0.118	0.158

　　注：括号内数值为标准误，＊＊＊表示 p＜0.01，＊＊表示 p＜0.05，＊表示 p＜0.1。方程（1）仅控制了年龄、所在区县以及是否为土家族等，方程（2）在控制了方程（1）所控制的变量水平上，继续加入了受教育程度、经历、职业等变量，方程（3）在控制了方程（2）所控制的变量水平上，进一步控制了耕地面积、劳动力占家庭人口中的比重等。

二、扶贫项目参与对增收能力的影响

　　本书使用了"种植业收入比重""外出劳动数量"和"储蓄变动"三个指标来衡量农户的增收能力。表 11.4 给出了扶贫项目参与对这三个指标的估计结果。

　　表 11.4 "种植业收入比重"列给出了扶贫项目参与对家庭收入结构的影响。与表 11.2 类似，方程（1）仅控制了年龄、所在区县以及是否为土家族等，方程（2）在控制了方程（1）所控制的变量水平上，继续加入了受教育程度、经历、职业等变量，方程（3）在控制了方程（2）所控制的变量水平上，进一步控制了耕地面积、劳动力占家庭人口中的比重等。表 11.4 的估计结果显示，随着控制变量的增多，模型的拟合优度在不断提高。此外，无论使用哪一个方程，扶贫项目参与对种植业收入占家庭总收入的比重具有正向影响，但是这一结果不具有统计显著性。

　　表 11.4 "外出劳动力数量"列进一步考察了扶贫项目参与对劳动力转移的影响。方程（1）仅控制了年龄、所在区县以及是否为土家族等。估计结果显示，扶贫项目参与与劳动力转移之间具有显著的负相关关系。相对于没有参与扶贫项目的农户而言，参与了扶贫项目的农户家中外出劳动

力的个数要少26.35%之多，并且这一结果在10%的水平上具有统计显著性。方程（2）在控制了方程（1）变量的基础上，进一步控制了教育程度、经历、职业等，从中可以看出，在进一步控制了这些变量之后，模型的拟合优度大幅提高，调整R方增加了将近1倍，并且扶贫项目参与对劳动力转移的负向影响进一步加强。在控制了这些变量之后，相对于没有参与扶贫项目的农户，参加了扶贫项目的农户家中劳动力转移数量减少了36.09%之多，并且统计显著性也有所加强（p<0.05）。

表11.4　扶贫项目参与对增收能力的影响

	种植业收入比重			外出劳动力数量		储蓄变动		
	（1）	（2）	（3）	（1）	（2）	（1）	（2）	（3）
扶贫项目参与	0.012	0.038	0.015	-0.327*	-0.448**	0.054	0.108	0.133
	(0.056)	(0.057)	(0.070)	(0.187)	(0.195)	(0.101)	(0.110)	(0.127)
年龄	0.003	-0.008	-0.027	0.110**	0.091*	0.021	0.012	0.026
	(0.012)	(0.014)	(0.017)	(0.045)	(0.052)	(0.024)	(0.029)	(0.032)
所在县								
鹤峰县	-0.222***	-0.216***	-0.247**	-0.164	-0.230	0.083	0.111	0.170
	(0.080)	(0.081)	(0.097)	(0.266)	(0.262)	(0.143)	(0.150)	(0.168)
来凤县	-0.103*	-0.135**	-0.167**	0.050	0.078	0.145	0.165	0.255*
	(0.062)	(0.063)	(0.074)	(0.200)	(0.203)	(0.110)	(0.117)	(0.133)
利川市	0.042	0.091	0.013	-0.496	-0.747*	-0.113	-0.007	-0.043
	(0.109)	(0.111)	(0.123)	(0.401)	(0.410)	(0.268)	(0.284)	(0.294)
土家族	0.029	0.040	0.049	0.206	0.089	-0.203*	-0.164	-0.101
	(0.063)	(0.064)	(0.074)	(0.209)	(0.216)	(0.110)	(0.119)	(0.135)
受教育程度		-0.035	-0.032		-0.073		-0.041	-0.042
		(0.033)	(0.039)		(0.110)		(0.063)	(0.073)
职业		0.063	0.115		0.412*		-0.062	-0.098
		(0.067)	(0.078)		(0.209)		(0.129)	(0.144)
经历		0.039	-0.024		-0.530**		0.135	0.059

续表

	种植业收入比重			外出劳动力数量		储蓄变动		
	(1)	(2)	(3)	(1)	(2)	(1)	(2)	(3)
		(0.063)	(0.082)		(0.208)		(0.118)	(0.140)
耕地面积		0.022						−0.013
		(0.014)						(0.026)
劳动力比重		−0.042						0.159
		(0.069)						(0.130)
常数项	0.252***	0.300*	0.386*	0.591*	1.068*	2.399***	2.444***	2.352***
	(0.094)	(0.180)	(0.216)	(0.329)	(0.619)	(0.175)	(0.353)	(0.400)
观测值	130	124	92	161	155	143	137	107
调整 R 方	0.078	0.132	0.194	0.070	0.139	0.045	0.056	0.084

注：括号内数值为标准误，＊＊＊表示 <0.01，＊＊表示 p<0.05，＊表示 p<0.1。方程（1）仅控制了年龄、所在区县以及是否为土家族等，方程（2）在控制了方程（1）所控制的变量水平上，继续加入了受教育程度、经历、职业等变量，方程（3）在控制了方程（2）所控制的变量水平上，进一步控制了耕地面积、劳动力占家庭人口中的比重等。

表 11.4"储蓄变动"列给出了扶贫项目参与对农户储蓄变化的影响。估计结果显示，无论方程（1）、方程（2）还是方程（3），扶贫项目参与对农户储蓄增多均具有正向影响，但是这一结果不具有统计显著性。不过，表 11.4"储蓄变动"列表明，相对于其他民族而言，土家族农户储蓄增多的概率更低，基于方程（1）的估计结果，这一结果在 10% 的水平上具有统计显著性。

结合表 11.2 的结果可以认为，虽然扶贫项目参与对家庭收入产生了一定的积极影响，但是这一积极影响并不是通过改变收入结构，增加非农收入而得以实现的。考虑到现阶段非农收入、劳动力转移是农民增收的一个最为重要的手段，上述结果表明，现有民族地区的扶贫更多地是在"输血"，而非"造血"，其可持续性值得怀疑。同时扶贫项目也没有明显地改善农户的储蓄能力，因此，农户通过投资扩大再生产的能力也没有得到很大的提高。这一点再次说明目前民族地区扶贫"造血"功能的薄弱。

三、扶贫项目参与对相对收入水平的影响

表11.5给出了扶贫项目参与对相对收入水平的影响。同样，本书分别使用方程（1）、方程（2）和方程（3）依次估计了这一影响。方程（1）、方程（2）和方程（3）所包含的变量参见表11.5注释。估计结果显示，无论使用哪一个方程，扶贫项目参与对相对收入水平均具有正向影响，但是这一结果不具有统计显著性。

值得提及的是，从表11.5中可以看出，职业以及耕地面积是影响农户在村中相对收入水平的重要变量。相对于其他职业群体（包括种植大户、教师、乡村干部、个体工商户、企业经营管理者），普通农户在村中的相对收入水平要更低，这一结果在5%的水平上具有统计显著性。再者，耕地面积与农户在村中的相对收入水平具有显著的正相关关系，耕地面积越多者其在村中的相对收入水平就越高，这一结果具有更高的统计显著性，$p < 0.01$。

表11.5　扶贫项目参与对相对收入水平的影响

	(1)	(2)	(3)
扶贫项目参与	0.017	0.049	0.144
	(0.151)	(0.159)	(0.187)
年龄	−0.055	−0.045	−0.035
	(0.036)	(0.042)	(0.049)
所在县			
鹤峰县	−0.413 *	−0.325	−0.150
	(0.209)	(0.212)	(0.249)
来凤县	−0.158	−0.196	−0.084

续表

	(1)	(2)	(3)
	(0.163)	(0.168)	(0.195)
利川市	0.129	0.128	0.204
	(0.332)	(0.343)	(0.366)
土家族	0.153	0.222	0.213
	(0.170)	(0.179)	(0.202)
受教育程度		0.078	0.153
		(0.091)	(0.110)
职业		-0.375^{**}	-0.417^{**}
		(0.176)	(0.202)
经历		0.123	0.297
		(0.169)	(0.207)
耕地面积			0.111^{***}
			(0.039)
劳动力比重			0.244
			(0.220)
常数项	3.342^{***}	3.260^{***}	2.377^{***}
	(0.265)	(0.509)	(0.619)
观测值	169	162	122
调整 R 方	0.051	0.092	0.170

注:括号内数值为标准误,＊＊＊表示 $p < 0.01$,＊＊表示 $p < 0.05$,＊表示 $p < 0.1$。方程(1)仅控制了年龄、所在区县以及是否为土家族等,方程(2)在控制了方程(1)所控制的变量水平上,继续加入了受教育程度、经历、职业等变量,方程(3)在控制了方程(2)所控制的变量水平上,进一步控制了耕地面积、劳动力占家庭人口中的比重等。

结合表 11.2 的估计结果来看,可以认为虽然扶贫项目参与增加了农户的收入水平,但是却没有显著改变农户收入在村中的相对位置。这也再次说明，目前民族地区的扶贫主要是生存型扶贫，远非发展型扶贫。

四、扶贫项目参与对主观福利的影响

表11.6给出了分别基于方程（1）、方程（2）和方程（3）得到的扶贫项目参与对农户主观福利影响的估计结果。方程（1）、方程（2）和方程（3）所包含的变量参见表11.6注释。表11.6的估计结果显示，无论使用哪个方程，扶贫项目参与对农户主观福利均没有显著的影响。不过，从表11.6中可以看出，受教育程度与主观福利具有显著的正相关关系，受教育水平越高，对生活的满意程度就越高（方程（2）估计结果，$p < 0.01$；方程（3）估计结果，$p < 0.05$）。

表11.6 扶贫项目参与对主观福利的影响

	（1）	（2）	（3）
扶贫项目参与	0.036	− 0.050	− 0.046
	(0.105)	(0.108)	(0.131)
年龄	− 0.012	0.024	0.012
	(0.025)	(0.029)	(0.034)
所在县			
鹤峰县	− 0.160	− 0.151	− 0.062
	(0.144)	(0.143)	(0.174)
来凤县	− 0.203 *	− 0.230 **	− 0.229 *
	(0.113)	(0.113)	(0.135)
利川市	0.071	− 0.090	− 0.017
	(0.229)	(0.232)	(0.255)
土家族	0.097	0.181	0.170
	(0.118)	(0.120)	(0.140)
受教育程度		0.175 ***	0.166 **
		(0.062)	(0.076)

	（1）	（2）	（3）
职业		-0.042	-0.105
		(0.117)	(0.139)
经历		-0.010	0.059
		(0.116)	(0.144)
耕地面积			0.034
			(0.027)
劳动力比重			0.219
			(0.138)
常数项	2.676***	2.087***	1.892***
	(0.187)	(0.349)	(0.419)
观测值	167	160	123
调整 R 方	0.031	0.097	0.115

注：括号内数值为标准误，＊＊＊表示 $p < 0.01$，＊＊表示 $p < 0.05$，＊表示 $p < 0.1$。方程（1）仅控制了年龄、所在区县以及是否为土家族等，方程（2）在控制了方程（1）所控制的变量水平上，继续加入了受教育程度、经历、职业等变量，方程（3）在控制了方程（2）所控制的变量水平上，进一步控制了耕地面积、劳动力占家庭人口中的比重等。

表 11.6 估计结果与表 11.5 相呼应。由于相对收入水平是影响主观福利的一个重要变量，而扶贫项目参与对相对收入水平没有显著影响，因此其对主观福利的影响可能也不会很大。结合表 11.2 估计结果，表 11.6 的估计结果再次说明，目前的扶贫主要是生存型扶贫，而不是发展型扶贫。

基于湖北恩施土家族苗族自治州 4 县的实地调查数据，本书从家庭水平、增收能力、相对收入水平、主观福利等角度对扶贫项目参与的绩效进行了评估。本书的分析结果表明，虽然扶贫项目参与可以显著地提高农户的收入水平，但是扶贫项目参与对农户的增收能力、相对收入水平以及主观福利均没有显著的影响。因此，目前包括民族地区在内的特殊困难地区的扶贫项目更多地体现为"输血"而非"造血"，因此，扶贫效果的可持续性有待进一步的观察。

　　此外，本书的研究还进一步表明，相对于汉族，作为少数民族的土家族农户家庭收入水平更低，这也表明在发展经济的过程中少数民族确实比汉族面临着更多的困难。这也说明了党中央将"民族地区特别是集中连片特困地区逐渐作为当前扶贫攻坚重点和热点"的必要性。但是当前民族地区的扶贫远没有达到能够克服民族地区在发展经济过程中的固有困难的效果，扶贫项目参与并没有显著减轻少数民族身份对家庭收入的不利影响。

　　综上所述，当前集中连片特困地区的扶贫虽然取得了一定的成绩，在一定程度上提高了项目目标群体的收入，但是，在"造血"能力以及针对克服少数民族在经济发展过程中面临的内在困难方面还远远不够。造成当前特殊困难地区扶贫效果没有完全释放的原因除了扶贫投入力度不大等因素外，另一个可能的主要原因是在反贫困的过程中对农户参与的重视程度不够，许多农户只是在被动地参与扶贫项目，对扶贫项目的了解程度十分有限。因此，在以后的扶贫开发过程中，除了加强反贫困的投入力度以外，还要进一步重视目标群体在扶贫开发过程中的作用。树立农民本位的思想，加大对扶贫开发项目的宣传力度，让目标群体充分地了解，积极主动地参与到扶贫项目开发当中。

第十二章　贫困地区经济社会协同发展的路径选择

第一节　区域经济协同发展的定位与目标

一、基本目标任务是消灭贫困扶贫攻坚

探索协同式的连片开发与扶贫到户相结合发展经济的新途径，为全国连片特困地区扶贫攻坚树典型。片区为扶贫开发创造和积累经验。任何区域经济协同发展的定位首先一定是摆脱贫困，否则协同发展的目标和质量就会受到怀疑。国家贫困连片区域，应将消除贫困作为协同发展的第一要务摆在面前。

二、创新跨省协作模式，重点发展旅游业

加强跨省市的旅游合作规划，摒弃单打独斗的小规模小范围开发理念，充分利用丰富独有的山水生态和民族文化旅游资源优势，促进旅游产业的转型升级，加强各省之间的生态文化旅游协作，建成国内外具有国际知名的生态文化旅游圈。同时加快跨省市经济技术交流与合作，拓展与周边地区重点经济区的合作，努力探索跨省交界欠发达地区经济一体化发展的新机制，达到优势互补，共同发展。

三、将民族经济协同发展作为发展典范

发扬片区各民族团结和睦的优良传统，围绕各民族经济自身发展规律，共同团结奋斗、共同繁荣发展，广泛开展促进民族经济协同发展的活

动，共同建设民族团结模范区。民族成分较多，民族经济发展不够均衡，不利于民族团结以及和谐发展，因此，要将少数民族经济发展纳入整个片区协同发展的理念当中，注重少数民族经济、社会、政治、文化的协同进步。

总之，按照《规划》的要求与设想，保障片区整体的基本吃穿、义务教育、基本医疗和住房，同时促使农民人均纯收入增长幅度显著提高，扩大片区人口就业，大力提升农村社会保障和服务水平，促进当地生态系统良性循环，形成结构优化、密切协作的产业发展格局。

第二节　把握生态文明建设主线，实现协同发展
——以铜仁市为例

生态文明的概念古今中外都有。1962 年《寂静的春天》一书的出版，引发了全球对环境事业的关注。而中国古人所说的"天人合一"则是追求人与自然的和谐相处。人类敬畏自然、保护自然，顺应自然的发展才能与大自然在地球母亲的怀抱中共同生存与发展。相反，如果破坏自然，就会得到相应的惩罚，比如，全球变暖所带来的极端天气的频繁发生等等。在我国，生态文明建设提升到国家战略的高度是在党的十八大报告首先提出了"我们一定要更加自觉地珍爱自然，更加积极地保护生态，努力走向社会主义生态文明新时代"。自此，政治、经济、社会、文化、生态"五位一体"的观念逐渐被人们所接收并在具体实施中得以贯彻。从武陵山片区经济社会协同创新的视角来看，应该首先把握生态文明建设的主线。

一、贵州省铜仁市生态文明建设现状

铜仁市位于贵州高原东部，武陵山区腹地，东邻湖南，北接重庆，是连接中原地区与西南边陲的纽带，享有"黔东门户"之美誉。光热水同季，为农业生产提供了有利条件，是贵州重要的农产品生产基地。

2012 年 9 月 1 日，铜仁市召开了创建"国家环境保护模范城市"动员

大会，力争在 2015 年年底创建成为"国家环境保护模范城市"。2013 年
10 月 29 日，住房和城乡建设部下发了关于更新《中国国家自然遗产、自然
与文化双遗产预备名录》的通知，梵净山被列入《中国国家自然遗产预备
名录》，并获得了申报世界自然遗产的"排队资格"，铜仁市随即拉开了
"申遗"大幕。

　　生态文明建设是在社会经济发展过程中除了考虑社会经济的快速发
展，还要充分考虑生态环境的破坏程度而达到双赢的发展，是通过对过去
以环境破坏为代价快速发展社会经济的发展方式的反思，而且还要转变不
符合当今时代发展的思想观念，修改相应的法律法规政策，引导人们改掉
过去不合理的生活方式、努力推进绿色科技，在为社会创造财富的同时要
完成节能保护。

　　铜仁市在生态文明建设过程中虽然取得了一些成绩，例如根据铜仁市
主城区环境空气质量日报 2014 年 6 月的报道，五个主城区中两个城市达到
优、三个城市达到良。[①] 但是，整体还存在一些问题，比如：政策法规不
健全，标准不完善，可操作性差，执法不力，公民的环境保护意识薄弱
等。面对如此机遇与挑战，本书重点以铜仁为例对武陵山片区生态文明建
设现状与存在的主要问题进行了讨论，并在此基础上构建武陵山片区生态
文明的政策体系，努力推动环保事业再上新水平，促进武陵山片区的可持
续发展。

　　根据北京林业大学生态文明研究中心的《中国省域生态文明建设评价
报告（ECI2013）》，2011 年，贵州生态文明指数（ECI）为 69.18 分，排
名全国第 26 位，去除"社会发展"二级指标，绿色生态文明指数（CECI）
为 55.15 分，全国排名第 28 位。各项二级指标见表 12.1。可见，贵州生
态文明建设的特点是：环境质量处于全国上游，生态活力、社会发展、协
调程度虽有进步，但仍处于全国下游水平，生态活力、协调程度得分均低

　　[①]　铜仁市环境保护局：《铜仁市主城区环境空气质量日报》，2014 年 6 月 6 日，见 http://
www.tongren.gov.cn/html/2014/0606/gonggao76405.html。

于全国平均水平。①

表 12.1　2011 年贵州省生态文明建设二级指标情况汇总

二级指标	得分	排名	等级
生态活力（满分为 39.6）	20.31	26	4
环境质量（满分为 26.4）	16.87	4	2
社会发展（满分为 26.4）	14.03	19	3
协调程度（满分为 39.6）	17.98	27	4

资料来源：北京林业大学生态文明建设研究中心：《中国省域生态文明建设评价报告（ECI2013）》，社会科学文献出版社 2013 年版。

目前铜仁市正处于经济快速发展时期，但是粗放的生产方式给生态文明建设带来了巨大的压力：交通欠发达、缺少对经济增长具有较强带动力的企业、经济基础单薄、周边地区经济社会发展对其辐射、带动作用不足、产业的重复建设等。

二、铜仁市生态文明建设政策体系研究构建

中国生态文明建设起步晚，较多领域基础较为薄弱，建设任务艰巨，更需要我们从政策上加以引导，投入更多的人力物力，促进整体水平的提高。国际比较显示，中国生态文明建设的一些领域已经逐步显现出相对优势。在这些领域中，或是大多数省份已经达到了世界平均水平，或是个别省份已经达到世界先进水平，又或是整体建设速度较快，成效较为明显。总体来说，国际比较共涉及三级指标 8 个，亟待加强建设的领域涉及 10 个三级指标。目前，中国有 8 个三级指标在国际上属于突出领域。而铜仁市的水平和国家的整体水平相差甚远，需要积极向国内成绩突出的省份借鉴经验，并结合铜仁市自身情况作出相应的改革，制订出适合的政策体系。

---

① 北京林业大学生态文明建设研究中心：《中国省域生态文明建设评价报告（ECI2013）》，社会科学文献出版社 2013 年版。

（一）生态文明建设法律法规体系

中国生态文明建设的法律法规体系主要涵盖生态补偿机制、排污交易制度、资源有偿使用制度、绿色 GDP、绿色税收等政策。

1. 绿色 GDP

绿色 GDP，是指一个国家或地区在考虑了自然资源（主要包括土地、森林、矿产、水和海洋）与环境因素（包括生态环境、自然环境、人文环境等）影响之后经济活动的最终成果，即将经济活动中所付出的资源耗减成本和环境降级成本从 GDP 中予以扣除。绿色 GDP 这个指标，实质上代表了国民经济净增长的正效应。绿色 GDP 占 GDP 的比重越高，表明国民经济增长的正面效应越高，负面效应越低，反之亦然。要提高绿色 GDP 的比重，需要从以下两个方面着手：

（1）绿色政绩考核机制

绿色政绩考核机制是对传统单靠 GDP 为依据的政绩考核机制的升级。要建立和健全绿色考核体制需要从以下几个方面着手。首先，要设置较为合理的政绩考核指标体系，要通过加强政府行政管理手段，综合考虑经济发展、社会进步和环境保护等综合因素，制定体现科学发展观的政绩考核指标体系。其次，建立科学的绿色绩效评估体系，要在决策过程中综合考虑社会、经济和环境的协调发展，杜绝片面追求经济增长忽视环境的现象。要在绩效评估体系中把环境建设和实践效果纳入其中。最后，推行节能绿色采购，缩减政府自身环境污染行为。

（2）工业绿色转型机制

目前，铜仁市所面临的资源问题正是迫切要求工业发展方式向绿色化转型。而要达到工业的绿色转型可以从以下几个方面入手：首先，依靠科技创新推动工业的绿色转型。技术是工业产业结构升级的根本动力，通过加强信息化技术、环境保护技术的研发、引进和消化吸收、改造提升传统产业，成功推动传统产业绿色转型。其次，通过对太阳能、生物能等新型的绿色能源的运用减轻经济发展对自然资源的额外压力。最后，可以采取税收优惠，信贷等经济措施激励工业企业的绿色转型。

2. 绿色税收政策

绿色税收，也是环境税收，是一种外部资本内部化的经济手段，也就是把生态破坏与环境污染成本纳入生产成本与市场价格中，然后通过市场的作用重新分配资源的经济手段。严格来讲，环境税主要是指对开发、保护、使用环境资源的单位和个人，按其对环境资源的开发利用、污染破坏和保护程度进行征收或减免。

具体来说，在管理方式上，要坚持经济手段和行政手段并用。经济刺激可以对污染的费用进行有效的预测，但可能会出现因为成本和利益的问题产生偏差；而自接管理通过行政的控制对污染进行监控与管理，对费用的关心较少，二者各有所长。当政府采取各种手段进行节能减排工作时，要从实际出发，进行比较分析，综合利用政府行政手段和经济调节手段，根据行政效率和经济效率来决定管理方法，将税收准确运用在最适合其发挥作用的地方。

在绿色税收政策的实施上，要利用科学的激励性政策和措施，逐步引导铜仁市的产业转型，转变传统的"三高"的经济增长模式。首先，要根据"谁污染，谁付费"的原则，严格约束企业的生产活动，并且增加污染企业的环境税收的种类，同时加大环境税收的力度。然后，通过环境税收的优惠政策，引导企业主动为环保事业贡献出一份力。

3. 生态补偿机制

生态补偿机制是以保护和可持续利用生态系统服务为目的，以经济手段为主调节相关者利益关系的制度安排。更详细地说，生态补偿机制是以保护生态环境，促进人与自然和谐发展为目的，根据生态系统服务价值、生态保护成本、发展机会成本，运用政府和市场手段，调节生态保护利益相关者之间利益关系的公共制度。

铜仁市旅游业开发对当地生态环境造成了不可避免的影响和破坏（包括经济、环境和社会文化方面）。为了保持旅游目的地生态平衡、缓解人与自然的矛盾、实现环境、社会和经济三大效益，旅游活动的污染者和使用者必须对直接和间接损害或者降低旅游目的地生态平衡的旅游活动给予适度赔偿。该机制实施所带来的补偿和赔偿资金将用于合理地配置旅游目的地的资源，进行新一轮旅游区生态平衡的维持。

无论是从经济增长角度出发还是从环境保护的角度出发，铜仁市建立综合性生态补偿制度是非常必要的。首先，应加强各部门内部之间的生态环境保护工作，协调各部门的环境保护工作。其次，要建设由专家组成的技术咨询委员会、生态补偿领导机构等专门机构，负责生态补偿工作的技术支持和监督管理。最后，发展生态补偿方式。目前生态补偿主要是国家补偿为主，可以依据生态保护的职权责任关系，设置"生态补偿与生态建设基金"，其资金来源可以是政府财政资源，也可以是社会资金。

4. 排污权交易制度

排污权交易制度是指在污染物排放总量控制指标确定的条件下，利用市场机制，建立合法的污染物排放权利即排污权，并允许这种权利像商品那样被买入和卖出，以此来进行污染物的排放控制，从而达到减少排放量、保护环境的目的。排污权交易的主要思想是建立合法的污染物排放权利（这种权利通常以排污许可证的形式表现），以此对污染物的排放进行控制。它是政府用法律制度将环境使用这一经济权利与市场交易机制相结合，使政府这只"有形之手"和市场这只"无形之手"紧密结合起来共同控制环境污染的一种较为有效的手段。

具体实施步骤一般是：首先，由铜仁市政府部门确定出一定区域的环境质量目标，据此评估该区域的环境容量以及污染物的最大允许排放量；其次，通过发放许可证的办法将这一排放量在不同污染源之间分配；最后，通过建立排污权交易市场使这种由许可证代表的排污权能合理地买卖。在污染源之间存在治理成本差异的情况下，治理成本较低的企业可以削减更多的污染物将剩余的排污权用于出售，治理成本较高的企业则通过购买排污权实现少治理、多排放，市场交易使排污权从治理成本低的污染者流向治理成本高的污染者，社会从而以较低的成本实现环境质量目标。

5. 资源有偿使用制度

目前，我国资源短缺问题已经达到了瓶颈部位。而且资源综合利用率低、资源浪费、环境污染、生态破坏问题已成为了社会发展的突出问题。我国的自然资源使用制度包括以作为原则的有偿使用为制度和作为该原则例外的无偿利用两个方面。自然资源有偿使用制度是指国家以自然资源所有者和管理者的双重身份，为实现所有者权益，保障自然资源的可持续利用，向使用自然资源的单位和个人收取自然资源使用费的制度。对自然资源的无偿使用必须严格遵守法律规定的范围和条件，发挥对自然资源有偿使用制度的有益补充作用。

在自然资源方面，铜仁市政府应该在土地有偿使用制度和国有土地使用权转让制度的基础上，进一步推广水资源、矿产资源、森林资源和海域资源的有偿使用和使用权转让制度。建立健全水资源使用权转让制度、水权市场，同时，在矿业市场开展一系列的改革和调整，逐步使矿业企业合理负担资源成本，使矿产品价格真正反映其价值，对过去企业无偿占有属于国家出资探明的探矿权和无偿取得的采矿权应进行清理，并严格依据国家有关规定对剩余的资源储量评估作价，缴纳探矿权和采矿权价款等。

（二）生态文明建设保障机制体系

根据世界银行提出的三类环境政策，即强制性政策、选择性政策、引导性政策，与铜仁市的实际情况建立完整的政策体系。对目前生态文明建设现状分析从政府、市场、公众三个层面提出铜仁市生态文明的政策法规保障机制建设的建议。强制性政策，即政府需要通过完善的法律规范约束管理者，生产者和消费者的各种行为。选择性政策，即通过声誉激励、污染权交易制度、税收优惠制度等经济手段激励企业和公众自愿保护环境。引导性政策，首先要通过各种的培训，提高公务员和公众的素质；其次，加强环保宣传，形成公众的绿色消费观；最后，建立健全公众舆论监督，设立民间监督机构，以发挥公众舆论监督作用。

1. 政府的强制性政策

政府的强制性政策体系，主要包括法律法规和关于生态文明建设的约束性政策。首先，加大对生态环境建设的财政支持力度，各级政府要根据自己的公共财政需要，尽量加大对生态环境建设和生态文明建设的重大项目和示范工程的投入，同时要对积极参与环保事业的企业和公民给予政策扶持。其次，拓展政府财政资金的来源，积极引导更多的民间资本投入，鼓励社会各阶层自愿参与节能环保事业。最后，要建立健全多元化的投入机制，灵活运用财政补助、奖励、贴息、注入资本等经济措施，积极贯彻落实财政优惠政策，大力引导社会资金融入节能环保事业和重点项目的建设。政府通过税收优惠、生态补偿制度、污染交易制度等经济手段，使企业和公众自愿参与生态环境保护活动，减少对生态环境的破坏。

目前，铜仁市的技术水平相对落后，因此，需要从环境保护和节约能源的角度出发，构建和实施"三高"——高污染、高排放、高消耗的技术、工艺和产品的强制淘汰制度，并且严格对产业项目进行分类，即分为鼓励推进类项目、限制类项目和淘汰类项目，对高污染行业先进性项目制定严格的最低技术水平准入标准和产业标准。

此外，政府应该采取经济优惠，以旧换新等政策鼓励公民购买环保产品，绿色产品，以改变公民的奢侈型消费观、培养绿色消费观、节约能源，生活垃圾分类意识等。对那些公民破坏环境的行为和现象进行公开批评和处罚，形成强有力的奖惩机制。

2. 企业的选择性政策

企业是社会的一部分，也是社会发展的主要因素。因此，企业履行社会责任，定期向社会发布社会责任报告，是责无旁贷的。环保责任、环境管理、低碳节能、环保形象是企业的社会责任之一。如果一个企业公开得到嘉奖，那么企业在公民心目中的形象会大大提高，会有助于该企业以后的发展；被公开批评的企业，将直接影响企业形象，阻碍企业发展。应通过企业选择性政策的实施，转变企业对环境保护的态度，改变环境保护是企业发展的负担而不是动力的认知，通过多种经济手段激励和督促企业自愿保护环境，履行职责。

3. 公众的引导性政策

公众是生态文明建设的实施者也是监督者。所以公众的引导性政策对铜仁市生态文明建设起着举足轻重的作用。这就需要提高公众的生态文明建设意识，充分发挥公众的监督作用。

信息公开是公众参与环境保护活动的基础。因此，要完善环境信息公开制度，逐步形成公众的舆论监督机制，使公众在生态文明建设过程中充分发挥对政府、企业和公民的监督作用。同时要保护公民的知情权和参与权，提高公众参与的积极性；维护公民的环境权益，鼓励公民自觉参与政府和企业的环境保护行动和环保监督。

（三）生态文明建设监督实施体系

建立了政策体系，并且有法律体系的保障之后，在实施的过程中，还需要进一步强化政府、企业、公民的意识。而这一阶段最重要的是建立生态文明教育机制。

通过公务员培训等措施，提高政府公务人员和领导干部的生态文明意识，使他们在建设生态文明的过程中起到带头示范作用。

通过媒体、广告宣传、组织培训、公开讲课等各种方式定期对公众进行生态文明建设的教育，使公众正视目前铜仁市的生态环境破坏、资源枯竭、经济发展等问题，使他们自觉的认识、理解到建设生态文明的必要性。同时宣传中央的可持续发展及相关方针政策、法律法规和标准规范，使之深入人心。

同时，把生态文明教育、可持续发展教育等理念融入国民教育体系，从娃娃抓起，培育下一代环保意识，提高他们对生态环境的认知能力。同时通过学校教育和社会教育，使公众了解环境保护的必要性，提高公众的环境危机意识、环保意识，培养公众的绿色消费观。

第三节　明确主体，实现政府与市场交互作用

一、政府在武陵山片区区域经济协同发展中应发挥主导作用

首先，要敢于打破我国长期以来的以省为单位进行组织管理的方式，由中央政府指派或者区域内多省联合成立武陵山片区协同发展组织机构、制定专门的区域协同发展的法律法规并贯彻落实，探索建立东部沿海发达

地区与武陵山片区协同发展的体制机制，从而充分发挥区域内各地的优势，增强片区内各地区的自我发展能力，培育新的经济增长点。

其次，随着自然资源、劳动力等"硬实力"在区域竞争的重要性逐渐被制度、文化等"软实力"因素所代替，地方政府应在创新驱动、武陵山片区整体文化打造、思想意识更新中发挥积极引导作用，为当地居民、企业的发展构建良好地生态文化环境。

最后，作为公共产品和公共服务的提供者，政府应强化服务意识，加强基础设施的投入，为武陵山片区基础设施的互联互通创造条件；加强高科技人才引进力度，力图通过一个人才带来一个团队、振兴一个产业，为经济社会发展提供强有力的智力支撑体系；积极培育和引导各种行业协会和中介组织，并加强联系、规范和管理好这些组织，使之更高效地为当地经济服务。

二、市场在区域经济社会协同发展中起决定性作用

要充分发挥市场在资源配置中的决定性作用。要建设统一开放、竞争有序的市场体系，促进资本、土地、劳动力等资源要素的自由流动。武陵山片区作为四省际交界地区，素有我国"多民族走廊"的美誉，同时处于周边多个区域快速发展的洼地。充分发挥市场在其中的决定性作用，最大程度地构建统一市场体系，减少政府的不必要干预，发挥政府与市场的协同交互作用，才能够促进其经济社会的快速发展，即缓解落后局面，开创新格局，同时亦有助于多民族的团结，为我国的民族团结进步事业发挥榜样示范作用。

第四节　紧密结合国家战略性新兴产业实施，培育主导产业

一、战略性新兴产业的定义与加快发展的意义

目前，我国正处在全面建设小康社会的关键时期。相关研究表明，战

略性新兴产业是引导未来经济社会发展的重要力量，发展战略性新兴产业已成为世界主要国家抢占新一轮经济和科技发展制高点的重大战略。加快培育战略性新兴产业在当前时期无疑具有重要的战略意义，有助于传统产业向优势产业的转变，有助于经济发展方式的转变，有助于我国的产业提高国际竞争能力，参与国际竞争。2010 年 10 月，国务院发布《关于加快培育和发展战略性新兴产业的决定》（国发 2010〔32〕号），确定将节能环保、新一代信息技术、生物产业、高端装备制造、新能源、新材料、新能源企业等七大领域确定为战略性新兴产业。确定发展目标：到 2015 年，战略性新兴产业形成健康发展、协调推进的基本格局，对产业结构升级的推动作用现在增强，增加值占国内生产总值的比重力争达到 8% 左右。2012 年，党的十八大又进一步提出，要实施"创新驱动发展战略""推动战略性新兴产业健康发展"。

在这样的背景下，武陵山片区内的各省在产业布局上应该尽可能发挥后发优势，在主导产业选择上尽可能与战略性新型产业相结合。

以贵州为例，贵州战略性新型产业涵盖了国家所界定的七大领域，从地域分布来看，2012 年，贵阳和遵义两个地区战略性新兴产业总产值之和占全省战略性新兴产业的 92.7%，其中，贵阳占 78.2%。从七大产业对经济增长和就业带动来看，生物医药、高端装备和新材料对带动就业人数较多，从工业总产值来看，生物产业、高端装备、新一代信息技术和新材料对经济贡献较多，具体见表 12.2。

主导产业的概念最早是由美国经济学家赫希曼提出的，之后美国经济学家罗斯托又对主导产业进行了系统的分析研究。罗斯托在《经济增长阶段》一书中指出：各国近代经济的增长都是在产业增长速度不相同的情况下取得的，在经济增长的特定阶段，各国各地区的国名经济中的不同部门的增长率各不相同，整个经济的增长率常常取决于一些关键部门和产业，这些部门和产业迅速增长直接或间接导致了整个经济的增长。罗斯托将这些关键部门和产业称为主导部门和主导产业。我们认为，在战略性新兴产业培育上给予财政、税收的支持，通过主导产业的选择和产业链的延伸，相关产业的带动，辐射、带动更多的农户脱贫致富。

表12.2　贵州省2012年战略性新兴产业主要经济指标

单位：亿元

	工业总产值	主营业务收入	增加值	利税	平均从业人员（人）
节能环保	25.53	25.44	6.18	1.42	5831
新一代信息技术	118.6	112.26	23.96	8.4	6909
生物产业	175.73	129.24	63.09	46.47	21602
高端装备制造	126.43	121.38	32.74	9.79	31081
新材料	92.88	88.16	20.74	5.07	15573
新能源	12.26	10.5	2.19	1.5	2477
新能源汽车	0.99	0.86	0.33	0.1	390
合计	552.42	487.84	149.23	72.75	83863

但是，从主导产业协同发展的视角进行分析，片区内四省之间产业的协同相对比较松散，缺少合作，易形成产业之间的雷同、恶性竞争和产能过剩。比如，湖南怀化市的主导产业主要以农副产品加工业、电力工业、林业、医药工业和物流业五大产业为主；贵州铜仁工业基础薄弱，主要以农业为主，具体包括烤烟业、生态茶产业、核桃以及中药材产业。在未来发展方向选择上，地区政府倾向于在传统农业优势的基础上依托梵净山发展旅游业；湖北恩施土家族苗族自治州经过多年的发展逐步形成卷烟、水电、医药化工、富硒绿色食品和建材五大支柱产业。在未来发展方向上，除传统产业外，自治州也计划大打旅游牌，构筑精品旅游线路，配置壮大旅游产业；与之相比较，重庆黔江的五大支柱产业为烟草、畜牧食品加工、林产药化、旅游以及电力及有色金属支柱产业。

从几大地区主导产业的选择来看，各地特色农业由于地理上的相近，具有相同性，竞争大于协作。绿色工业、绿色服务业的协同更易实现，且对经济的贡献更大，从这样的角度进行分析，借助战略性新兴产业发展的机遇期，实现各地的协同发展，具有更高的战略意义。在这样的背景下，武陵山片区内四省应把握新工业革命的战略机遇，在主导产业选择上尽可能与战略性新型产业相结合，协同发展，不盲目，不攀比，发挥各自的比较优势。以绿色旅游业的协同发展为例，各地旅游资源特色鲜明，亦有助于提高地区知名度，正成为当地主导产业发展的主要抓手之一。目前旅游产业协同发展的主要瓶颈是基础设施的便利性，该问题随着《规划》的出台实施正在逐渐得以改善。重庆市提出"一心三带"区域旅游经济带，湖北省提出"两圈一带"旅游发展战略，湖南省以"一带一圈"作为省旅游业的品牌和旅游强省建设的战略重点，推进大湘西区域内旅游发展制度化一体化合作，贵州省围绕国家"文化旅游发展创新区"的战略定位，立足自身优势，建立健全旅游市场，力争实现旅游产业规模化和品牌化。通过主导产业的选择和产业链的延伸，有助于实现当地产业结构的优化升级，而相关产业的带动，又能够辐射带动更多农户脱贫致富，促进经济社会的协同发展。

二、战略性新兴产业选择——以生物医药产业为例

贵州省背靠武陵山脉和雪峰山脉，具有丰富的生物资源，为生物医药产业的选择打下了扎实的基础。古语有云："夜郎无闲草，黔地多灵药。"贵州是全国重要的中药产地，得天独厚的自然环境非常适于中草药生长，独特的地埋优势造就了贵州丰富的中药和独具特色的民族药资源。据统计，贵州省中药资源有4294种，占全国种数的33%。其中重点普查的363种中药品种，贵州有326种，占89.8%。另外，贵州是我国著名的多民族省份，世居的有苗、布依、侗、水、土家、仡佬等17个少数民族。在长期与自然疾病的斗争实践中，积累了丰富独特的民族医药，如苗药、布依族医药、侗族医药等，贵州民族药材有1500多种，常用的有500多种。少数民族医药中，又以苗医最为完善。丰富而特别的民族中药与汉药相互渗透，形成了贵州独具特色的中华瑰宝。

中药产业在贵州才刚刚起步，深入挖掘中药资源，形成强大的产业还有很多路要走。在中药产业化的指导思想下，贵州的中药业在最近几年得

到了快速的发展。2001 年以来，贵州的中药产业以年均 20% 以上的速度快速递增，5 年增长了 2.6 倍，销售收入从 2001 年的 37 亿元增加到 2006 年的 99 亿元。2012 年，贵州省生物产业实现工业产值 175.73 亿元，工业增加值 63.09 亿元，主要集中在现代中药、医疗器械、生物农业、生物制造等为主。其中，现代中药占生物产业的 96%，并已先后建成花溪、清镇等 8 个医药工业园，以贵阳为中心的"环贵阳医药产业带"基本形成。目前，贵州益佰制药股份有限公司、贵州白灵制药有限公司和贵州神奇制药股份有限公司已进入全国中成药工业企业 50 强，且申请的专利业位居同行业前列。2007 年 3 月，国家级知识产权试点企业——贵州同济堂制药有限公司依托其专利产品仙灵骨葆胶囊，成为中国本土第一家成功登陆美国纽约证券交易所的中成药企业，实现融资 1.2 亿美元。另外，益佰制药、威门制药洛湾医药园、泰邦生物新建生物科技产业园等项目均已投入并施工。这些项目的实施，在一定程度上也带动了当地农民的脱贫致富，促进了当地经济的发展。如表 10.2 所示，2012 年，贵州省战略性新兴产业的发展累计实现工业总产值 552.42 亿元，创造利税 72.75 亿元，解决就业 83863 人，在反贫困方面作出了一定的积极贡献。

第五节　创新精准扶贫，促进协同发展

一、精准扶贫概述

2013 年，习近平总书记在湖南湘西考察时，提出精准扶贫的概念。习总书记要求大家："各级领导干部一定要多到农村去，多到贫困地区去，带着深厚感情做好扶贫开发工作，把扶贫开发的工作抓紧、抓紧再抓紧，做实、做实再做实"，"要看真贫、扶真贫、真扶贫，用科学态度抓扶贫，做到宜农则农、宜林则林、宜牧则牧、宜开发生态旅游则开发生态旅游"。2014 年 3 月，习近平总书记在参加十二届全国人大二次会议贵州代表团审议时指出，精准扶贫，就是要对扶贫对象实行精细化管理，对扶贫资源实行精细化配置，对扶贫对象实行精准化扶持，确保扶贫资源真正用在扶贫

对象身上、真正用在贫困地区。中办 2013〔25〕号《关于创新机制扎实推进农村扶贫开发工作的意见》明确提出，要建立精准扶贫工作机制，由国家制定统一的扶贫对象识别办法。各省（自治区、直辖市）在已有工作基础上，坚持扶贫开发和农村最低生活保障制度有效衔接，按照县为单位、规模控制、分级负责、精准识别、动态管理的原则，对每个贫困村、贫困户建档立卡，建设全国扶贫信息网络系统。这是新时期扶贫工作的新亮点，围绕精准扶贫，各地正在尝试充分利用信息化的便利条件，按照"对象瞄准到户，情况掌握到户，项目扶持到户，措施落实到户、效益体现到户"的原则对贫困户建档，做到了户有卡、村有册、乡镇有薄、县区有档、市有贫困人口信息动态管理平台，制定了"一乡一策、一村一策、一户一本台账、一个脱贫计划、一套精准扶贫措施"。对不同的贫困原因进行识别，针对不同的原因，对症下药，帮助贫困户在规定时间内完成脱贫致富。贵州铜仁玉屏县率先做到民情信息系统与扶贫系统的衔接，真正做到"鼠标一点，民情尽显"，提高了扶贫的效率和资金的使用效益。2013年，贵州铜仁市仅投入到精准扶贫方面的财政扶贫贴息资金就达 1100 万元，有 22.33 万农村贫困人口受益并实现脱贫。

从深度扶贫到精准扶贫概念的提出，充分体现了党中央对扶贫工作的深入思考和高度重视，围绕新时期精准扶贫，各级政府因地制宜，采取了不同的方式，比如金融扶贫、产业扶贫等，在这样的背景下，经验在不断传播与交流，促进了我国扶贫工作的深入开展。

二、金融扶贫创新

金融发展的本意是对产业的支持，但金融业在经营过程中坚持"安全性、流动性、盈利性"基本原则，对安全性的要求即要防范风险，减少坏账、呆账的发生，尤其是 2001 年中国加入世界贸易组织之后，巴塞尔协议对金融资本充足率的要求，使得风险的防范成为金融业的关键。但是，农村金融在 20 世纪 90 年代以后也在经历不断地创新与发展。20 世纪 90 年代以后，农村金融就像抽水机将农村的资金转向城市的工商业，而农村贷款发放面对的对象是分散的小农户，没有抵押，没有资产，贷款的发放金融小而分散，不宜进行管理，同时贷款的收回也是金融业比较关心的问题。在这样的情况下，金融的嫌贫爱富就不可避免，造成穷人越穷越得不到贷款，富人不缺钱，却是金融业首选的对象，资源不能得到合理的配置。如何改变穷人的命运？为其农业生产提供资金，迫使基层对此进行不断尝试。调研中，也发现，现在比较流行的金融扶贫方式正在各地发展。这种扶贫方式即"扶贫对象 + 龙头企业 + 银行"模式，政府将有限的财政资金聚集起来用作贴息，龙头企业提供担保，贫困户在银行贷款，形成利息的共同体，贫困户贷款后将资金入股企业，企业盈利后分红，这种产业扶贫的方式，在一定程度上放大了财政扶贫资金的效益，是产业扶贫的有效探索。实现了实现贫困农户身份信用化、资产化，实现"四好目标，四跟四走，三个层面"。"四好目标"即一个好产业、一个好企业、一个好机制、一个好效益；"四跟四走"即资金跟着贫困户、贫困户跟着能人、能人跟着项目、项目跟着市场；"三个层面"即一是直接帮扶；二是经营合作，即放大资金效益，生动活泼；三是股份合作，创建基地。湖南怀化芷江和翔鸭业有限立于 2005 年 10 月，注册资金 1020 万元，总投资 5418 万元，固定资产 2910 万元，是湖南省农业产业化龙头企业。公司的主要经营模式是"公司 + 合作社 + 基地 + 农户"，设有鸿辉养鸭专业合作社，建有上规模的水麻鸭放养基地 97 个，年养殖能力 100 万羽的圈养基地 2 个，扶持养鸭大户 1027 户，年养殖优质芷江鸭数百万羽，市场涵盖湖南、贵州、四川、重庆、湖北等地，带动养殖农户增加养鸭收入上千万元，2011 年和2013 年被怀化市人民政府授予龙头企业建设先进单位。为了更好地带动贫困农户脱贫致富，企业选择了金融扶贫的新方式，优选贫困户 94 户为其贷款担保并允许其用贷款资金 5 万元入股企业。一年以后，贷款本金归还银行，贷款利息，由县扶贫办从每个参股贫困人口 400 元/年的直接帮扶资金中支付，差额部分由合作社从其养殖利润中补足。入股农户，从合作社的养殖利润中获得投资回报。通过 20 万扶贫资金撬动 470 万资金，通过企业担保、政府贴息、保险介入，在龙头企业带动下，贫困户当了股东分了红，放大了财政扶贫资金效应。另外，2013 年 4 月，和翔鸿辉养鸭合作社还招聘贫困户到鸭场做事，每月可以领取固定的工资收入，在一定程度上创新了产业扶贫的新模式。

贵州铜仁市也在金融扶贫方面不断探索，逐渐形成"政府选择重点企业、金融资金跟进扶持、多措并举防范风险、政银企农四方联动、壮大产业互利共赢"的铜仁模式，推动优势产业与金融资本的深度结合。在具体做法上，主要是以县为单位，建立管理、融资、担保、公示平台和信用协会的"四台一会"机制，对贷款使用情况进行全程跟踪，确保信贷资金安全。各县区结合实际建立多级风险防范机制，实行级次风险管理，一县一策设计贷款运作模式，既确保了贷款资金的安全，同时又切实解决扶贫产业"贷款难""难贷款"的问题。截至 2013 年年底，铜仁市已有 7 个县市与国开行贵州省分行建立金融贷款合作关系，共授信资金 33.2 亿元，以 7000 万元财政资金贴息，撬动国开行发放贷款 13.7 亿元，取得了较好的放大效益，助推了全市扶贫农业产业园区的建设和特色优势产业的发展。2013 年 5 月 14—15 日，国务院扶贫办、国家开发银行已在铜仁市召开"全国开发性金融扶贫经验交流会"，将铜仁模式向全国推广。目前，全市已建成茶区面积 125.9 万亩，核桃基地 51.2 万亩、油茶面积 59.05 万亩、中药材面积 52 万亩、竹子基地面积 40.02 万亩、完成蔬菜种植面积 162.7 万亩；新建畜禽及水产标准化规模养殖示范场 126 个，其中肉猪规模养殖场 43 个、肉羊规模养殖场 24 个、肉牛规模养殖场 14 个、肉蛋鸡规模养殖场 27 个、水产养殖规模场 18 个；发展 19 个省市级扶贫现代农业产业园区；重点打造了两个乡村旅游示范点，发展 136 家农家乐、乡村旅馆，带动近 5000 人就业。

三、产业扶贫协同发展——以旅游产业为例

（一）产业集聚是产业协同发展的目标

产业集聚是指在一个适当大的区域范围内，生产某种产品的若干个不同类企业，以及为这些企业配套的上下游企业、相关服务业，高度密集地

聚集在一起。产业集聚的形成主要有两种：市场创造模式和资本转移模式。目前，国内在资本迁移模式下形成的产业集聚或产业集群有很多，其中起推动和促进作用的迁移性资本主要是外商直接投资。产业集聚形成类型可以分为两类：指向性集聚和经济联系集聚。指向性集聚是为充分利用地区的某种优势而形成的产业群体。通常是在拥有大量廉价劳动力的地区、原材料集中地、市场集中区或交通枢纽节点。这些区位优势因素作为某种重要指向，吸引形成了产业集聚体。经济联系集聚的目的在于加强地区内企业之间的经济联系，为企业发展创造更有利的外部条件。它又分为两种类型：一种是纵向经济联系而形成的集聚。纵向经济联系是指一个企业的投入是另一个企业的产出，这是种投入产出关联关系；另一种是横向经济联系形成的产业集聚。横向经济联系是指那些围绕着地区主导产业与部门形成的产业集群体之间的关系。

产业集聚具有集聚效益，表现为外部规模经济、创新效益、竞争效益等。产业集聚可以提高劳动生产率。英国经济学家马歇尔发现，集中在一起的厂商比单个孤立的厂商更有效率（外部经济）。相关产业的企业在地理上的集中可以促进行业在区域内的分工与合作。这主要体现在：①有助于上下游企业都减少搜索原料产品的成本和交易费用，使产品生产成本显著降低。②集群内企业为提高协作效率，对生产链分工细化，有助于推动企业群劳动生产率的提高。③集聚使得厂商能够更稳定、更有效率地得到供应商的服务，比较容易获得配套的产品和服务，及时了解本行业竞争所需要的信息。④集聚形成企业集群，有助于提高谈判能力，能以较低的代价从政府及其他公共机构处获得公共物品或服务。⑤由于集聚体本身可提供充足的就业机会和发展机会，会对外地相关人才产生磁场效应。集聚区内有大量拥有各种专门技能的人才，这种优势可使得企业在短时间内以较低的费用找到合适的岗位人才，降低用人成本。

（二）武陵山片区文化旅游产业协同发展

1. 追寻民族文化发展脉络，整合区域旅游版块

历史长河中以水路交通为脉络形成的武陵山区民族文化有流域特征，

追寻历史文化发展脉络，挖掘民族文化资源，整合区域旅游板块是武陵山建设国际知名生态文化旅游区基础性工作。从行政区划分割旅游开发状况来看，武陵山片区已形成以三峡沿线景区旅游为标志物的宜昌板块、以清江沿线景区旅游为标志物的恩施板块、以武隆仙女山景区为代表的乌江沿线景区为标志物的渝东南板块、以梵净山景区旅游为标志物的铜仁板块、以桃花源景区旅游为标志物的常德板块、以武陵源—天门山景区旅游为标志物的张家界板块、以凤凰景区旅游为标志物的湘西州板块、以洪江古商城—芷江旅游为标志物的怀化板块、以良山景区旅游为标志物的邵阳板块。

从以旅行社为牵引的各地市州观光旅游客源流向互动来看，受游客可支配时间和交通条件制约，只有张家界—湘西州、铜仁—怀化两大旅游板块景区客源重合度较高。随着交通条件改善和大众休闲旅游时代的来临，从旅游资源空间集合度来看，怀化—铜仁—吉首—邵阳将构成以沅水流域生态和侗族、苗族民族文化旅游资源联合、以沪昆高铁、怀邵衡铁路、遵义—铜仁—吉首铁路和高速公路为纽带以怀化为旅游集散中心的大旅游板块和旅游环线；张家界—湘西州的永顺县、龙山县—恩施—宜昌—常德将构成以清江、澧水流域生态和土家族民族文化资源联合，以黔张常、安张衡铁路、宜万铁路和高速公路为纽带的大旅游板块和旅游环线；渝东南和黔北构成以乌江流域生态和苗族、土家族民族文化资源联合，以渝怀铁路和高速公路为纽带，以武隆为旅游集散中心包含道真、正安、务川、沿河的大旅游板块和旅游环线。

在三大旅游板块和旅游环线中，以黔张常铁路串联重庆—武隆—黔江—张家界—常德—长沙旅游带、安张衡铁路串联西安—恩施—张家界—邵阳—衡阳旅游带、枝柳铁路串联宜昌—张家界—吉首—怀化—柳州—桂林旅游带、遵义—铜仁—吉首—张家界铁路和常岳九铁路串联经贵州到湖南—湖北—江西旅游带，整个武陵山片区将形成"三环四带"旅游格局。张家界以其处于中心位置，起着三大板块中知名旅游区武隆、三峡、梵净山、良山和成渝城市群、武汉城市圈、长株潭城市群、环鄱阳湖城市群客源连通的桥梁纽带作用。虽然各地州市都提出建设区域旅游集散中心，但武陵山国际知名生态文化旅游区大旅游格局的打造，在加强各板块景区基础设施建设的基础上，还需要加强政府、企业层面协作互通，推进旅游资源开发、旅游市场拓展、旅游产品策划、旅游品牌营建、旅游形象塑造等方面的协同，找准旅游客源集散共同连接点，对旅游集散中心建设进行统筹。

2. 强化生态旅游资源优势，加大生态建设协作力度

独特的地貌景观、繁多的地质遗迹、茂密的森林植被和生物多样性是武陵山重要的旅游资源之一。以世界自然遗产、国家级自然保护区及国家森林公园为核心，设立生物多样性核心保护区；以张家界、长江三峡湖北段、凤凰、古丈红石林、良山、武隆岩溶、黔江小南海等国家地质公园为核心，设立地貌多样性保护区。该区域范围内实施严格的保护机制与奖惩政策，在构建长江流域重要生态安全屏障的同时，促进生态旅游、地质科考旅游资源品位的提升，满足大都市游客回归自然、探秘自然、科普教育的旅游需求。

为防止对自然保护区碎片化保护，有必要扩大武陵山片区各地州市现有自然保护区的范围，尤其是在桑植县八大公山、鹤峰县木林子、石门县壶瓶山、五峰县后河国家级自然保护区地理位置和空间相对集中区域，可加强张家界市、宜昌市、常德市、恩施州生态建设和生物多样性保护协作力度，使其毗邻自然保护区连片，扩大野生动物食物链条和自然生存繁衍空间，为华南虎野生放归创造条件，使生物多样性保护目标落地，濒危野生动植物物种保护红线不破，以高品位的生物多样性资源带动周边城镇旅游发展，助推武陵山国际知名生态文化旅游区建成。

3. 产业联动是产业协同发展的主要形式

产业联动是指在一个区域的产业发展中，不同地区通过产业结构的战略调整，形成合理的产业分工体系，实现区域内产业的优势互补，实现区域产业的协同发展，从而达到优化区域产业结构、提升产业能级、增强区域产业竞争力的目的。

在实践中，产业主体之间的相互联系和合作表现为多种形式。在生产要素上，表现为资金、技术、劳动力等的相互流动或形成一些统一的要素市场；在企业层面，表现为企业跨区域的投资、并购等经营活动，企业之间基于产业链的垂直联系或基于联合技术攻关、市场开拓等共同目标的水平合作；在政府层面，表现为了区域的共同发展而采取的共同制定产业规划、产业政策等产业合作行为；在社会层面，一些产业社会组织为了整体产业利益而采取制订共同的产业标准、行业规范等行为。

产业联动以产业联系为基础和前提的，产业间联系越紧密，产业联动效果和效益越好，从而可以提高物质、技术、资金、知识等生产要素的配置效率，从而提高社会经济整体运作效率，产生"$1+1>2$"的协同效益。产业联动是介乎市场与企业之间的中间性网络组织，通过正式的契约关系或者非正式的各种联系，实现产业间各种要素的交换和流动，促进产业整体水平的提升。在竞争氛围中合作或在合作背景下竞争是产业联动的特点。长期稳定的充分交流有助于企业间相互学习、相互竞争、协同合作，从而较快地促进产业的升级。

建立在产业联系基础上的产业联动是产业协同发展的必然之路，同时产业联动也是产业协同发展的最有效的形式。

（三）武陵山片区各省市区域旅游联动

重庆市委、市政府提出"一心三带"区域旅游经济带。"一心"即都市旅游区，"三带"即渝西旅游经济带、长江三峡旅游经济带、渝东南旅游经济带，并将建立渝东南生态保护发展区旅游协作机制。武陵山重庆片区围绕长江、乌江水道沿线旅游资源以大交通为纽带推动旅游联动发展。湖北省委、省政府提出"两圈一带"旅游发展战略，强调把旅游业作为鄂西生态文化旅游圈建设的重要引擎。在旅游空间布局上，围绕长江、清江水道旅游资源以大交通为纽带推动旅游联动发展，加强旅游基础设施建设，打造旅游精品。湖南以"一带一圈"作为省旅游业的品牌和旅游强省建设的战略重点，推进大湘西区域内旅游发展制度化一体化合作，区域旅游产业集聚化发展合作，区域旅游交通等基础服务设施建设合作，围绕着澧水、沅水流域旅游资源以大交通为纽带构建大湘西生态文化旅游圈推动武陵山湖南片区旅游联动发展。贵州省围绕国家"文化旅游发展创新区"的战略定位，按照特色民族文化与旅游融合发展的新路子建设"国家公园省"的总体定位，将贵州省建成国民休闲地、山地户外体育旅游休闲胜地，实现由旅游资源大省向生态文化旅游强省跨越。规划建设遵义、铜仁、黔东南、黔南、黔西南等高速通道沿线旅游产业带，培育梵净山、赤水、万峰湖等新的旅游增长极。

旅游产业现在作为朝阳产业，为越来越多的经济欠发达地区所接受。这些地区工业发展滞后，经济增长缓慢，但是正因为没有收到工业的影响，周边环境才得以保护，具有矿产资源丰富、深林覆盖率高等特点，适合旅游业的发展。比如，贵州2013年GDP全国排名第26位，但是旅游资源十分丰富和多样化。鬼斧神工般的喀斯特地貌，原生态的少数民族文化，特有的动植物资源，多彩贵州、爽爽的贵阳使国内外的游客慕名而来，并进一步带动贵州旅游产业的发展和相关地区村民致富奔小康。目前贵州省的旅游产业远远没有开发到理想的状况，旅游对于全省经济的贡献也不大，但是，贵州省也在通过立足自身优势，紧紧围绕主题，抓住"深入实施精品战略，大力开拓客源市场，优化旅游软硬环境"，大力发展本省的旅游业，建立健全旅游市场，实现旅游产业规模化和品牌化。

（四）贵州省铜仁市旅游业协同发展

武陵山片区内的铜仁地区位于云贵高原东部，有丰富、独特的人文生态旅游资源，为铜仁发展生态旅游奠定了良好的资源基础。据铜仁地区旅游发展总体规划：全区可供开发的景点共有300余处，仅梵净山、太平河就有89个，其中一级景点23个，二级景点33个，三级景点25个，发展生态旅游业有得天独厚的优势。

多年来对旅游业的大力投入和培育，使铜仁旅游基础设施建设取得了突破性的进展，创建了一批知名度较高的精品景区景点，全区目前已拥有国家级和省级风景名胜区多处。逐步形成了多条精品旅游线路。截至2014年5月，铜仁市已建成了梵净山佛教文化苑，启动了"梦幻锦江"工程建设；开通了梵净山索道、铜仁民族风情园；道路、停车场、宾馆、购物商场、公厕等旅游基础设施条件明显得到改善，能较好地满足旅客需求。①

如表 12.3、表 12.4 所示，2012 年，铜仁市旅游业快速发展，全年接待旅游人数 1850 万人次，同比增长 23.1%，其中：接待国内旅游人数 1844.99 万人次，增长 23.1%；接待境外入境旅游人数 50054 人次，增长 24.2%。实现旅游总收入 119.54 亿元，比上年增长 35.0%，旅游外汇收入 1100.8 万美元，增长 19.9%。具体到铜仁市的 10 个县、市，除了碧江接待人数增长为负外，其他各省均有较大幅度的增长。

表 12.3　铜仁市 2012 年旅游业情况

指标名称	单位	绝对数	比上年增长（%）
接待旅游总人数	万人次	1850	23.1
其中：国内旅游人数	万人次	1844.99	23.1
境外入境旅游人数	人次	50054	24.2
旅游总收入	亿元	119.54	35
旅游外汇收入	万美元	1100.8	19.9

资料来源：铜仁市统计局：《铜仁统计年鉴 2013》，中国统计出版社 2014 年版。

表 12.4　铜仁市 2012 年旅游接待数

县（市）	接待人数（万人次）	同比增长（%）	旅游收入（万元）	同比增长（%）	入境游客（人）	同比增长（%）	外汇收入（万美元）	同比增长（%）
铜仁市	1503.03	23.1	119.54	6	50054	24.2	1100.8	19.9
碧江	285.4	-14.2	26.16	5.1	20976	25.9	460	26.4
万山	19.02	26.2	1.15	7.5	240	20	4	72
江口	280.74	15.8	21.65	5.7	8566	25.3	190	22.5
玉屏	130.05	15.3	7.79	8.5	3286	16.5	52	-0.5

① 林志方：《发展铜仁生态旅游业的思考》，《铜仁师范高等专科学校学报》2005 年第 9 期。

续表

县（市）	接待人数（万人次）	同比增长（%）	旅游收入（万元）	同比增长（%）	入境游客（人）	同比增长（%）	外汇收入（万美元）	同比增长（%）
石阡	120.01	48.3	11.71	7.4	2806	33.6	50	24.1
思南	126.08	38.8	11.19	10.1	3036	19.9	85	13.3
印江	155.19	26.3	13.26	6.9	5906	22.6	172	18.6
德江	60.01	53.3	3.83	8.2	706	21.7	10.8	−1.3
沿河	170.73	8.4	10.93	5	2606	18.4	45	3.5
松桃	155.89	15.5	11.86	1.3	1926	24.2	32	12.5

资料来源：铜仁市统计局：《铜仁统计年鉴2013》，中国统计出版社2014年版。

　　总体来说，全区旅游业处于加快发展阶段，旅游业对地方经济的拉动作用不断增强，旅游产业发展势头良好。

　　纵观生态旅游今年的发展，虽然取得了不少的成绩，但也存在较多不足。主要原因在于铜仁虽然有丰富的生态旅游资源，但由于生态旅游起步较晚，于20世纪90年代中后期才得到初步发展，加之当地经济发展较滞后，财政投入较少，没有形成主题鲜明的旅游线。另外，对外宣传力度不够，在全国知名度还不高也成为制约其发展的主要瓶颈。

　　面对这种情况，除了自身的发展、软硬件设施的配套之外，跨区域之间的旅游线路的合作变得越来越重要。跨区域之间的旅游合作有助于整合资源，发挥地域的共性，吸引更多的消费者。《武陵山片区区域发展与扶贫攻坚规划（2011—2020）》对旅游业的设想是：以中心城市为依托，构建五大特色旅游组团。以交通通道为纽带，以世界自然遗产旅游区和国家历史文化名城、国家级自然保护区等重点旅游景区为依托，着力打造十二条精品旅游线路。加强与区外旅游热线的链接，构建跨区域旅游协作网。铜仁地区依托梵净山优势，创下"梵天净土·桃源铜仁"的旅游精品，与西江、镇远组合，升级东线旅游，以个性突出，特色鲜明的特点，在全国扬名；同时荔波、赤水成功"申遗"，其影响力迅速增强；遵义旅游区挤进全国12个重点红色旅游区，巩固了红色旅游产品；乡村旅游快速增长更让全省开展乡村旅游的自然村寨突破3000个，经营实体达6万余户，实现旅游总收入137亿元，占旅游总收入的17%。湖南怀化也主动融入到张家界—怀化—桂林黄金旅游走廊。我们看到，旅游业在不断融合发展，为了加强区域之间的合作，还可以从如下几个方面着手：一是加强配套的基础设施的建设，促进旅游线路的合作；二是在行政机构合作上，借鉴中国人民银行结构设置，设立跨区域的旅游局，突破地域干预，促进地区之间的合作和旅游产品的开发；三是加大相关的研究，应充分发挥后发优势，对旅游产业的可持续发展做出相应的规划。目前，旅游产业在发展过程中也暴露出较多的问题，比如，旅游群体对当地环境的破坏、相应配套设施承载能力有限、有的地方消费者来了以后不想再来等情况。针对这些问题，应该尽可能将旅游产业的发展与当地文化产业的发展相结合，加大规划力度，加快旅游业的合作与发展。

四、其他扶贫方式创新

除了上述金融扶贫、产业扶贫的创新之外，湖南怀化麻阳也积极转变过去单一、分散、短期的开发方式，探索建立了与贫困村具体情况相适应的"以奖代扶"和"股田制"相结合、"股份制""合作制""租赁制"等多种产业扶贫新模式。

（一）罗家冲"以奖代扶"和"股田制"相结合模式

麻阳县在文昌阁乡罗家冲村采取两种方式，开展产业扶贫试点：有劳动能力的农户，以每亩奖励资金3000元的方式，鼓励农户种植猕猴桃、高山刺葡萄；没有劳动能力的困难农户，通过土地流转，以股田制的形式参与产业开发，村集体与困难农户签订10年土地流转协议，前三年由村集体按每亩800元的标准支付给困难农户土地流转费，实现收益后，困难农户以每亩800元的保底价参与分红。村里成立了猕猴桃、高山刺葡萄专业合作社，实行统一管理和标准化生产。目前，全村发展红心猕猴桃 200 亩、刺葡萄 200 亩，121 户农户 423 人参与，其中，困难农户83 户 252 人。

（二）黄坳"股份制"模式

相关部门在拖冲乡黄坳村开展"股份制"产业扶贫试点，用扶贫资金统一购买苗木、完成基础设施建设等前期工作，农户以土地入股实行风险共担，符合条件的参股农户可以在基地务工，并获取劳务收入。前 3 年由合作社大户全额出资管理，实现收益后，收益分配就按村集体、贫困农户、合作社 3∶3∶4 比例分成，目前该村开发的 150 亩猕猴桃产业，吸引了55 户贫困农户参股，参股人数 238 人。

（三）盘田"合作制"模式

在大桥江乡盘田村开展"合作制"产业扶贫试点，该村利用海拔在800 米左右这个地理优势发展有机稻产业，由开发大户田达水成立麻阳盘田农业开发公司，公司注册了产品商标"盘田寨"。村集体把用于产业扶持的 16 万元扶贫资金作为启动资金投入到公司，实现收益后，村集体收回启动资金 16 万元用于第二年滚动开发，公司以高于市场价 0.5 至 1 元的标准收购农民生产的稻谷，稻谷加工、销售后，实现的利润按公司和农户各50% 比例分成。全村 623 名村民全部参入，以 800 亩土地参与合作，在公司指导下实行统一生产、统一管理、统一收购、统一加工、统一销售、统一商标，增强了品牌竞争力，"盘田寨"有机大米还被选送参加湖南西部农博会，深受顾客喜爱，参展产品销售一空，供不应求。

（四）枣子喇"租赁制"模式

在板栗树乡枣子喇村开展"租赁制"产业扶贫模式试点，由村集体利用扶贫资金建设标准化蔬菜大棚，返租给农户开展蔬菜种植，并收取一定租金。这既壮大了村集体经济，又解决了以前群众缺少资金，难以扩大种植规模的难题，目前该村已建成标准化蔬菜大棚 70 个，由 30 户贫困农户承租。

另外，各地也充分利用社会资金推动扶贫攻坚工作的开展，贵州铜仁市争取到省领导集团帮扶资金 4000 万元，德江长堡镇等 8 个乡镇分别为500 万元；争取省直机关帮扶资金 628 万元，协调项目 1 个；市直单位选派干部12825名组成2895个工作组进驻"干群连心室",帮助贫困群众和地区出谋划策,促进发展。

第六节　完善投融资机制,加强片区无障碍基础设施建设——以武陵山片区为例

武陵山片区发展基础差、产业缺乏、自身改革滞后,对金融的支撑基础弱、地方特色性金融发展不足。此外,片区经济规模偏小、基础设施较差、人民生活水平不高,是典型的老、少、边、穷地区,交通基础设施,受特殊地理条件等客观因素影响还相当落后,已经成为制约该区域经济社会发展的主要"瓶颈"之一。构建片区立体交通体系,应该作为推动武陵山片区区域发展与扶贫攻坚过程中率先实施的战略任务之一。因此,要提高金融服务经济的针对性、有效性,形成切合地方实际的差异化的金融服务体系,加大金融支持力度、提升金融服务经济的效率,更好支持和对接片区发展及扶贫攻坚。

一、武陵山片区投融资现状

如表12.5所示,从人均存、贷款量来看,截至2013年,武陵山片区人均量比全国明显偏低。从支持力度上看,以存贷比来衡量,片区存贷比仅为59.75%,比全国水平低11.83个百分点。

另外,证券市场对武陵山片区经济发展的支持力度较弱。2013年年末,片区上市公司数目仅有3家;张家界市目前只有1家公司上市,1家公司获准发行企业债券,对于企业联合发债、发行中小企业集合票据等业务还未突破零的记录。通过银行进行间接融资仍然是片区发展所需资金的主要来源。2013年,全国人民币贷款占同期社会融资规模的比例为51.4%,社会融资非信贷化不断发展,而张家界市人民币贷款占同期社会融资规模的比例为87.13%,高于全国水平35.7个百分点,高于全省水平29.6个百分点。

表 12.5 2013 年武陵山片区城市人均金融资源占有量与全国平均水平对比

单位：元

指标	全国	恩施	湘西	铜仁	张家界
人均 GDP	41805	16712	16229	17532	24177
和全国的差值		−25093	−25576	−24273	−17628
人均储蓄存款	34204	14097	15711	13586	17470
和全国的差距		−20107	−18493	−20618	−16734
人均贷款	56323	13592	10042	15238	19167
和全国的差距		−42731	−46281	−41085	−37156
人均财政收入	10249	3164	1945	2494	2398
和全国的差距		−7058	−8304	−7755	−7851
农民人均纯收入	8896	5316	5260	5397	5669
和全国的差距		−3580	−3636	−3499	−3227

资料来源：各市统计公报。

同时，保险的筹资、保障功能没有得到充分发挥。2013 年武陵山片区保费收入占 GDP 的比例低，仅为 2.55%，低于全国水平 0.48 个百分点，说明了保险业对经济发展的贡献相对全国水平来说还是较弱。

以上分析可以看出，武陵山片区内金融部门发挥作用不足，金融运行状况呈现弱化趋势。分析其原因：一方面，由于片区经济发展不快、大型建设项目和信贷载体缺乏，以及资本的逐利性，导致了片区资金外流，很多地区银行的存贷比例较低。这说明大型项目所带动的金融需求相对于大城市、发达地区而言存在不足。另一方面，对于其他方面的金融需求，由于受到银行管理体制的问题，差异化、符合地方特色经济发展的金融服务不足，导致金融供给方面存在不足。因此，由于经济金融发展的特征，金融需求不足和金融供给不足的现象同时存在，这些在一定程度上制约了片区经济的增长。

二、片区金融扶贫需求分析

针对金融需求特征提供相适应的金融供给，是设计金融扶贫模式的基本要求。同时要发挥好市场配置资源的作用，完善地区金融市场，提升金融服务针对性、有效性。

（一）基础设施建设所需金融支持分析

基础设施落后是武陵山片区经济落后的重要影响因素之一，特别是交通落后，生产要素、产品的流通需要很高的成本，与外界的人流、物流不便，片区内生产的农产品经常遇到滞销的难题。相关研究表明，沪昆高速贵州段单位建设成本 6173 万元，是江西段的 1.33 倍。贵州省水库建设主要在深山峡谷中，受多方面因素的制约，饮水工程建设平均投资成本是全国的 2.5 倍以上，比西部类似气候的其他地貌区（如砂岩地貌区等）高出约 30%，等等。而基础设施建设的资金由中央、省级财政出一部分，地方自筹一部分，但乡镇自筹资金一般较难到位，在很大程度上依靠银行的贷款支持，有的以个人或村镇名义向金融机构贷款，还款资金来源难以到位，导致贷款难、难贷款的恶性循环。

当务之急，是要建立起与外界沟通的交通网络，改善城市面貌，以促进旅游业、农业等本地特色产业的发展，如发展片区内的高铁，加大国家对这部分的投入。特别要重视两个城市圈：一是怀化到铜仁，城际快轨，60 千米；二是鹤中洪芷（怀化市内）的基础设施发展。此外，要加快机场、高速高铁、干线公路等在建工程建设，力争武靖高速、怀芷高速、沅辰高速开工建设。抓好 S223 石门至泸阳段改造工程。推进农村公路通畅工程、连通工程建设。加强运力对接，完善运量、站场、信息、服务配套。抓好湖天北路汽车站、怀化公路客运枢纽站建设。深化治超工作，超限率下降到 3% 以下。完善公路管理养护机制，确保国省干道、农村公路常年具备良好的通畅能力。

片区基础设施的建设是加快经济协调发展的需要。把怀化、湘西州、张家界、恩施、铜仁、黔江等区域内重要城市紧密地连接起来，促进区域内商贸、信息、资金以及人力资源的融合与对接，促进区域内产业分工与协作，建立起由中心城市和与之有密切联系的地区组成的经济圈，从而可以推动区域经济快速发展。

（二）片区产业结构、支柱产业资金需求状况分析

武陵山片区最重要的是发展旅游业，而旅游业最大的特征是固定资产比较少，无形资产多，前期获得的金融支持难度大。这就需要发展相适应的金融服务，如旅游门票现金流的抵押，文化影视行业初创阶段的文化创意无形资产的融资，而一旦完成初步阶段的创作，后期演出成功就会获得源源不断的现金流，这时候，银行想贷款企业也已经不需要了；如果不成功，前期的投资就会面临不能收回的风险，不确定性较大，金融与产业很难形成协调发展、良性互动。而农业产业属于弱质产业，保险机构的介入非常重要。

（三）片区金融模式的选择

一是在政策性金融支持基础设施投资方面大有可为，特别是国家规划的重要铁路、公路线路在武陵山片区内的部分，由国家和省级财政承担大部分投资，以减轻片区内财政的负担，加快铁路、公路的建设，搭建好与外界沟通的桥梁。二是发展多种形式的金融支持产业和扶贫。武陵山片区内的旅游业、特色农业、资源性加工制造业等是地方的优势性产业，应予以大力扶持，形成产业集群发展优势和具有竞争力的产业，带动地方经济发展。除了银行机构贷款外，应从股票、债券等直接融资方面给予更多的支持，而目前直接融资在武陵山片区总量和占比都非常小。三是保险支持作为重要保障。对于片区内的农业产业，应发展有特色的保险品种、加大保险业支持力度来予以扶持，积极建立农村银行、保险的互动机制，引导金融机构更好介入农业生产活动。

以贵州省为例，一是充分利用该省国际生态文明论坛、泛珠三角论坛、酒博会、国际民族民间工艺品暨少数民族文化产业博览会等重要的对外开放平台，吸引世界和国内的优强企业、领军人才到贵州投资创业。二是加大与各大金融机构的工作对接力度，建立完善政府引导、银企合作、

担保服务的"政银企保"联动机制。进一步发挥省"黔贷通"中小企业网络融资服务平台的作用，努力做好企业融资服务。三是鼓励民间资本参与工业基础设施建设，加大力度引进战略投资者，鼓励有实力的企业带资参与项目建设，通过市场化运作的方式，既引进资金，又引进先进的管理理念和人才。四是以产业整合基金为牵引，进一步加强融资服务体系、融资平台搭建工作。五是积极盘活存量资产，用好增量资产，做实做大信贷资金担保抵押物，以市场化的方式鼓励企业参与土地的一级开发，依靠土地开发和商业地产的收益，投入到工业基础设施。六是大力推进企业改制上市和再融资工作。

要实现金融发展与片区区域发展及扶贫攻坚的更好对接，就必须建立符合地方特色的差异化金融服务体系，以加大金融支持的力度，提升金融服务的针对性、有效性。

一是实施差别化投资政策，加大投资力度，切实提高投资的效率和效果。提高上级财政对公路、铁路、水利、旅游设施等建设项目的投资补助标准和资金注入比例，对公益性的投资项目，加大中央、省级财政的支持力度。设立武陵山片区开发专项基金，用于地区基础设施和重点产业的投资补贴。延伸旅游产业价值链，努力提升旅游产业附加值，助力投资效果的提高。

二是共同努力争取国家在政策层面的支持。争取将片区立体交通体系建设整体打包，作为一个全新的试验性项目上报，争取国家政策层面上的最大支持。此外还要紧紧抓住国家推动武陵山片区区域发展与扶贫攻坚的重大战略机遇，积极争取国家对区域内交通基础设施建设的扶持，将更多更大的交通项目纳入战略发展规划。同时还可以争取国家加大对武陵山片区各地交通建设的扶持力度，免除区域内交通建设项目地方自筹资金配套。

三是创新适合武陵山片区产业经济特点的金融产品和服务。根据旅游业、农业、基础设施项目等的特点推出更多的有针对性的金融服务，加大对片区的金融投入，改变金融供给不足的状况。

第十三章　城市少数民族流动贫困人口社会救助研究

改革开放以来，随着我国城市化进程加快，原来在相对偏远地区聚居的少数民族人口大量向内地及东部城市或本地区域城市聚集。如武汉市少数民族流动人口平时约有 6 万人，高峰时超过 10 万人。[①] 这些流入城市的少数民族人民本想通过进城务工就业提高自己的收入水平与生活质量，但他们当中很多人并未实现脱贫目标甚至陷入贫困。国内外公共管理的实践表明，城市少数民族流动人口的贫困问题是影响民族团结与社会稳定和谐的重要因素，必须得到有效解决。

理论界对贫困问题较为关注，但对流动人口贫困的研究则重视不够，尤其对城市少数民族流动贫困人口的社会救助等问题更是鲜有学者关注。[②] 社会救助是公民因各种原因导致难以维持最低生活水平时，由国家和社会按照法定的程序给予款物接济和服务，以使其生活得到基本保障的制度，它是社会保障制度的重要组成部分之一。国内外理论研究与反贫困实践表明，可持续生计是贫困问题的重要解释理论与反贫困的有效思路。本书借鉴英国海外发展部（DFID）的可持续性生计分析框架提出适合我国国情的城市少数民族流动贫困人口长期可持续生计分析框架，据此分析他们的生计状况，并提出相应的社会救助原则与对策。

---

① 徐合平：《论城市少数民族流动人口的劳动权益保障——以武汉市为例》，《中南民族大学学报（人文社会科学版）》2010 年第 1 期。

② 汤夺先：《试论城市少数民族流动人口的物质生活贫困问题》，《西南民族大学学报（人文社科版）》2010 年第 4 期。

第一节　城市少数民族流动贫困人口与社会救助状况

一、城市少数民族流动贫困人口

城市少数民族流动人口指那些由于种种原因而不具有当地城市户籍，但在当地从事各种工作与活动的少数民族人口，[①] 主要指从农牧区走进城市的少数民族农民工，而不包括那些因公出差、探亲访友、旅游观光等原因而流动的人口。城市少数民族流动贫困人口则是指由于获取生活资料的能力不足或应享受的政治和文化权利的丧失等多种原因所导致物质生活资料匮乏，生活水平低于特定社会标准的城市少数民族流动人口。

少数民族流动人口进入城市，是社会主义市场经济与城市化发展的必然要求与结果。尽管少数民族流动人口流入城市后，在客观上会增加城市公共管理、社会治安管理、少数民族合法权益保障与民族关系协调工作等方面的难度，但城市少数民族流动人口对为城市的经济发展提供充足劳动力，对缩小东西部差距实现经济全面协调发展和各民族共同富裕，对促进城市文化的多样性，加深不同民族之间的相互联系与认同，促进民族团结和民族融合，发展新型的平等、团结、互助、和谐的民族关系等方面均具有十分重要的积极意义。

二、城市少数民族流动贫困人口的生存与社会救助状况

城市少数民族流动人口在远比自己故乡陌生而坚硬的城市空间里，他们不仅承受着背井离乡的不适应，还承受着民族文化和民族心理的不适应。因为历史积淀的经济和文化上的差距，他们在各类竞争中处于弱势，他们当中很多人从事的是城市社会中比较低层次的且多为暂时性的职业。他们的生活常常因为缺乏物质的、社会的、文化的和精神与心理的资源而

---

① 王允武、王莹：《城市流动少数民族人口的社会保障权及其实现》，《民族学刊》2011年第1期。

处于城市当地基本生活水准之下，即处于物质贫困、权利贫困或精神文化贫困之中。由于他们都不具有当地城市户籍，他们有许多权利往往难以得到实现，尤其是其在教育、失业保险、医疗保险、工伤保险、社会福利、住房与社会优抚等社会保障方面的权利常常得不到应有保障。[①] 如现行的《城市最低生活保障条例》规定"享有城市救济权的主体必须是持有非农业户口的城市居民"，将城市少数民族流动贫困人口排除在城市社会救助范围外。

第二节　可持续生计理论

可持续生计概念的定义因各研究者的视角不同而有所差异，本书在参考前人观点基础上将可持续生计界定为个人或家庭及其后代为改善长远的生活状况所拥有和获得的谋生能力、资产和有收入的活动，并具有在失衡状况下可抵御外界压力和冲击进而恢复并维持生计的资本。这里的能力主要指挣钱养活自己和家人的能力即谋生能力；资产既包括有形资产，也包括无形资产；收入不仅包括工资性和经营性收入，还包括财产性和转移性收入；资本既包括经济资本，也包括人力资本、文化资本、政治资本和社会资本。

与传统的反贫困理论不同，可持续生计理论将贫困主体的发展看作是一种受助者内在的自身发展而非单凭外力援助的暂时脱困，要求贫困主体取得长期的发展（如健康水平提高、教育机会增加与生活风险减少等）而非一时收入的增加，强调社会多方反贫困主体间的有机合作，以广泛动员人力、自然、财政、物质和社会等多种形式资本，形成合力共同反贫困。

比较有代表性的可持续分析框架有：①联合国开发计划署（UNDP）对可持续性生计的研究。联合国开发计划署把对发展的思考引向支持个体的男性和妇女的才能、知识和技术，认为发展的目标就是要创造可能的环

---

① 王允武、王莹：《城市流动少数民族人口的社会保障权及其实现》，《民族学刊》2011 年第 1 期。

境让人们可以运用自身能力、实现潜能并最终得到发展，并开发出了包括投入、产出、成果、影响与过程等一系列的指标来对生计安全进行监测。②英国海外发展部（DFID）的可持续分析框架（SLA）。该框架由脆弱性背景、生计资本、结构和制度的转变、生计战略和生计输出5个部分组成，它揭示了一个理解贫困的框架，也指出了根除贫困的潜在机会，揭示出人们如何利用大量的财产、权利和可能的策略去追求某种生计出路的途径。③美国援外汇款合作组织（CARE）的农户生计安全框架。美国援外汇款合作组织认为生计包括能力、资产（储备、资源、所有权和可获得性途径）和某种生活方式所需要的活动三个方面，它们之间的互动关系决定了一个农户所追求的生计策略，处于美国援外汇款合作组织生计安全框架的中心。美国援外汇款合作组织的农户生计安全框架强调综合的视角（即分析是有概念的、区分的、分解的）、理解脆弱性的内容（如大范围的打击，生计的限制因素）、清楚地理解生计的关键因素（即生计内容、生计战略和生计输出）三个分析原则。①

第三节　城市少数民族流动贫困人口可持续生计模型

一、城市少数民族流动贫困人口可持续生计系统构成

根据我国城市少数民族流动人口流动的动机、实际分布情况以及他们在城市中的实际生存状况，本书在参考借鉴联合国开发计划署、英国海外发展部的可持续分析框架与美国援外汇款合作组织的农户生计安全框架等国内外相关研究基础上提出如图13.1所示的城市少数民族流动贫困人口可持续生计模型。

由图13.1可知，城市少数民族流动贫困人口可持续生计系统包括生计风险、生计制度与氛围、生计资本、生计战略与生计输出。

生计风险包括社会经济形势变化、政治风险、家庭成员健康恶化、家

---

① 苏芳、徐中民、尚海洋：《可持续生计分析研究综述》，《地球科学进展》2009年第1期。

庭成员失业等方面，这是城市少数民族流动人口在陌生的流入城市常常面临的现实问题。

生计制度与氛围指国家与城市当地政府有关城市少数民族流动人口的公共管理政策、法律法规、城市包容性等城市文化氛围等。

生计资本包括城市少数民族流动人口所拥有的人力资本、社会资本、文化资本、经济资本与政治资本等。①人力资本指劳动者的知识与技能，即通常所说的文化程度与专业技能，其强弱程度与少数民族流动人口在城市中能否顺利实现就业、择业与创业有着极强的正相关关系；②社会资本是指个体或团体之间的关联——社会网络、互惠性规范和由此产生的信任，是人们在社会结构中所处的位置给他们带来的资源；③文化资本指城市少数民族流动人口原先所拥有的民族文化、宗教信仰等在流入城市的适应性及带给他们的各种影响等方面；④经济资本指城市少数民族流动人口所拥有各类资金的总和。经济因素对于少数民族流动人口的城市适应性具有不可忽视的作用，稳定的收入既是满足他们在城市生活最低需求的基础，也是享受更好物质文化生活以及休闲娱乐的经济支撑；⑤政治资本指城市少数民族流动人口利用各种合法政治渠道谋求自身权益的因素总和。

生计战略包括城市少数民族流动人口在流入城市的就业与创业方式、接受教育的方式、娱乐方式等。

生计输出包括城市少数民族流动人口各种收入增加、生活与健康水平提高、生计风险的降低、基本生活保障能力提高与城市适应性增强等。

二、城市少数民族流动贫困人口可持续生计系统各要素间内在联系

由图 13.1 可知，可持续生计系统各要素之间彼此存在复杂的内在联系：

提高生计输出是该系统重要的目标之一，但生计输出受生计资本、生计战略及生计制度与氛围等因素的影响，即要提高城市少数民族流动贫困人口生计输出，需要全面提高它们所拥有的生计资本，改革并优化政府相

关公共管理政策与法律法规等生计制度与氛围，并需要采取加强服务等多种措施来支持他们采用相应的就业模式与接收教育的模式等生计战略。

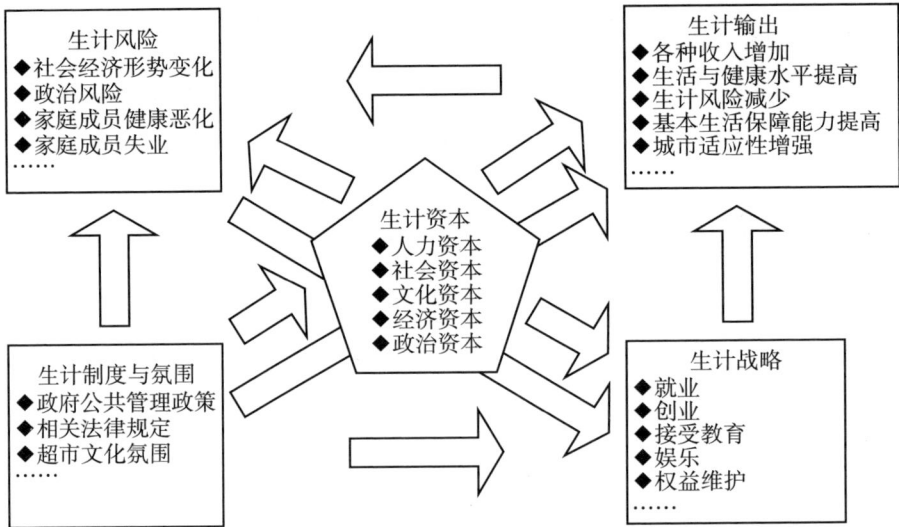

图 13.1　城市少数民族流动贫困人口可持续生计模型

资料来源：笔者整理。

　　生计战略受其生计资本、生计风险、生计制度与氛围等的影响。他们拥有的生计资本越强，就越能选择从事收入更高的工作，并具有更宽广的就业选择机会。当地政府所提供的服务与对某些行业的管理政策等会影响城市少数民族流动贫困人口的生计战略。城市少数民族流动贫困人口所处的社会经济环境变化稳定，越有助于他们更好地选择生计战略，类似的，如果他们的家庭成员失业或健康状况恶化等生计风险增加，则会在很大程度上不利于他们更好地选择生计战略。因此，欲促进并优化城市少数民族流动贫困人口的生计战略选择，应着力采取多种措施提高他们的生计资本、改善与他们生计相关的制度与氛围因素，降低或消除其生计风险的负面影响。

　　生计资本既受城市少数民族流动贫困人口流入城市前所拥有的人力资本基础等因素的影响，亦受其流入城市后城市当地政府有关投资兴业、外来流动人口子女入学等政策与法规等因素的影响。因此，欲提高城市少数民族流动贫困人口的生计资本，就需要改善有关政府部门对他们的服务，甚至需要修改或调整有关政策规定。

生计制度与氛围除受国家有关政策法规的影响外，亦受城市当地政府有关管理者与机构关于少数民族流动人口对城市当地社会经济文化的积极与消极影响的辩证认识程度及他们能否从民族团结与社会和谐进步的政治高度认识城市少数民族流动人口管理问题等因素的影响。一般而言，如果城市当地管理者能辩证地看待少数民族流动人口带给城市当地的影响并能从民族团结与进步等高度看待民族管理问题，他们就会更倾向于积极主动地在国家有关政策法规的指导下创造性地开展当地少数民族流动人口的管理与服务工作，从而不断优化城市少数民族流动贫困人口相关生计制度与氛围。

生计风险对生计制度与氛围、生计资本及生计输出存在很大的依赖。一般而言，城市少数民族流动贫困人口所拥有的生计资本越强与城市当地有关少数民族流动人口管理与服务等的生计制度与氛围越优化，该城市少数民族流动贫困人口抗拒家庭成员生老病死与失业等生计风险的能力就越强。类似的，从微观层面看，城市少数民族流动人口的生计输出越高，越有利于其增加抗生计风险的能力。由于城市少数民族流动贫困人口生计风险会直接影响其生计战略选择，因此，应设法优化相关的生计制度与氛围、并提高其生计资本，以增加其抗击生计风险的能力，促进其更好地进行生计战略选择，从而实现提高其生计输出的重要目标。

第四节　城市少数民族流动贫困人口可持续生计状况

一、城市少数民族流动贫困人口生计资本状况

由于客观存在的东西部与城乡差距，城市少数民族流动人口普遍经济资本缺乏，他们大多数处于流入城市当地贫困线以下，并由于缺乏贷款抵押能力而普遍缺乏资金购买必要的劳动工具等谋生物质，只能从事那种低

投入低收入的工作。城市少数民族流动人口普遍人力资本不足，他们总体文化素质不高，一般没有较高的文化，甚至有的是文盲或半文盲，且多为青壮年。如资料显示，少数民族流动人口小学（含小学以下）文化程度的占 26.3%，初中文化程度的占 60.5%，高中（含高中以上）文化程度的仅占 13.2%。[①] 受传统观念影响与客观经济能力限制，少数民族流动人口子女的辍学率很高。[②] 城市少数民族流动人口放弃了家乡已有社会关系网络，被迫在城市重构具有高流动性低信任度的社会关系网络，这使他们在谋求生计过程中所依赖的社会资本存在欠缺。少数民族流动人口流入城市后面临与流入城市居民之间文化碰触、相互适应的问题。[③] 由于人口数量、居住格局以及经济社会地位等的影响，这种碰撞使得城市少数民族流动人口在心理上极为敏感和脆弱，成为较易受伤害的弱势群体。由于生活方式的不同，城市中部分汉族群众对少数民族流动人口抱有偏见，甚至采取敬而远之的态度，[④] 这使城市少数民族流动人口在整体上被排斥在城市的正式居民之外，他们与本地城市人形成两大截然不同的群体，构成了一种城市"新二元社会结构"。[⑤] 城市少数民族流动人口政治资本贫困表现在他们由于流动的原因，在流入城市与流出地均被排除在政治参与和政治决策过程之外，从而使得他们丧失了本应属于自己的公民权利。如他们维护自身利益的政治表达渠道不畅通、缺乏应有的选举权与被选举权、无法享有建立和加入各种组织的权利，甚至难以维护自己的正当权利等。[⑥]

---

① 刘毅：《城市少数民族流动人口社会融入与社会管理创新》，《中央社会主义学院学报》2011 年第 5 期。

② 王泽群、于扬铭：《论城市少数民族流动人口的社会保障问题》，《西北人口》2009 年第 3 期。

③ 汪克孜·伊布拉音：《少数民族流动人口对城市和谐发展的影响及对策》，《未来与发展》2010 年第 12 期。

④ 王泽群、于扬铭：《论城市少数民族流动人口的社会保障问题》，《西北人口》2009 年第 3 期。

⑤ 汤夺先、王增武：《城市少数民族流动人口权利贫困问题论析》，《贵州民族研究》2011 年第 5 期。

⑥ 汤夺先、王增武：《城市少数民族流动人口权利贫困问题论析》，《贵州民族研究》2011 年第 5 期。

二、城市少数民族流动贫困人口生计风险状况

目前我国的社会保障制度采取对不同类型的社会成员实行不同的社会保障方式，流动人口在城市中获得社会保障覆盖的水平相当低。在社会救助和社会福利方面，目前在基本体制上仍然没有接纳流动人口[①]。在现行户籍制度下，少数民族流动人口在生存与发展面临较大风险时，他们很难在当地城市依法从国家和社会获得社会保险、社会福利和社会救助[②]。由于有些用人单位法律意识淡薄与城市少数民族流动人口的收入水平较低，后者所参与的各类商业保险也非常之少。所有这些使绝大多数的城市少数民族流动人口普遍缺乏应有的工伤保险、养老保险、失业保险、生育保险、医疗保险与救助，这对他们自身的安全保障而言是一种重要的威胁，使他们在流入城市的生计充满了极大风险。

三、城市少数民族流动贫困人口相关生计制度与氛围状况

目前我国保障城市少数民族流动人口的法律法规体系不健全，相关法制建设滞后，许多条款已难以适应当前城市民族工作出现的新形势新问题的需要，需要适时修订但尚未修订。[③] 现有的少数有关法律法规在实际执行中亦存在许多问题。如《中华人民共和国就业促进法》第二十八条规定："各民族劳动者享有平等的劳动权利。用人单位招用人员，应当依法对少数民族劳动者给予适当照顾。"但这些规定没有明确该如何"适当照顾"，无法对城市管理者形成确实有效的制约，这些规定也只能停留在纸面的法律上，各城市对少数民族流动人口的平等就业权给予保障的具体政策和措施还是一片空白。有些部门在招工时，对少数民族流动人口还存在歧视，如有的用人单位因为少数民族流动人口的风俗习惯和宗教信仰，害怕处理

　　① 王泽群、于扬铭:《论城市少数民族流动人口的社会保障问题》,《西北人口》2009 年第 3 期。
　　② 汤夺先、王增武:《城市少数民族流动人口权利贫困问题论析》,《贵州民族研究》2011 年第 5 期。
　　③ 王飞、吴大华:《关于城市少数民族流动人员权益保障的思考》,《贵州民族研究》2011 年第 1 期。

不好，引起民族矛盾，而拒绝城市少数民族流动人口的求职善意。①

四、城市少数民族流动贫困人口生计战略状况

　　城市少数民族流动贫困人口生计战略不容乐观。他们中的大多数由于自身人力资本的制约，再加上在城市中的社会关系资源极为欠缺，只能从事"脏、累、差、险、苦"的低收入、高耗力工作，工作环境差，福利待遇差，缺乏稳定性，处于典型的次属劳动力市场之中。② 由于当前我国城市少数民族流动人口义务教育保障机制还不完善，多数城市在为少数民族流动人口提供义务教育资源方面普遍存在诸多问题。如仍然存在名目繁多的高收费、各种不公正限制措施等，流入城市专门的少数民族学校存在资金有限且来源单一，办学条件简陋，师资力量薄弱等不利因素。③ 部分有幸进入城市公立学校就读的少数民族流动人口子女并没有真正融入城市公立学校，他们对学校生活还不太适应，体验到的社会差异感还比较大，仍然感受到来自学校、教师、城市学生的歧视与排斥，身份认同还处于混乱状态。④ 此外，城市少数民族流动人口自身在城市中亦存在职业技术及继续教育的权利缺失问题。

五、城市少数民族流动贫困人口生计输出状况

　　城市少数民族流动贫困人口生计输出状况不容乐观，这突出表现在他们的收入、住房与休闲娱乐方式等方面。对兰州城市少数民族流动人口的调查研究显示约 70% 的人月收入在 500 元以下，超过 50% 的少数民族流动

---

　　① 徐合平：《论城市少数民族流动人口的劳动权益保障——以武汉市为例》，《中南民族大学学报（人文社会科学版）》2010 年第 1 期。

　　② 汤夺先、王增武：《城市少数民族流动人口权利贫困问题论析》，《贵州民族研究》2011 年第 5 期。

　　③ 刘振宇：《论我国城市流动少数民族义务教育权利保障》，《江西教育学院学报》2011 年第 3 期。

　　④ 张翼、许传新：《少数民族流动儿童融入城市公立教育的调查分析——以呼和浩特市为例》，《南京人口管理干部学院学报》2012 年第 1 期。

人口无法获得温饱之外的更多收入而陷入贫困状态。[1] 此外，还有针对西宁、成都、武汉、合肥、南京、上海、天津、深圳等城市少数民族的收入调查亦表明超过半数的城市少数民族流动人口处在流入城市当地的贫困线以下。少数民族流动人口居住条件整体较差，多以租房为主，拥有房屋产权者即能够购买房子者非常之少，大多数人均居住面积较城市平均水平少得多。如调查数据显示，流入武汉的少数民族流动人口以租住房屋为主（70.6%），还有一些人由单位提供住处（25.5%）或住亲友家（3.9%），没有人拥有属于自己的房屋，且86.3%的人认为自己在城市的住房条件比在老家的要差。[2] 城市少数民族流动人口休闲娱乐内容亦十分贫乏，他们的空闲时间主要用在看电视、睡觉、读书看报、朋友老乡聚会或走亲戚等，很少参与城市文化活动进而享受城市文化发展成果。

第五节　可持续生计视角的城市少数民族流动贫困人口社会救助对策

一、加强宣传教育，全面提高城市少数民族流动人口的综合素质

个人知识、技能、观念等综合素质不足是城市少数民族流动人口致贫的重要因素，应通过加强宣传教育提高其综合素质。宣传教育时应重点加强对其融入城市社会必要知识和技能等内容培训；加强对其扩大社会交往的教育，让他们跳出族群活动的范围，积极参加各项社会活动，建立更广泛的交际范围与和谐的人际关系；加强对其进行行为规范教育，通过进行现代文明教育和城市管理相关内容的培训，让他们了解城市的行为规范，更好地适应城市生产、生活的各种要求。[3] 此外，随着人口流动的加剧，

---

[1]　汤夺先、王增武：《城市少数民族流动人口权利贫困问题论析》，《贵州民族研究》2011年第5期。

[2]　李伟梁：《少数民族流动人口的城市生存与适应——以武汉市的调研为例》，《内蒙古社会科学（汉文版）》2006年第5期。

[3]　刘毅：《城市少数民族流动人口社会融入与社会管理创新》，《中央社会主义学院学报》2011年第5期。

举家涌入城市的少数民族越来越多，大量少数民族儿童、青少年随父母一起进入城市，为防止贫困的代际循环，还须流入地政府与有关学校与教师通过多种努力确保城市少数民族流动贫困人口的子女能像具有当地户籍的城市当地人一样享受到平等的教育资源。

二、转变城市管理者对待城市少数民族流动人口的错误观念，强化为其服务的意识

一些城市执法人员思想深处存在着少数民族流动人口不应与汉族城镇居民享受同等权益的意识，在具体社会保障法律执行上，对城市少数民族流动人口的态度不够谦逊谨慎，对不了解政策的少数民族同胞缺乏耐心解释。因此，为更好地做好城市少数民族流动贫困人口的社会救助工作，应转变城市管理者对待城市少数民族流动人口的错误观念，强化为城市少数民族流动人口服务的意识，应：①转变对贫困人口的看法和态度，把救助城市少数民族流动贫困人口看作是政府和社会的应尽之责，是保障公民基本生存权利的客观需要，是现代政府的重要职能;[1] ②各级党委和政府要把少数民族流动人口的服务和管理工作纳入议事日程，将民族工作放到更加突出的位置；③积极开展党的民族理论和民族政策、国家民族法律法规的宣传教育活动，增强广大干部群众维护民族平等团结的自觉性和坚定性，从而形成包括用人单位在内的社会各界共同关心、关爱少数民族流动贫困人口生活的局面。[2]

三、加强城市少数民族流动人口相关立法与执法等司法服务工作

我国目前针对城市少数民族流动贫困人口社会救助事项多是政策性的规定，缺乏可操作性，而已出台的社会保障法又多是针对城镇居民的，从

---

① 孙志祥:《流动人口社会救助问题研究》,《福建行政学院福建经济管理干部学院学报》2007 年第 1 期。

② 徐合平:《论城市少数民族流动人口的劳动权益保障——以武汉市为例》,《中南民族大学学报（人文社会科学版)》2010 年第 1 期。

某种意义上来说对城市少数民族流动贫困人口的社会救助等社会保障权的立法是空白的。① 对于已经出台的适用于城市少数民族流动人口的社会保障法也存在严重的执法不力的问题。如一些用人单位往往视而不见，不按国家相关规定与城市少数民族流动人口的劳动者签订劳动合同，通过这种方式来规避为他们缴纳社会保障费用的责任。同时，司法人员在面对这些违法犯规的现象时，在惩治和预防方面的执法不严，是导致城市少数民族流动人口社会保障权实现障碍的主要因素。② 所有这些问题都非常不利于城市少数民族流动贫困人口更好地维护自己的合法社会救助权益。因此，为了切实保障城市少数民族流动人口社会救助权益的实现，应通过加强立法促进城市少数民族流动贫困人口社会救助的法治化；应加强执法监督，提升执法能力，建立城市少数民族流动贫困人口社会救助的法律保障机制，为城市少数民族流动人口提供最有效的司法保障与服务。

四、加强城市相关社会制度及机构的改革与建设工作

当前，应重点做好以下城市少数民族流动贫困人口相关制度及机构的改革与建设工作：一是对已经城市化的少数民族流动人口可以通过户籍制度改革，把他们纳入城市基本医疗保险范畴，支持开设少数民族就医医疗机构，方便少数民族流动人口救治疾病。二是要加强流入地对城市少数民族流动人口社会管理信息平台的建设，以便于城市少数民族流动人口获取更多的社会管理信息、社会保障信息和社会服务信息，以利于自觉维护他们的正当权益。三是把城市少数民族流动人口的管理纳入社区化管理的范围，通过社区提高他们的组织化程度，承担对他们的管理责任。利用社区的各项资源，帮助他们解决择业就业、看病就医、租住房屋、子女上学的实际困难。

---

① 王允武、王莹:《城市流动少数民族人口的社会保障权及其实现》,《民族学刊》2011 年第 1 期。

② 王允武、王莹:《城市流动少数民族人口的社会保障权及其实现》,《民族学刊》2011 年第 1 期。

五、采取多种措施促进城市少数民族流动人口与当地居民的彼此包容

为了给城市少数民族流动贫困人口创造更好的生计氛围，当前，应采取多种措施促进城市少数民族流动人口与城市当地居民从民族大团结共创和谐社会的高度互相了解、促进彼此包容。一方面，应通过发放民族团结宣传册、举行民族联欢等多种形式宣传普及基本民族理论、民族政策和民族知识，帮助市民加强对少数民族历史文化、生活习俗和国家民族政策的了解，牢固树立"汉族离不开少数民族，少数民族离不开汉族，少数民族之间也相互离不开"和"各民族一律平等"的观念。同时，引导市民客观公正地理解少数民族流动人口身上所体现的某些与城市现代文明的差距，是历史和自然等多种因素造成的，大家都有义务帮助逐步缩小这种差距，多以包容、接纳、鼓励的心态来对待，建立一个积极的心理平台。[①] 另一方面，应积极引导城市少数民族流动人口把民族传统意识与现代社会意识相融合，主动接触和欣赏城市主流文化，不断增强社会认同感和归属感。采取相关措施加强少数民族流动人口集聚社区的文化建设以及自身的家庭文化建设，降低甚至消除贫困文化对他们的消极影响，扭转其错误的思想观念，改变他们自我满足的心理定势。[②]

[①]　田代武、张克勤、朱朝晖等：《城市少数民族流动人口现状调查——以长株潭两型社会试验区为例》，《民族论坛》2011年第18期。

第十四章　集中连片特困地区实现跨越式发展的政策建议

党的十六大报告提出我国全面建成小康社会，党的十八大报告则明确提出，要确保到 2020 年全面建成小康社会，实现国内生产总值和城乡居民人均收入比 2010 年翻一番的目标。2016 年是"十三五"的开局之年，距离全面建成小康社会也到了最关键最重要的时刻，这五年的扶贫攻坚成绩的取得无疑直接关系到我国全面建成小康社会战略的实现与否。针对连片特困地区等，国家先后出台了多项扶贫政策措施，但任何一种扶贫政策措施只有与当地经济、社会、文化等实际情况相结合，才可能被当地群众接受，该政策才可能取得良好的扶贫效果。因此，国家与各级地方政府在扶贫开发中，应充分结合连片特困地区特有的民族文化与群众心理以及当地经济社会发展条件，着力解决瓶颈制约和突出矛盾，突出区域特点、产业特色和比较优势，而且要立足长远、打持久战，坚持循序渐进、稳步推进、务求实效。

第一节　加快基础设施建设，着力打破经济和文化信息封闭

经济封闭和文化信息封闭，是集中连片特困地区长期贫困的首要原因。长期封闭的经济和地理环境，不仅使所在地区群众长期满足于自给自足的自然经济，市场经济发展极为缓慢，而且使其对任何经济变革产生较强的排斥或抵触心理。因而，"十三五"时期特困民族地区经济要

实现向现代经济的转变，首要问题是解决这"两个封闭"，使其具备主动脱贫的内在动力和活力。首先，要继续加大对基础设施的投入力度。要加快交通网络和信息网络的建设。交通是否通畅不仅带来的是先进的技术、充裕的物质，更重要的是带来了先进的理念和思想观念的更新。反之，交通不通畅势必造成农户的信息封闭和思想观念落后。目前，由于受到地形地貌等多种因素的制约，交通瓶颈问题在特困民族地区依然比较突出，尤其是大交通不通畅、小交通覆盖面不广的现象比较普遍。铁路、公路密度较小，不少地区区域内有的重要交通枢纽未能通路，对外快速通道网络尚未全面形成，农村公路信息网络化程度和通畅率较低。比如，2006 年，通车的武陵山片区渝怀铁路所经过的特困民族地区县市，其中多数属于国家级贫困县，渝怀铁路通车后，为周边居民带来大量的人流、物流和信息流，当地社会、经济得到长足发展。这在一定程度上反映出特困民族地区经济发展对于交通的渴求。其次，应特别重视对该地区的思想扶贫工作，加大对民族地区送文化、送知识、送观念的扶贫力度，帮助群众克服"等、靠、要"思想、小农经济意识和其他一切封闭、保守、落后的思想观念，树立现代市场经济的价值观念、竞争意识和改革开放意识。再次，应扩大开放，解放思想，加强经济文化的交流，消除"贫困文化"的负面影响。2011 年 11 月 15 日，武陵山片区区域发展与扶贫攻坚试点启动会召开，《武陵山片区区域发展与扶贫攻坚规划（2011—2020 年）》正式发布，这在一定程度上促进了行政区域之间的协同发展。各片区应该以此为契机，加强区域之间的多项合作，进一步地加大对外开放，促进经济文化之间的合作与交流，通过"文化搭台、经济唱戏"带动百姓多多参与，开阔视野，活跃思维，消除"贫困文化"的影响。最后，要切实落实群众参与的反贫困方针，充分尊重贫困人口的选择权，充分发挥广大贫困群众的积极性、主动性和创造性，让贫困人口充分参与到反贫困治理中来，尽快改变贫困落后面貌。

第二节　坚持开发式扶贫与保护生态环境两手抓，坚定不移地走可持续发展之路

要努力改善连片特困地区落后的基础设施，主要涉及交通、电力、通讯、公共卫生、水利建设等多方面，保证人口正常的生产生活，对于生存条件恶劣、不适应人居地区，要逐步实行异地扶贫搬迁，使资源优势转化成生产生活条件，增强抵御自然灾害的能力，减少因病致贫和返贫的概率。建议国家加大投入力度，把特困民族地区基础设施建设纳入到区域协调发展战略中进行规划和实施，力争"十三五"时期连片特困地区基本生产生活条件有显著改观。在扶贫开发的同时，务必把生态环境保护放在突出位置，坚持扶贫开发与生态建设、环境保护相结合，发展环境友好型产业，增强防灾减灾能力，促进经济社会发展与人口资源环境相协调。

第三节　加快扶贫立法，以法律的形式保障民族地区的扶贫工作步入规范化、法制化的轨道

加快扶贫立法，出台国家《扶贫法》是社会各界呼吁多年的一个问题。二十多年来农村的大规模扶贫工作积累了大量经验，党中央、国务院先后也为扶贫工作出台了一系列政策文件，部分省、区、市陆续出台了关于扶贫工作的地方性法规，这些都为我国建立由中央到地方的系统性的扶贫法律体系奠定了基础。建议将扶贫多年来成熟的政策、措施上升为法律，尽快出台国家扶贫法，完善、健全地方性扶贫法规，依靠法律明确扶贫开发的定位，依靠法律推进减贫速度，依靠法律保障扶贫对象的权益，依靠法律加强对扶贫项目资金的管理，依靠法律规范扶贫工作的主体，将扶贫工作转移到有法可依、依法扶贫的轨道上来。

为了有效地减少贫困，需要各个领域的政策有效地配合。我国扶贫部门在制定部门政策、批准建设项目时，应对这些政策、项目进行评估，防

止、减轻对贫困群体的不利影响。应充分发挥社会组织在扶贫中的作用，世界上许多国家在扶贫过程中通常采用由农民自己的组织和专业性的民间机构来负责的模式。为了提高政府扶贫资金的使用效率，我国政府也应当着手探索采用竞争性的扶贫资源使用方式，使得更多的社会组织成为由政府资助的扶贫项目的操作者，扶贫部门的职责则是根据社会组织的业绩和信誉把资源交给最有效率的组织来运作，并对其工作成效进行评估。

第四节　以市场为导向，立足比较优势，大力发展特色产业

连片特困地区有不少具有比较丰富的资源，"十三五"时期，应结合当地优势资源，以市场为导向，调整产业结构，根据当地的地理、土地、气候、生态等条件，以及种植、养殖习惯合理调整农林牧渔业之间的结构比例关系，形成新型特色产业，将丰富的资源优势最大化转换为经济优势，促进连片特困地区经济增长和当地居民脱贫致富。要根据本地区片区发展规划，确立农业发展的主导产业，研究提出该区域优势农产品的开发战略，积极发展"优质、高效、生态"的特色产业，大力发展特色农产品的深加工，提高农产品的经济附加值，延长产业链，提升特色农业产业化程度，较好实现"产供销一条龙、贸工农一体化"，提升武陵山片区特色农产品的市场竞争力，扩大市场，获取效益。

要从宏观、中观、微观多层次进行布局，积极扶持各种农民经济合作组织的建设，健全特色农业生产过程中多方的利益共享机制。依托原有的供销合作组织，吸纳各种新的专业合作社，充分发挥农民经济合作组织在联结农户、企业与市场中的"桥头堡"作用。鼓励农民专业合作社在城市社区设立直销店、连锁店，积极发展"农超对接"，通过多种方式加大对特色农产品的营销力度。

作为朝阳产业，旅游业在连片特困地区也具有较好的先天禀赋，与工农业相比，发展旅游业最大的好处还在于能够兼顾经济发展与生态保护，

确保生态环境保护与扶贫开发的双赢，从而确保特困民族地区扶贫攻坚工作能够取得实质性的效果。因此，"十三五"时期，大力推进旅游扶贫，有效发展旅游业，兼顾合作共赢，应成为各级政府工作的抓手之一。

第五节　加大教育与卫生事业投入，为扶贫攻坚提供人力资源保障

在贫困地区，物质资本和人力资本都是短板，都是制约贫困地区脱贫的重要因素。笔者调查发现，特困民族地区贫困的根本原因在于人力资本积累不足，在于智力结构的低层次性，尤其是农村居民普遍文化程度偏低，生产技能欠缺，且仍然存在缺医少药的医疗问题。因此，要解决特困民族地区的贫困问题，首先要加强教育事业的发展，强化人力资本投资，不但包括正规教育，还包括职业教育，短期培训及技术指导等，深入开展包括"雨露计划"在内的各项职业培训。出台相关政策，对于考上大学家里经济困难的学生给予更多的资助。要加大对女性专项扶贫的力度以阻断"代际贫困"的形成途径。此外，要通过加大对人才的教育培训、引进、合理使用，以此改善人力资本状况，切实提高人口的综合素质。政府还应加大对特困民族地区医疗卫生事业发展的支持力度，特别是地方政府，应该更多关注民生，加大对贫困地区的社会保障的投入，实行中央和地方财政资源适度向贫困地区倾斜，提高社会事业发展水平。

第六节　以城镇化建设为契机，统筹城乡发展

县域经济发展离不开中小城镇的辐射带动，尤其是连片特困地区多处于高寒边远的山区，生存条件恶劣，有的地方还是地质灾害多发区，不适宜人居住，如果在这样的地区实施就地扶贫，投入大成本高而成效低。因此，可以探索将城镇化建设与新时期的扶贫攻坚相结合，在尊重农民意愿的前提下，按照人口居住相对集中、产业发展相对集聚、公共服务相对均

衡等要求，打造重点城镇，并逐步完善配套生活设施，引导吸引农民向宜居的城镇梯度转移，为集中连片地区扶贫攻坚保驾护航。

第七节　深入开展对口帮扶联动机制，整合多种社会资源

邓小平同志在 1992 年南方谈话的时候曾经提出，"要允许一部分人先富起来，先富带后富，实现共同富裕"。现在是集中东部沿海等发达富裕地区的资源解决我国扶贫攻坚"硬骨头"的时候。要积极借鉴新疆、西藏的对口帮扶机制，加大中央和国家机关、军队系统、国有企业等单位对武陵山片区的定点扶贫，加大东西扶贫协作，广泛动员社会各界参与扶贫开发，深入开展"整村推进"活动和"两项制度"，创新新时期扶贫攻坚的新思路、新理念，探索劳动力转移培训、以工代赈、信贷扶贫、社会扶贫、科技扶贫的新思路，注重实效，提高水平，鼓励先富帮后富，实现共同富裕，集中连片消除贫困。

第八节　积极创新体制，构建大扶贫的框架体系，
建立扶贫攻坚长效机制

创新是社会进步的重要源泉。目前，经过三十多年的发展，我国的反贫困已经从"输血式"扶贫向"造血式"扶贫转变。从最早 18 个片区到300 多个重点贫困县，到 1994 年划定 592 个国家扶贫工作重点县，到现在重新转向集中连片地区的反贫困，实际上已经赋予新时期反贫困新的内涵。如何根据新时期的需要不断创新扶贫攻坚的模式，构建涵盖基础设施、养老保险、社会保障、产业扶贫、文化扶贫在内的"大扶贫"新框架是新时期的新课题。因此，我国的反贫困也应该根据形势发展的需要进行动态的管理与调整。一要进一步巩固、完善专项扶贫、行业扶贫和社会扶贫"三位一体"的工作格局，着力构建以农村低保、新农合、新农保为核心，五保供养、临时救助和社会福利为补充的社会保障体系，积极探索农

村低保与扶贫资金的有效衔接，在此基础上寻求更大范围的人能够享受国家政策的扶持。二要借鉴国际经验，不断总结探索反贫困的新模式。不但要通过资本输入解决贫困，也要通过劳动力的输出缓解贫困。要采取多种方式帮助贫困地区尤其是生存环境恶劣山区的农户获取谋生的本领，走出山区。三要因地制宜制定扶贫政策，不搞"一刀切"，提高扶贫的效率。为了对农户基础设施的真实需求进行掌握，笔者也设计了相关的问题，研究显示，不同地区农户的需求差异较大。因此，扶贫政策的制定应该体现一定的灵活性，切实通过政策的实施满足多样性的要求。四是要逐渐在连片特困地区形成反贫困的市场机制。经验研究表明，长期政府主导的反贫困容易使贫困群体形成对政府的依赖。因此，要逐渐由政府主导向市场主要转变，要求各地通过严格地组织和制度约束，规范反贫困参与各方的责权利和行为，充分发挥调动贫困人口自身参与反贫困的主动性和创造性。

　　总之，扶贫开发三十多年来，我国的反贫困在全世界取得了举世瞩目的成绩。目前，集中连片特困地区的反贫困问题是我国"十三五"时期的重点和难点，是扶贫攻坚的主战场，直接关系到我国全面和谐小康社会的建设和各民族的团结进步。只有找准脱贫攻坚的瓶颈，有的放矢，"十三五"时期我们才能够取得预期的成效，全面建成 14 亿人民的共同小康社会。

参考文献

中文文献

1. 阿尔弗雷德·韦伯：《工业区位论》，李刚剑、陈志人、张英保译，商务印书馆 1997 年版。

2. 白晋湘：《基于协同的武陵山区区域农业品牌发展战略研究》，《湖南社会科学》2007 年第 3 期。

3. 边志良：《金融教育与反贫困战略》，《中国金融》2014 年第 10 期。

4. 蔡昉：《制度、趋同与人文发展——区域发展和西部大开发的战略思考》，中国人民大学出版社 2002 年版。

5. 陈晨：《教育贫困反思——关于农民工流动子女的研究》，知识产权出版社 2011 年版。

6. 陈达云、段超、杨胜才：《民族地区专业技术人才现状与对策研究——湘鄂渝民族地区专业技术人才队伍调研报告》，《民族研究》2004 年第 2 期。

7. 陈达云、郑长德：《中国少数民族地区的经济发展：实证分析与对策研究》，民族出版社 2006 年版。

8. 陈袁丁：《恩施州"十二五"期间深度扶贫开发浅析》，《清江论坛》2012 年第 4 期。

9. 成田孝三：《转换期的都市和都市圈》，地人书房 1995 年版。

10. 德内拉·梅多斯：《增长的极限》，李宝恒译，四川人民出版社 1983 年版。

11. 邓必海：《武陵山区经济发展战略研究》，贵州民族出版社 2002 年版。

12. 丁任重：《中国大香格里拉经济圈研究》，西南财经大学出版社 2006 年版。

13. 丁汝俊、焦晓玲：《西北少数民族地区扶贫开发的金融支撑问题》，《宁夏大学学报》2014 年第 3 期。

14. 董藩：《构建缘西边境国际经济合作带》，东北财经大学出版社 2004 年版。

15. 都阳、朴之水：《劳动力迁移收入转移与贫困变化》，《中国农村观察》2003 年第 5 期。

16. 杜军林：《西北少数民族地区反贫困问题的"双联"实践战略研究——以天祝藏族自治县为例》，《西北民族大学学报》2014 年第 4 期。

17. 杜晓山、宁爱照：《对商业银行参与金融扶贫的思考》，《农村金融究》2013 年第 5 期。

18. 杜鹰：《全面开创区域协调发展新局面》，《求是》2008 年第 4 期。

19. 段超：《土家族文化史》，民族出版社 2000 年版。

20. 范利祥、周小雍：《上海浦东综合改革试验区两年：浦东的国家命题》，《21 世纪经济报道》2007 年 8 月 20 日。

21. 方创琳：《中国西部生态经济走廊》，商务印书馆 2004 年版。

22. 冯飞：《中国 B2C 旅游电子商务盈利模式比较研究——以携程旅行网和春秋旅游网为例》，《旅游学刊》2003 年第 4 期。

23. 冯之浚：《循环经济导论》，人民出版社 2004 年版。

24. 冈纳·缪尔达尔：《世界贫困的挑战：世界反贫困大纲》，顾朝阳译，北京经济学院出版社 1991 年版。

25. 郜红梅：《湖南省农产品电子商务模式研究》，《华中科技大学》2013 年。

26. 葛忠兴：《兴边富民行动（4）》，民族出版社 2006 年版。

27. 贵州省统计局、国家统计局贵州调查总队：《贵州统计年鉴

2008》，中国统计出版社 2008 年版。

28. 郭娜、刘冬英：《农产品网上交易模式的比较分析》，《农业经济问题》2009 年第 3 期。

29. 郭荣朝：《省际边缘区城镇化研究》，中国社会科学出版社 2006年版。

30. 郭熙保、罗知：《贸易自由化、经济增长与减轻贫困——基于中国省际数据的经验研究》，《管理世界》2008 年第 2 期。

31. 郭熙保：《经济发展的理论与政策》，中国社会科学出版社 2000年版。

32. 国家民族事务委员会、国家统计局：《中国民族统计年鉴 2008》，民族出版社 2008 年版。

33. 国家统计局：《中国统计年鉴 2008》，中国统计出版社 2008 年版。

34. 国家统计局农村社会经济调查总队：《2006 中国西部农村统计资料》，中国统计出版社 2006 年版。

35. 国家统计局农村社会经济调查总队：《2011 年中国农村贫困监测报告》，中国统计出版社 2012 年版。

36. 国务院扶贫开发领导小组办公室：《武陵山片区区域发展与扶贫攻坚规划（2011—2020 年）》。

37. 汗克孜·伊布拉音：《少数民族流动人口对城市和谐发展的影响及对策》，《未来与发展》2010 年第 12 期。

38. 何广文：《对农村政策金融改革的理性思考》，《农业经济问题》2014 年第 3 期。

39. 赫希曼：《经济发展战略》，经济科学出版社 1991 年版。

40. 洪彪：《基于五力模型对福建省旅游景点景区产业优化分析》，《农村经济与科技》2007 年第 9 期。

41. 洪银兴、曹勇：《经济体制转型期的地方政府功能》，《经济研究》1996 年第 5 期。

42. 侯景新、尹卫红：《区域经济分析方法》，商务印书馆 2004 年版。

43. 侯晓丽:《边缘地区区域过程与发展模式研究》,中国市场出版社 2007 年版。

44. 胡联、孙永生、王娜、倪国华:《贫困的形成机理:一个分析框架的探讨》,《经济问题探索》2012 年第 2 期。

45. 湖北省统计局、国家统计局湖北调查总队:《湖北统计年鉴 2008》,中国统计出版社 2008 年版。

46. 湖南省统计局:《湖南统计年鉴 2008》,中国统计出版社 2008 年版。

47. 黄柏权:《构建武陵经济文化圈的必要性和可能性》,《贵州民族研究》2006 年第 3 期。

48. 黄柏权:《湘鄂渝黔边区在西部大开发背景下的发展定位》,《贵州民族研究》2000 年第 4 期。

49. 黄建伟、刘典文、喻洁:《失地农民可持续生计的理论模型研究》,《农村经济》2009 年第 10 期。

50. 黄廷安:《创建铜仁"武陵之都·仁义之城"品牌城市二维度思考》,《中共铜仁市委党校学报》2013 年第 5 期。

51. 姜爱华:《我国政府开发式扶贫资金投放效果的实证分析》,《中央财经大学学报》2008 年第 2 期。

52. 姜锡明:《反贫困政策支持力度与扶贫效果:来自西部民族地区的经验》,《上海经济研究》2007 年第 4 期。

53. 康春鹏、汪向东:《沙集电子商务现状与"沙集模式 2.0"探析》,《徐州工程学院学报(社会科学版)》2013 年第 5 期。

54. 雷振扬、朴永日:《中国民族自治地方发展评估报告》,民族出版社 2006 年版。

55. 冷志明:《湘鄂渝黔边区生态工程建设与经济发展研究》,《湖南人文科技学院学报》2004 年第 5 期。

56. 黎鹏、范小俊:《欧洲联盟经济一体化的解析及其对我们在区域经济合作中的启示》,《广西大学学报(哲社版)》2001 年第 6 期。

57. 李克武、邓正琦：《构建武陵山区农产品流通体系探讨》，《重庆师范大学学报（哲学社科版）》2007 年第 4 期。

58. 李萌：《国外的小城镇建设——以美国为例》，中国社会出版社2006 年版。

59. 李明贤、樊英：《小额信贷在农村反贫困中的作用探讨》，《山东农业大学学报（社会科学版）》2009 年第 1 期。

60. 李明贤、叶慧敏：《普惠金融与小额信贷的比较研究》，《农村经济问题》2012 年第 9 期。

61. 李全喜：《新形势下农村劳动力转移对农村反贫困的助推与挑战》，《农村经济》2014 年第 2 期。

62. 李伟梁：《少数民族流动人口的城市生存与适应——以武汉市的调研为例》，《内蒙古社会科学（汉文版）》2006 年第 5 期。

63. 李小云：《参与式贫困指数的开发与验证》，《中国农村经济》2005年第 5 期。

64. 李友志：《大力开展少数民族地区高寒山区扶贫攻坚》，《中国财政》2012 年第 1 期。

65. 李章梅、起建凌、孙海清：《农村电子商务扶贫探索》，《商场现代化》2015 年第 2 期。

66. 李忠斌、毛中明、王彦：《民族地区信息技术扶贫效果评价——以湖北省利川市推广"电脑农业"为例》，《中南民族大学学报（人文社会科学版）》2011 年第 5 期。

67. 刘传江、吕力：《长三角洲地区产业结构趋同制造业空间扩散与区域经济发展》，《管理世界》2005 年第 4 期。

68. 刘冬梅：《中国政府开发式扶贫资金投放效果的实证研究》，《管理世界》2001 年第 6 期。

69. 刘辉、刘瑾：《基于电子商务环境的浙江省农产品供应链整合模式研究》，《农业经济》2008 年第 1 期。

70. 刘俊文：《超越贫困陷阱——国际反贫困问题研究的回顾与展望》，

《农业经济问题》2004 年第 1 期。

71. 刘利宁：《智慧旅游因子分析评价与对策研究》，太原理工大学，硕士学位论文，2013 年。

72. 刘牧、韩广富：《集中连片特殊困难地区扶贫攻坚面临的问题及对策》，《理论月刊》2014 年第 12 期。

73. 刘修岩、章元、贺小海：《教育与消除农村贫困：基于上海市农户调查数据的实证研究》，《中国农村经济》2007 年第 10 期。

74. 刘绪贻：《田纳西河流域管理局的性质、成就及其意义》，《美国研究》1991 年第 4 期。

75. 刘亚斐：《基于层次分析法的旅游官网评价指标体系构建研究》，东北师范大学，硕士学位论文，2013 年。

76. 刘毅：《城市少数民族流动人口社会融入与社会管理创新》，《中央社会主义学院学报》2011 年第 5 期。

77. 刘英基：《中国区域经济协同发展的机理、问题及对策分析》，《经济纵横》2012 年第 3 期。

78. 刘振宇：《论我国城市流动少数民族义务教育权利保障》，《江西教育学院学报》2011 年第 3 期。

79. 卢丽春：《中国区域经济发展差距研究综述》，《上海财经大学学报》2006 年第 6 期。

80. 卢明华、李国平、孙铁山：《东京大都市圈内各核心城市的职能分工及启示研究》，《地理科学》2003 年第 2 期。

81. 卢迎春、任培星、起建凌：《电子商务扶贫的障碍分析》，《农业网络信息》2015 年第 2 期。

82. 罗楚亮：《经济增长、收入差距与农村贫困》，《经济研究》2012 年第 2 期。

83. 罗楚亮：《农村贫困的动态变化》，《经济研究》2010 年第 5 期。

84. 麻学锋、吕白羽：《武陵山区旅游产业集群发展的对策》，《沿海企业与科技》2005 年第 9 期。

85. 马海霞：《天山南北坡经济协调发展研究》，中国经济出版社 2007 年版。

86. 马瑜：《大数据时代下的大扶贫》，《中国扶贫》2014 年第 10 期。

87. 梅建明、秦颖：《中国城市贫困与反贫困问题研究述评》，《中国人口科学》2005 年第 10 期。

88. 农业银行河北省分行课题组：《因势利导——打造可持续的扶贫新模式——农行河北省分行金融扶贫的实践与探索》，《农村金融研究》2013 年第 2 期。

89. 石培基、王录仓：《甘川青交接区域民族经济发展研究》，科学出版社 2004 年版。

90. 苏芳、徐中民、尚海洋：《可持续生计分析研究综述》，《地球科学进展》2009 年第 1 期。

91. 隋映辉：《产业集群成长、竞争与战略》，青岛出版社 2005 年版。

92. 孙柏瑛：《当代地方治理》，中国人民大学出版社 2004 年版。

93. 孙健：《金融支持、新型农村金融机构创新与三农发展》，山东大学，博士学位论文，2012 年。

94. 孙久文：《区域经济学》，首都经济贸易大学出版社 2014 年版。

95. 孙志祥：《流动人口社会救助问题研究》，《福建行政学院福建经济管理干部学院学报》2007 年第 1 期。

96. 汤夺先、王增武：《城市少数民族流动人口权利贫困问题论析》，《贵州民族研究》2011 年第 5 期。

97. 汤夺先：《试论城市少数民族流动人口的物质生活贫困问题》，《西南民族大学学报（人文社科版）》2010 年第 4 期。

98. 田代武、张克勤、朱朝晖：《城市少数民族流动人口现状调查——以长株潭两型社会试验区为例》，《民族论坛》2011 年第 18 期。

99. 铜仁市扶贫开发办公室：《"开发性金融扶贫经验交流会"会议专稿》，2013 年 5 月 10 日，见 http：//www.trfpb.com。

100. 铜仁市人民政府网：《铜仁市 2011 年国民经济和社会发展统计公

报》，2014 年 12 月 12 日，见 www. trs. gov. cn。

　　101．铜仁市人民政府网：《铜仁市 2012 年国民经济和社会发展统计公报》，2015 年 1 月 12 日，见 www. trs. gov. cn。

　　102．铜仁市人民政府网：《铜仁市 2013 年国民经济和社会发展统计公报》，2015 年 12 月 12 日，见 www. trs. gov. cn。

　　103．童中贤、曾群华、马骏：《我国连片特困地区增长极培养的战略分析——以武陵山地区为例》，《中国软科学》2012 年第 4 期。

　　104．万广华、张茵：《收入增长与不平等对我国贫困的影响》，《经济研究》2006 年第 6 期。

　　105．汪段泳、刘振光：《国外反贫困理论研究的新进展》，《江汉论坛》2007 年第 5 期。

　　106．汪三贵：《在发展中战胜贫困——对中国 30 年大规模减贫经验的总结与评价》，《管理世界》2008 年第 11 期。

　　107．汪三贵：《中国的农村扶贫：回顾与展望》，《经济分析》2007 年第 1 期。

　　108．汪向东、张才明：《互联网时代我国农村减贫扶贫新思路——"沙集模式"的启示》，《信息化建设》2011 年第 2 期。

　　109．汪向东：《当前开展"电商扶贫"条件更加成熟》，《甘肃农业》2015 年第 11 期。

　　110．王飞、吴大华：《关于城市少数民族流动人员权益保障的思考》，《贵州民族研究》2011 年第 1 期。

　　111．王姮、汪三贵：《整村推进项目对农户饮水状况的影响分析——江西省扶贫工作重点村扶贫效果评价》，《农业技术经济》2008 年第 6 期。

　　112．王缉慈：《创新的空间——企业集群与区域发展》，北京大学出版社 2005 年版。

　　113．王军：《我国集中连片特困地区城镇化道路的选择》，《中国党政干部论坛》2013 年第 8 期。

　　114．王淼：《民族地区农村教师流动特点、成因与对策研究——以湖南通道侗族自治县为例》,《民族教育研究》2014 年第 2 期。

115. 王明舰、王永宏:《经济计量分析》,中国社会科学出版社 1998 年版。

116. 王若频、杨胜刚:《连片特困地区金融政策差别化》,《中国金融》2012 年第 18 期。

117. 王曙光:《中国的贫困与反贫困》,《农村经济》2011 年第 3 期。

118. 王晓红、黄粒粟:《龙凤融城:湘鄂区域经济合作的新实践》,《中国经济时报》2006 年 9 月 4 日。

119. 王雅鹏、张俊飚:《湖北"三农"问题研究》,中国农业出版社 2005 年版。

120. 王允武、王莹:《城市流动少数民族人口的社会保障权及其实现》,《民族学刊》2011 年第 1 期。

121. 王泽群、于扬铭:《论城市少数民族流动人口的社会保障问题》,《西北人口》2009 年第 3 期。

122. 王兆峰:《民族地区旅游扶贫研究》,社会科学出版社 2011 年版。

123. 王兆峰:《湘鄂渝黔边区旅游产业集群竞争力提升研究》,《吉首大学学报(社科版)》2006 年第 3 期。

124. 王祖祥:《农村贫困与极化问题研究——以湖北省为例》,《中国社会科学》2009 年第 6 期。

125. 韦苇:《中国西部经济发展报告 2005》,社会科学文献出版社 2005 年版。

126. 魏后凯:《十一五时期中国区域政策的调整方向》,《学习与探索》2006 年第 1 期。

127. 温军:《中国少数民族经济政策稳定性评估(1949—2002)》,《开发研究》2004 年第 3 期。

128. 文雁兵:《制度性贫困催生的包容性增长:找寻一种减贫新思路》,《改革》2014 年第 9 期。

129. 巫宁耕、史举:《发展中国家反贫困问题的思考》,《经济学家》

1999 年第 3 期 。

130．吴本健、马九杰、丁冬:《扶贫贴息制度改革与"贫困瞄准"理论框架和经验证据》,《财经研究》2014 年第 8 期。

131．吴国华:《进一步完善中国农村普惠金融体系》,《经济社会体制》2013 年第 4 期。

132．吴忠权:《国外落后地区开发的经验对我国西部大开发的启示》,《改革与战略》2010 年第 6 期。

133．夏庆杰、宋丽娜、Simon Appleton:《经济增长与农村反贫困》,《经济学（季刊)》2010 年第 3 期。

134．夏庆杰、宋丽娜、Simon Appleton:《中国城镇贫困的变化趋势和模式:1988—2002》,《经济研究》2007 年第 9 期。

135．谢显弟:《区域竞争与地方经济政策》,四川大学出版社 2012 年版。

136．徐合平:《论城市少数民族流动人口的劳动权益保障——以武汉市为例》,《中南民族大学学报（人文社会科学版)》2010 年第 1 期。

137．徐荟竹、车士义、罗惟丹、杜海均:《公共财政、农村金融改革和可持续金融扶贫研究——基于连片特困区 375 个贫困县的调研分析》,《金融发展评论》2012 年第 1 期。

138．徐月宾、刘凤芹、张秀兰:《中国农村反贫困政策的反思——从社会救助向社会保护转变》,《中国社会科学》2007 年第 3 期。

139．薛晶晶:《甘肃农村金融扶贫的路径选择》,《群文天地》2012 年第 10 期。

140．颜鹏飞、张青:《论约翰·穆勒的国家适度干预学说》,《经济评论》1996 年第 6 期。

141．杨军昌、杨益华、丁仁船:《略论贵州农村的贫困与反贫困问题》,《农村经济》2002 年第 10 期。

142．杨雷:《基于熵权 FuzzyAHP 的旅游投资项目评价研究》,《中国市场》2012 年第 18 期。

143．杨龙：《中国经济区域化发展的行政协调》，《中国人民大学学报》2007 年第 2 期。

144．杨清震：《西部大开发与民族地区经济发展》，民族出版社 2004 年版。

145．杨瑞龙、杨其静：《阶梯式的渐进制度变迁模型——再论地方政府在制度变迁中的作用》，《经济研究》2000 年第 3 期。

146．杨荫凯：《欧盟促进地区发展的经验及对我国的启示》，《宏观经济管理》2006 年第 12 期。

147．杨志强：《我国武陵山区金融扶贫机制探索——以贵州省武陵山区为例》，《南京航空航天大学学报》2012 年第 3 期。

148．杨治：《产业政策与结构优化》，新华出版社 1999 年版。

149．殷孟波：《西南经济发展的金融支持》，西南财经大学出版社 2002 年版。

150．尤中：《中国西南民族地区沿革史》，民族出版社 2005 年版。

151．游俊、龙先琼：《潜网中的企求——湘西贫困与反贫困的理性透视》，贵州民族出版社 2001 年版。

152．袁莉：《聚集效应与西部竞争优势的培育》，经济管理出版社 2002 年版。

153．曾培炎：《推进形成主体功能区——促进区域协调发展》，《求是》2008 年第 2 期。

154．张广翠、景跃军：《日本开发落后地区的主要政策及经验》，《现代日本经济》2004 年第 6 期。

155．张俊飚、雷海章：《中西部贫困地区可持续发展问题研究》，中国农业出版社 2002 年版。

156．张丽君：《毗邻中外边境城市功能互动研究》，中国经济出版社 2006 年版。

157．张琦、陈伟伟：《连片特困地区扶贫开发成效多维动态评价分析研究——基于灰色关联分析法角度》，《西南民族大学学报》2015 年第 1 期。

158. 张全红:《中国农村扶贫资金投入与贫困减少的经验分析》,《经济评论》2010 年第 2 期。

159. 张姗姗、吴春梅:《反贫困视角下贵州省农村公共服务研究》,《农业经济》2014 年第 8 期。

160. 张铁军:《宁夏六盘山区旅游扶贫战略探析》,《宁夏党校学报》2015 年第 5 期。

161. 张维迎:《博弈论与信息经济学》,上海人民出版社 1996 年版。

162. 张伟、罗向明、郭颂平:《民族地区农业保险补贴政策贫家与补贴模式优化——基于反贫困视角》,《中央财经大学学报》2014 年第 8 期。

163. 张文忠:《日本东海道交通经济带形成和演化机制研究》,《世界地理研究》2001 年第 1 期。

164. 张晓山、李周主编:《中国农村发展道路》,经济管理出版社 2013 年版。

165. 张毅:《农业部定点扶贫 20 年武陵山区长出四大支柱产业》,《人民日报》2006 年 7 月 24 日。

166. 张翼、许传新:《少数民族流动儿童融入城市公立教育的调查分析——以呼和浩特市为例》,《南京人口管理干部学院学报》2012 年第 1 期。

167. 张英:《构建湘鄂渝黔边旅游协作区的探讨》,《江汉论坛》2004 年第 1 期。

168. 张莹、万广华:《我国城市贫困地区差异之研究》,《管理世界》2006 年第 10 期。

169. 张羽:《我国农村金融扶贫体系问题探究》,东北财经大学,硕士学位论文,2010 年。

170. 张震龙:《"两湖"平原经济一体化发展战略研究》,华中科技大学出版社 2006 年版。

171. 张遵东、章立峰:《贵州民族地区乡村旅游扶贫对农民收入的影响研究——以雷山县西江苗寨为例》,《贵州民族研究》2011 年第 6 期。

172．赵军:《农业资源环境保护与农业可持续发展》,《环境保护科学》2003年第29期。

173．赵西三、龚绍东:《中部地区发展新格局的空间形态及其演进研究》,《地域研究与开发》2011年6月30日。

174．赵曦:《21世纪中国西部发展探索》,科学出版社2002年版。

175．赵显人:《兴边富民行动（2）》,民族出版社2003年版。

176．赵显人:《中国少数民族地区经济发展报告（1999）》,民族出版社2000年版。

177．赵心愚:《藏彝走廊古代通道的基本特点》,《西南民族大学学报（人文社科版）》2007年第1期。

178．郑瑞强、王芳:《社会企业反贫困作用机制分析与发展策略探讨》,《经济体制改革》2013年第2期。

179．郑长德:《中国少数民族地区发展财政研究》,四川人民出版社2005年版。

180．重庆市统计局、国家统计局重庆调查总队:《重庆统计年鉴2008》,中国统计出版社2008年版。

181．周孟亮、彭雅婷:《我国连片特困地区金融扶贫体系构建研究》,《当代经济管理》2015年第4期。

182．周业安、赵晓男:《地方政府竞争模式研究——构建地方政府间良性竞争秩序的理论和政策分析》,《管理世界》2002年第12期。

183．周振华:《产业政策的经济理论系统分析》,中国人民大学出版社1991年版。

184．朱家瑞、起建凌:《农村电子商务扶贫模式构建研究》,《农业网络信息》2015年第1期。

185．朱丽娜:《国内农产品电子商务交易主体研究》,《云南财经大学学报》2005年第5期。

186．朱乾宇、董学军:《少数民族贫困地区农户小额信贷扶贫绩效的实证研究——以湖北省恩施土家族苗族自治州为例》,《中南民族大学学报

（人文社会科学版）》2007年第1期。

187. 庄巨忠：《亚洲的贫困、收入差距与包容性增长》，中国财政经济出版社2012年版。

英文文献

1. Angrist, Joshua and Jinyong Hahn, "When to Control for Covariates? Panel Asymptotics for Estimates of Treatment Effects", *Review of Economics and Statistics* No. 1, 2004.

2. Anonymous, "Anti – Poverty Programs Remain Likely Targets in 2012", *Science Society of America Journal*, No. 3, 2002.

3. Arellano, C., Bulir, A., Lane, T. and Lipschitz, L., "The Dynamic Implications of Foreign Aid and its Variability", Washington: IMF Working Paper, 2005.

4. Chen, Jian, and Belton M. Fleisher, "Regional Income Inequality and Economic Growth in China", *Journal of Comparative Economic*, No. 22, 2012.

5. Chen, Shaohua and Martin Ravallion, "Data in Transition: Assessing Rural Living Standards in Southern China", *China Economic Review*, No. 7, 1996.

6. Clemens, M. A., Radelet, S. Bhavnani R., "Counting Chickens when They Hatch: The Short – term Effect of Aid on Growth (Working Paper No. 44, Revised Nov. 2004)", Washington DC: Center for Global Development, 2004.

7. Conti, Sergio, *Local Development and Competitiveness*, *Dordrecht*, Boston: Kluwer Academic Publishers, 2001.

8. Easterly, W., Levine, R. and Roodman, D., "New Data, New Doubts: Revisiting Aid, Policies, and Growth", Center for Global Development Working Paper, No. 26, 2003.

9. Friedman J., *A General Theory of Polarized Development*, New York: The Free Press, 1972.

10. Guobao, Wu, Qiulin Yang and Chengwei Huang, "The China Southwest Poverty Reduction Project", World Bank, 2005.

11. J. Friedmann, *Cities in Social Tansformation*, US: MIT Press, 1996.

12. Jian, Tianlun, Jeffrey Sachs and Andrew Warner, "Trends in Regional Inequality in China", *China Economic Review*, No. 1, 1996.

13. Magretta, J., "Why Business Models Matter", *Harvard Business Review*, 2002, 80 (5).

14. Poole B., "How will Agricultural E - Markets Evolve?", Washington DC: Paper Presented at the USDA Outlook Forum, 2001.

15. Porter, M. E., *Clusters and the New Economics of Competition*, Boston: Harvard Business Press, 1998.

16. Porter, Michael E., *The Global Competitiveness Report 2002 - 2003: World Economic Forum, Geneva, Switzerland*, New York: Oxford University Press, 2003.

17. Portugal - Perez, A., and J. S. Wilson, "Export Performance and Trade Facilitation Reform: Hard and Soft Infrastructure", *World Bank Policy Research Working Paper*, No. 5261, World Bank, 2010.

18. R. Iredale, B. Naran, S. Wang, G. Fei and C. Hoy, *Contemporary Minority Migration, Education and Ethnicity in China*, Cheltenham, UK and Northampton, MA, USA: Edward.

19. Rajan, R., and Zingales, L., "Financial Dependence and Growth", *American Economic Review*, No. 3, 1998.

20. Ravallion, M., "Inequality is Bad for the Poor Policy Research Working Paper No. 3677", Washington DC: The World Bank, 2005.

21. Ravallion, Martin and Jyotsna Jalan, "China's Lagging Poor Areas", *American Economic Review*, No. 2, 1999.

22. Robert S. Pindyck, Daniel L Rubinfeld, *Econometric Models and Economic Forecasts (Fourth Edition)*, Mc Graw Hill, 1998.

23. Sadoulet, Elizabeth, Alian de Janvry and Benjamin Davis, "Cash Transfer Programs with Income Multipliers: PROCAMPO in Mexico", *World Development*, No. 6, 2001.

24. Schultz, T. Paul, "School Subsidies for the Poor: Evaluating the Mexican PROGRESA Poverty Program", *Journal of Development Economics*, No. 74, 2004.

25. Shaohua Chen and Martin Ravallion, "The Developing World is Poorer than We Thought, But no less Successful in the Fight against Poverty", No. 4, 2008.

26. Smith, Jeffrey and Petra Todd, "Reconciling Conflicting Evidence on the Performance of Propensity – Score Matching Methods", *American Economic Review*, No. 2, 2001.

27. Van de Walle, Dominique, "Choosing Rural Road Investments to Help Reduce Poverty", *World Development*, No. 30, 2002.

28. Wignaraja, Ganeshan, *Competitiveness Strategy in Developing Countries*, London and New York: Routledge, 2003.

29. William H. Greene, *Econometric Analysis (Fourth Edition)*, Tsinghua University Press, 2001.

30. World Bank, "China: Strategies for Reducing Poverty", Washington DC: World Bank, 1992.

后　记

　　"足寒伤心、民寒伤国。"消除贫困，改善民生，实现共同富裕，是社会主义的本质要求。改革开放以来，中国经济的持续快速增长有力促进了数亿人民的脱贫致富，为世界反贫困事业作出了突出的贡献。然而，受种种因素的制约，当前仍有不少群众生活在国家贫困线以下，迫切需要得到社会各界的关注和帮扶，才能共同实现全面小康的目标。

　　到中央民族大学从事教学、研究工作后，对少数民族和民族地区发展问题的持续关注，使我对我国贫困问题尤其是民族地区的贫困状况有了更深入的了解和思考。特别是近年来，党中央、国务院把集中连片特困地区作为扶贫攻坚主战场，制定出台了一系列含金量高的政策措施，切实加快了这些地区的脱贫攻坚步伐。我进一步感到，只有打赢脱贫攻坚战，实现各民族共同繁荣发展，我们的全面小康社会才是真正意义的小康社会。因此，我选择了从产业发展和扶贫攻坚的视角研究集中连片特困地区的发展问题。

　　中央民族大学管理学院硕士研究生乔枫、王荔、欧阳君箫、张轻轻、王振、吴峤屹、刘锐、叶歆、徐晓参与了书稿部分章节的讨论和整理，在这里对他们辛勤的付出表示感谢！同时，感谢我的博士后合作导师、中国社科院工业经济研究所刘戒骄研究员，刘老师治学严谨、为人谦和，在学术上给予我很多的指导、帮助。

　　作为2013年教育部新世纪优秀人才支持计划项目，中央民族大学组织部给予了配套资助，在此表示一并感谢！

　　本书在写作的过程中还借鉴了大量专家、学者的观点，大部分地方都按照规范的格式进行了标注，可能有的地方有所纰漏，没有来得及一一指出，敬请谅解。

由于时间、精力、水平有限，书中还有较多不成熟的地方，还请各位同仁批评指正！

刘璐琳

中央民族大学

2016 年 3 月

责任编辑:吴焰东
封面设计:王欢欢

图书在版编目(CIP)数据

集中连片特困地区产业扶贫问题研究/刘璐琳 著. —北京:
　人民出版社,2016.6
ISBN 978 - 7 - 01 - 016139 - 6

Ⅰ.①集…　Ⅱ.①刘…　Ⅲ.①不发达地区-产业发展-作用-扶贫-研究-
　中国　Ⅳ.①F127

中国版本图书馆 CIP 数据核字(2016)第 084494 号

集中连片特困地区产业扶贫问题研究
JIZHONG LIANPIAN TEKUN DIQU CHANYE FUPIN WENTI YANJIU

刘璐琳　著

人民出版社 出版发行
(100706　北京市东城区隆福寺街 99 号)

北京中科印刷有限公司印刷　新华书店经销

2016 年 6 月第 1 版　2016 年 6 月北京第 1 次印刷
开本:710 毫米×1000 毫米 1/16　印张:19.25
字数:280 千字

ISBN 978 - 7 - 01 - 016139 - 6　定价:52.00 元

邮购地址 100706　北京市东城区隆福寺街 99 号
人民东方图书销售中心　电话 (010)65250042　65289539